U0828465

走出思想的边界

knowledge-power
读行者

中国国民性演变史

张宏杰 著

THE EVOLUTION HISTORY OF CHINESE NATIONAL CHARACTER

CHINA HISTORY

岳麓書社 · 长沙
博集天卷 CS-BOOKY

图书在版编目（CIP）数据

中国国民性演变史 / 张宏杰著 . — 长沙：岳麓书社，2020.5（2025.11 重印）
ISBN 978-7-5538-1301-1

Ⅰ . ①中… Ⅱ . ①张… Ⅲ . ①民族性—研究—中国
Ⅳ . ① C955.2

中国版本图书馆 CIP 数据核字（2020）第 052685 号

ZHONGGUO GUOMINXING YANBIAN SHI
中国国民性演变史

作　　者：张宏杰
责任编辑：奉懿梓
监　　制：秦　青
特约策划：曹　煜
特约编辑：陈婷婷
营销编辑：柯慧萍
版式设计：李　洁
封面设计：利　锐

岳麓书社出版
地址：湖南省长沙市爱民路 47 号
直销电话：0731-88804152　88885616
邮编：410006
2023 年 9 月第 2 版　2025 年 11 月第 2 次印刷
开本：680×955　1/16
印张：17.5
字数：242 千字
书号：ISBN 978-7-5538-1301-1
定价：59.80 元
承印：三河市鑫金马印装有限公司

若有质量问题，请致电质量监督电话：010-59096394
团购电话：010-59320018

目录

第二编
中国国民性探源

第三编

中国国民性改造史

自序

黑格尔说中国是个“停滞的帝国”，汤因比说中国几千年里处于“僵化状态”。如果因此而认为中国的传统社会没有发展，那无疑是错误的。不过，与其他方面比起来，统治阶级在统治术方面的积累和发展似乎更为突出。

中国古代专制制度从性格上来讲是自私的。为了让这一家一姓能够千秋万代享有全天下的膏脂，它需要尽最大可能压缩社会其他人群的权利，尽最大可能消灭一切对专有权力的觊觎和挑战，尽最大可能维持稳定，保持现状，防止社会发展变化。套用鲁迅在《春末闲谈》中的比喻，专制技术就是掠夺者刺在中国传统社会神经上的一根毒针，它使得中国传统社会麻痹、僵化、失去反抗力，以利于它肆无忌惮地敲骨吸髓。

这一技术，有高深的理论，有精密的设计，有庞大的体系。从韩非子到董仲舒，它背后有许多理论提供者。秦始皇在全国范围内确立郡县制度，是这一技术大规模应用的开始。汉武帝“独尊儒术”，给秦始皇创立的硬制度配合上了非常适用的意识形态体系。唐太宗完善了科举制度，把社会的智力资源统一到“皓首穷经”这一条路上来，有力地从制度上控制住了知识分子的头脑。清代诸君则大兴文字狱，在人们头脑里直接建立监狱，终于把专制制度推上了前无古人后无来者的高峰。中国社会几千年的“停滞”“僵化”，正是专制制度所要达到的目标，正反映了专制技术不断发展所取得的卓越成就。孟德斯鸠说：“中国是一个专制的国家，专制的原则是恐怖，专制的目的是平静。”（孟德斯鸠《论法的精神》）

因此专制技术发展史的另一面，或者说这种技术成果的体现，就是一部漫长曲折的国民性演变史。

今天的中国正处在新旧交汇的河口，传统与现代，在各个层次交错重叠。从表面上看，或者用一句学术术语，从“器物层面”上看，我们这个时代已经是全面西化了。西服领带早已取代了长袍马褂，大巴和小汽车取代了马车和轿子。在“文化大革命”把“四旧”破坏殆尽的基础上，我们再以现代化的名义，扫荡掉古老民居，建起一幢幢面目雷同的钢筋水泥大厦。但是，这仅仅是表象。改造一座城市远比改变一个头脑容易。

在现代化的外衣之下，传统中国的部分内核正在如几千年前一样安详地、不动声色地静静旋转。这种传统与现代的交错，造成了中国社会的变幻莫测、光怪陆离。这种错综复杂，不但让外国人迷惑，也让中国人眩晕。世界诸重要国家中，中国的现代化进程最为崎岖曲折，多次重复缴纳高昂的学费，依然在同一个地方不断跌倒。近代史上，在中国人与中国人的面对面斗争中，成功者无一不是更“中国”的人。在晚清，慈禧太后与康有为、梁启超等人的斗争中，那个深懂中国权力运作机要的老太太胜了。在民国初，从海外回来的孙中山被土生土长的官僚袁世凯轻而易举地打败了。

因此，认识清楚古老中国的内核，是生存在这片土地上的人必须做的。这是我们走下去的前提和基础。

第一编

中国国民性演变历程

第一章
爱罗先珂和李鸿章

一

说到中国国民性，我们还要从欧洲人和乾隆皇帝的那次见面讲起。

公元1793年，也就是乾隆五十八年，世界历史上发生了一件大事：英国的一个外交使团成功抵达中国，使团的目的是和中国建立平等的外交关系。

使团的团长叫马嘎尔尼。这个人是英国资深的外交家，二十多岁时就曾经作为特使，被英国国王派往俄罗斯进行重要谈判，在舌战中一举成名，此后飞黄腾达，做过爱尔兰事务大臣、格林纳达总督和马德拉斯总督。他走遍了大半个世界，这一年五十六岁，本来已经打算退休了。英国国王给他提供了很多有吸引力的官职，让他随便选择，他都拒绝了。他这一生该见的都见过了，该做的都做过了，心满意足，已经没有什么遗憾。

但是一听说国王要派他前往中国进行访问，他一下子兴奋起来，立刻同意了。原来他是一个“中国迷”。

中国迷？是的，那个时代欧洲有许多中国迷，也就是向往和崇拜中国的人。那个时代欧洲不仅有中国迷，还有中国热：一股向往中国的热潮。

明代后期，随着环球航道的开通，一些传教士来到了中国。到了中国之后，所闻所见让他们感觉非常震撼。他们没有想到，中国幅员这么辽阔，历史这么悠久，文化这么发达。当时欧洲四分五裂，战争连绵。中国却是个统一大帝国，几千年来一直延续着一种文明。在传教士看来，中国有贤明的君主、良好的法律、健全的行政机构，比欧洲强太多了。传教士在发往欧洲的信中，对中国大加赞赏，还把中国的四书五经翻译到了欧洲。因此欧洲文化界的许多著名学者都对中国文化大感兴趣。法国启蒙思想家伏尔泰在他家的小礼堂中，毕恭毕敬地供奉上了孔子的画像，他称中国是“举世最优美、最古老、最广大、人口最多和治理最好的国家”。德国大数学家莱布尼茨被称为“狂热的中国崇拜者”，他认为中国拥有“人类最高度的文化和最发达的技术文明”。

今天的中国积极向西方学习，与世界接轨。那时欧洲学者们却说，要向中国学习，要与中国接轨。伏尔泰说：“在道德上欧洲人应当成为中国人的徒弟。”莱布尼茨甚至建议：“在我看来，我们目前已处于道德沦落、难以自拔之境，我甚至认为必须请中国派遣人员，前来教导我们关于自然神学的目的和实践。”

马嘎尔尼就是在这样的文化氛围下成长起来的中国迷，他一辈子最向往的事就是去中国。能到中国去，对他来讲是天底下最幸福的事。他已经走遍了世界各大洲，从加勒比海到印度，但神秘的中国对他来讲仍然是一个谜，一个让他魂牵梦绕的谜。在并不知道自己可能出使中国时，他已经在诗句中这样表达了对中国的向往：

仿佛我游览中国幸福的海滨，
攀登她无比自豪的杰作万里长城。
眺望她波涛汹涌的江河，

她的都市与平原，她的高山岩石和森林。
越过北方疆界，探研鞑靼旷野，
不列颠冒险家从未到过的地方。

（转引自《中英通使二百周年学术讨论会论文集》）

他曾经在梦中多次游历了这个世界上最神奇的国家，如今有机会梦想成真，他怎么会不激动万分呢?

1792年秋天，马嘎尔尼率领一支由三艘军舰和七百多人组成的庞大使团，由英国的朴次茅斯港出发前往中国。经过九个月的艰难行驶，他们终于抵达了中国海面，见到了梦寐以求的中国。

但是一到中国，英国人就开始了一个又一个的吃惊。他们发现中国和他们想象的如隔天渊。他们经历了许多意想不到的事情，对中国的看法发生了剧变。

欧洲人传说中国人是“全世界最聪明最礼貌的一个民族”。他们传说，中国是以孔夫子的理论来指导的国家，整个国家就和一个大家庭那样亲爱和睦。“皇帝被认为是臣民之父……总督被认为是一省之父，知州为一州之父，他们像一家之父照料管理家庭生活那样，用同样的权威、关心和慈爱来主持工作。”统治者是“充满了仁慈”的，老百姓则是诚实而礼貌的。莱布尼茨说，中国老百姓“服从长上，尊敬老人……中国（即使）农夫与婢仆之辈，日常谈话或隔日会面之时，彼此非常客气，其殷勤程度胜过欧洲所有贵族……”

然而亲临其境的英国人却发现，事实与此截然相反。英国人发现，中国政府的统治充满“暴虐、压迫和不公”，而老百姓对政府的态度则是“畏惧、欺瞒和忤逆”。

英国人与中国官员的首次交往，就让他们看清了这个帝国维持秩序的基本手段：暴力。到达浙江沿海后，英国人需要一个熟悉海路的人把他们领航到天津。他们登陆定海，对当地总兵提出了这个请求。总兵对英国人极其热情，一口答应，不过与英国人设想的出资招募不同，定海总兵的办法是派出士兵，把所有从海路去过天津的百姓都找来。

英国人看到了意想不到的一幕，巴罗说："他们派出的兵丁很快就带回了一群人。他们是我平生所见神情最悲惨的家伙了，一个个双膝跪地，接受询问……又有两个人被带了进来，他们似乎比先来的人都更能胜任这项工作，却又早都不再下海，而是经商有成，无意再重操旧业。他们跪着恳求免除这趟劳役，但是毫无成效。皇帝的谕旨是不得违抗的。他们徒劳地哀告道，离家远行会坏了他们的生意，给妻子儿女和家庭带来痛苦，总兵不为所动，命令他们一小时后准备妥当。"

中国人司空见惯的一幕让英国人不寒而栗，在欧洲这是不可想象的。走出了中世纪的英国人信奉的是"权力源于人民""人格独立与平等""法律至上""人的尊严不可侵犯，尊重和保护它是国家的义务"。他们发现中国的信条则与此相反："权力源于皇帝""官员至上""国家的需要压倒一切"。英国人说："总兵的专断反映了该朝廷的法制或给予百姓的保护都不怎么美妙。迫使一个诚实而勤劳的公民、事业有成的商人抛家离子，从事于己有害无益的劳役，是不公正和暴虐的行为。除非是在一个专制的、其子民不知有法而只知有暴君的国度，这是不能容忍的。"

英国人更震惊的是，中国人的道德水平并不如传说中的高。

歌德说："在他们那里一切都比我们这里更明朗、更纯洁也更道德。"伏尔泰通过《中国孤儿》这样表达他对中国人的看法："我们的国朝是建立在父权与伦常的信义之上的，是建立在正义、荣誉和守约的信义之上的。孝顺忠信礼义廉耻是我们立国的大本。"

英国人却注意到，在暴力统治下，中国人的国民性格出现了很大的扭曲，缺乏自尊心，冷漠、自私、麻木。中国政府派了一些人上船来伺候英国人。那些中国人给英国人留下了这种印象："撒谎、奸诈，偷得快，悔得也快，而且毫不脸红。”英国人说：“他们一有机会就偷，但一经别人指出就马上说出窝藏赃物的地方。有一次吃饭时，我们的厨师就曾想厚颜无耻地欺骗我们。他给我们上两只鸡，每只鸡都少一条腿。当我们向他指出一只鸡应有两条腿时，他便笑着把少的鸡腿送来了。”

当然，更让英国人吃惊的是中国人的冷酷无情。使团的船经过运河时，一伙看热闹的人压翻了河中的一艘小船，许多人掉进河中。巴罗说：“虽然这一带有不少船只在行驶，却没有一艘船前去救援在河里挣扎的人……劝说我们船上的人开过去援救也得不到响应。不错，我们当时船速是1小时7英里，这居然就成了他们不肯停船的理由。我确信这些不幸的家伙中有几个一定是丧命了。”

英国人说在世界其他国家他们不会看到这种现象，只有中国人这样对自己的同胞没有感情。

英国人分析说，中国人的这种国民性格，是中国统治者精心塑造的结果。因为他们在世界上其他地方接触过中国人，那些人看起来都很正常。在菲律宾群岛、巴达维亚（今雅加达）、槟榔屿，“和其他我们东印度公司属地”，中国移民的“诚实跟他们的温顺和勤奋一样出色……在那些地方，他们的发明创造和聪敏似乎也跟学习模仿的精确一样出色”。然而，生活在自己国家中的中国人，却远没有海外中国人那样活泼自然，也缺乏创造力。他们比世界上其他国家的人更胆小，同时也更冷漠、麻木和残酷。

英国人注意到，在没有官员的场合，中国人的表情也十分正常。只不过一旦有官员出现，中国人的神情立刻变了：“中国普通老百姓外表非常拘谨，这是他们长期处在铁的政权统治之下自然产生出来的。在他们私下生活中，他们也是非常活泼愉快的。但一见了官，就马上变成另一个人。”

英国使团的成员们第一次向世界详细描述了中国人的国民性格及其起

因。巴罗说："这些事例再清楚不过地昭示了中国人自夸的道德品格中的巨大缺陷。不过就像我先前说过的，其错当在于政治制度，而不在于民族的天性或者气质。"

巴罗的话说得相当深刻：就现政权（清廷）而言，有充足的证据表明，其高压手段完全驯服了这个民族，并按自己的模式塑造了这个民族的性格。他们的道德观念和行为完全由朝廷的意识形态所左右，几乎完全处在朝廷的控制之下。

"中国朝廷有的是闲暇和精力，按自己的意愿来塑造国民。这样的实践足以证明，中国朝廷在这方面有着丰富的经验。"

"……灌输清心寡欲的思想，摧毁相互的信任，培养人们的冷漠，使他们对自己的邻居猜忌和怀疑，凡此种种朝廷煞费苦心做出的努力，不能不使人们终止社会交往……（中国人）满足于在朝廷中没有任何发言权，他们甚至从来没有想过他们是否有任何权力。"

巴罗说，中国人缺乏自尊心，是因为政府从来没有把百姓当成成年人来看待，而是当成了儿童和奴隶。"在这样的国度里，人人都有可能变成奴隶，人人都有可能因官府中最低级官员的一点头而挨板子，还要被迫亲吻打他的板子、鞭子或类似的玩意，跪倒在地上，为麻烦了官府来教育自己而谢罪。于是荣誉观和尊严感就无处可寻了……人的尊严的概念巧妙地消灭于无形。

"事实上一个奴隶是没有荣誉可被剥夺的。依赖并受制于他人，没有权利申述，这种状况本身就是侮辱。不幸陷入这种境地的人不会有更大的羞辱感了。这种处境的恶果是数不清的，显现在这个以风度优雅和政治文明著称于世的——我认为是名不副实的——民族的一切方面。"

马嘎尔尼对中国政权的结论更广为人知："这个政府正如它目前的存在状况，严格地说是一小撮鞑靼人对亿万汉人的专制统治。"这种专制统治有着灾难性的影响。"自从北方或满洲鞑靼征服以来，至少在过去的一百年里没有改善，没有前进，或者更确切地说反而倒退了；当我们每天都在艺术和科学领域前进时，他们实际上正在成为半野蛮人。”

二

中国传统文化中，并没有“国民性”这个词。

在和近代欧洲人迎面相撞以前，中国人一直自认为是天下的中心。只有中国人，才是世界上最文明、最礼貌、最有教养、最有文化的人，世界上其他民族，都是蛮夷。那个时候，不是别人妖魔化中国人，而是中国人妖魔化别人。确实，我们的老祖宗看世界，充满了种族主义和文化歧视。他们认为别的民族都是粗野的、落后的，甚至半人半兽的，还没有进化成完全的人。你看中国给周围民族起的名字，不是“犬”字旁就是“虫”字旁。比如“蛮夷”的“蛮”字，下边就是“虫”。中国人描述起这些蛮夷的性格来，则是充满了猎奇和夸大，“戎夷性贪”“夷性蠢野”“被发文身，有不火食者矣”“无父无君”“不知礼义廉耻仁义道德为何物”等等。中国人对西洋人的歧视最为严重，因为他们碧眼赤发的外貌与中国人相差最大。直到义和团时代，中国底层民众还在一个揭帖中这样评论洋人：“尔试揽镜自照，尔模样与畜生何异？不过能言之禽兽而已。”

而那时的周围世界，对中国也是毕恭毕敬，充满了崇拜和羡慕。在马嘎尔尼访华前，只有几个欧洲人在与中国人的短暂接触中，发出过零星的批评声音。比如英国海军上将乔治·安森在1748年出版的畅销书《环球旅行记》。安森在乾隆初年曾不顾中国官员的警告率领船队强行驶入广州湾，修理船只和进行补给。那时中国社会正处于最鼎盛的康乾盛世之中，可是他们对中国人印象十分不好。他们花了大价钱买来的物品不是腐烂变质就是缺斤短两、残缺不全，比如“动物的胃都灌满了水以增加斤两”。在安森看来，中国人的这些行为是不可理解的。所以他在《环球旅行记》

中说中国人的特点是不诚实，他说他每天都可以目睹中国人的不诚实行为，他也担保中国的官员同样是不诚实的。安森的部下对中国也有类似的记录和见解，其中以理查德·沃尔特的记载流传最广。他描述了澳门官员的拖拉作风，“这一自私自利的民族对商船队和随行人员进行敲诈和欺骗的事例简直不胜枚举”。他举例说：一次我们从中国人手中买了许多鸡鸭，但没过多久就死了大半。我们开始还以为是中毒，但检查的结果却是为了增加重量而在肚内填满沙砾和石块；买到的猪肉也灌满了水，是中国屠夫宰杀时注进去的。商船队离开时许多中国船跟在后面，捡拾起船队扔下的许多动物尸体以便再次发财，因为“中国人从不反对吃任何自行死亡的动物食品”。他对中国人的总体评价是“感觉迟钝”或“麻木不仁”。

不过这些零星的记载多感性描述而缺乏系统分析，加之这些书发行量不大，没有什么影响，对世界的中国观并没有起到什么改变作用。

英国人对中国的造访，像戳破一层窗户纸一样轻易打破了传教士们在欧洲建造起来的中国神话。英使团为后代留下了厚厚的文字记录，其中包括马嘎尔尼写下的大量公文、报告、书信与出使日记。

这是西方讨论中国人国民性这个话题的开始。西方人的中国观念从此发生了根本性的转折：中国从天上掉到地下，从文明变成野蛮，从光明变为阴暗。欧洲人发现，多年来他们崇拜害怕的居然是一个半开化的野蛮国家，这个国家“沉沦在‘卑鄙的暴政下’，皇帝昏庸暴虐，官吏贪赃枉法，百姓生活在棍棒竹板的恐惧中，他们禁闭妇女，残杀婴儿，奸诈、残酷、胆怯、肮脏，对技术与科学一窍不通，对世界一无所知。一切都愚蠢透顶”。这让他们感到奇耻大辱。“欧洲人好像大梦初醒。‘现在该是让中国人名声扫地的时候了！’批判贬低中国是一种报复。对自己受骗上当的经历痛心疾首、恼羞成怒的欧洲人从一个极端到另一个极端。”

妖魔化中国的大门从此打开了。在马嘎尔尼使团来访四十多年后，英国人就发动了鸦片战争，轻松地打垮了中国。这让西方人对中国更加轻蔑。西方的传教士、外交官、商人和旅行家在鸦片战争后成批涌入并深入中国。这些西方人看到的中国城市每一个都那么肮脏污秽，看到的中国人大部分文化落后，表情麻木呆滞。他们写了大量游记，来记载他们的所见所闻。在这些游记里，中国是一个由辫子、小脚和鸦片组成的黑暗世界："许多年来，全欧洲都认为中国人是世界上最荒谬最奇特的民族；他们的剃发、蓄辫、斜眼睛、奇装异服，以及女人的毁形的脚，长期供给了那些制造滑稽的漫画家以题材。"（《太平天国革命亲历记》）

这种中国形象发展的顶峰，出现在1896年李鸿章以中国最开明的政治家的身份出使俄国，参观莫斯科盲童学校那一刻。后来成为鲁迅好友的盲诗人爱罗先珂此时正是盲校中的一个小学生，他听说有中国大官前来，特意跑到前列，与李鸿章握了手，然后蹲下身来，摸了摸李鸿章的脚，把李鸿章搞得莫名其妙。爱罗先珂后来回忆说，在那时俄国人的头脑中，中国男人都穿着裙袍，套着小木鞋，因此都长着畸形的小脚。这个形象是如此离奇，所以他早就盼着能有一天亲自检验一下。除此之外，爱罗先珂时代俄国人头脑中的中国男人形象还包括"拖着滑稽的辫子，爱钱，只知道谋自己的利益，喜欢看酷刑，多妻，重男轻女，对女儿冷漠无情，喜欢吃虱子，用黑猫当早餐……"

真不知道李鸿章当时如果了解了这个男童的动机，会有何感想。

鸦片战争后，对中国人国民性的探讨，已经成为一门显学，许多人因此得到了"中国问题专家"的称号。一方面是由于中西社会发展水平的巨大差距，另一方面是西方人的"西方中心论"的优越感和殖民主义心态，他们对中国人国民性的探讨局部很有见地，但整体上却无法避免过于夸大中国人的弱点的倾向。在他们眼里，中国人身上优点有限，缺点无穷，比如"利己心强""因循守旧""理智混乱""没有时间观念""含糊对付""没有同情心""爱撒谎""不守信用""表里不一"……在所有的"中国人国民性专家"里，最有名的是传教士明恩溥。他在中国待了三十多年，曾经深入中国腹地，和不同阶层的中国人，从达官贵人到街头的乞丐和苦力，都打过交道，还学会了多种中国方言，写下了著名的《中国人的气质》一书。这本书一出版，就被认作对中国人性格的“最深刻、最珍贵的研究”，成为到中国来的外国人的必读书。他认为，中国人如同戴着镣铐的犯人，在专制的统治下变得“脑力衰弱”“缺乏创造力”。他和中国人打了三十多年交道后得出的结论是：“中国多方面的需要，归根结底就是一个迫切的需要——人格与良心。”

从此之后，西方人对中国的看法就基本变成了负面，一直到今天，也没有多大改观。而“国民性”三个字，不久之后也进入汉语。从梁启超到鲁迅再到柏杨、龙应台，多少文化精英接力激烈批判中国人的劣根性，认定中国人身体里有一种难以治愈的“过滤性病毒”。报章杂志上，关于“国民性”的案例和报道每每引起全体中国人的热烈讨论。当然，也有人说，所谓中国人的“国民性”，是西方的传教士和鸦片贩子对中国人“精神殖民”的一种手段，其目的是为了打击中国人的信心，好乖乖接受他们的殖民统治。不论如何，“国民性”已经成为二十世纪以来中国人最热衷讨论的一个词语，殆无疑义。

第二章
国民性会变吗？

一

记得读到过一个日本人写的帖子。他说，我们尊敬古代的中国人，看不起后来的中国人。因为古代的中国人和后来的中国人很不一样。

这话听起来刺耳，细一想，古代的中国人和后来的中国人不一样这句话也有道理。如果仔细翻阅中国历史，我们会清晰地看到，古代的中国人和后来的中国人，似乎不是同一个物种。从春秋，到唐宋，再到明清，中国人的性格历程如同直跌下来的三叠瀑布，其落差之大，令人惊讶。源头的中国人，品格清澈；唐宋时的中国人，雍容文雅；及至明清，中国人的品质却大幅劣化，给西方人的印象是麻木懦弱，缺乏创造力。

如果你不信，我在这里可以随手举几个例子。

先说尚武精神。

春秋战国时代，那些争雄竞长的大国，个个都强悍好战。《诗经·秦风·无衣》的“注”中就说：“秦人之俗大抵尚气概，先勇力，忘生轻死。”班固在《汉书》中也说：“秦之时，羞文学，好武勇。”

当时东方大国齐国民风强悍，百姓都是急性子、倔脾气，和今天的韩国人差不多。贵族们常常在道路上驾车相撞，国家立法也不能禁止。

连今天说着吴侬软语的吴越地区，在先秦时代也是一片气质刚劲的土地。《淮南子·主术训》篇说："越王好勇，而民皆处危争死。"班固这样描写这片土地的尚武遗风："（吴、粤之）君皆好勇，故其民至今好用剑，轻死易发。"（《汉书·地理志》）

春秋时代，贵族个个都下马能文，上马能武，侠客遍地，武士横行，一言不合，就拔剑相斗。那时候的中国人，不喜欢一步三摇弱不禁风的白面书生，不论男女，皆以高大健硕为美。所以《诗经》言庄姜之美，必先言"硕人其颀"。写鲁庄公之美，必说他"猗嗟昌兮，颀而长兮"。那个时代美男子的标志是大个子，卷头发，浓胡须，最好还带点狐臭味。《诗经·齐风·卢令》赞美猎人，就说他"美且鬈，美且偲"，也就是说他鬈发多须。同样，《诗经·陈风·泽陂》中说，"有美一人，硕大且卷，有美一人，硕大且俨"，于是令女主人公心生爱意，在单相思中苦闷不已。

我们再来看看后来的中国人。

在明朝万历年间到达中国的传教士利玛窦意外地发现，中国的男人都如此文弱。他在写给罗马的信中说："很难把中国的男子看作是可以作战打仗的人。"他惊讶地发现，这个帝国里最聪明的人看起来都像女人："无论是他们的外貌气质，还是他们内心的情感流露，他们看起来全像是温柔的女子。要是你对他们尊敬礼让，他们便会比你更加谦和。"居留中国的几十年里，利玛窦也看过上流社会的人打架，不过其情景却让他哑然失笑："彼此争斗时表现出来的，也只是妇道人家的愠怒，相互殴斗时揪头发。""他们很少残杀，他们甚至连想都没有想过这种争斗的方式。这不仅是由于他们没有什么真正的男子阳刚之气，主要是，他们大多数人连小刀之类的兵器都没有。""这些男人不惜每天花费两个小时来梳理他们的长长的头发，考究地整理他们的服饰，他们就这样悠闲自得地打发着美好的时光。”

鸦片战争后来到中国的外国人，更惊讶于中国人的胆小。古伯察说：“傲慢尊大的、看上去颇具刚毅的中国人，一旦遇到态度坚决，意志不挠的人，马上就会变得软弱，像患了癔病。面临困难的中国人嘴里常说‘小心’，即‘胆子要小’。”罗斯则说：“中国儿童不像欧洲儿童那样蹦蹦跳跳……对武力的赞赏已经完全没有了。大男子当众啼哭而不以为耻。”

二

一个例子也许说明不了问题，我们再来看看侠义精神。

春秋时代，是中国侠文化的光芒最灿烂的时代。侠人义士们救危扶困，济人不赡；路见不平，拔刀相助；知恩必报，赴火蹈刃；受人之托，一诺千金。赵氏孤儿、聂政刺侠累、荆轲刺秦王，一个个动人心魄的故事，演绎了那个时候男人们的壮烈与决绝，告诉后代什么叫轻生重义、生死相许。

春秋时代的侠客，最大的特点是极端重视人格的独立与平等。他们行侠仗义，不是为利，甚至不是为名，而是为了心中的一股豪气。他们如同珍视眼珠一样珍视自己的个人尊严，对“平等”两个字的珍视甚至达到了敏感的程度。“孟尝君曾待客夜食，有一人蔽火光。客怒，以饭不等，辍食辞去。”即使在座位安排这样的小事上，他们也不能容忍任何的不平等。

及至明清，“侠客”们却自愿攀附权力，沦为权力的附庸。春秋时代的侠客们天马行空，无视法律规范，只听命于自己的良心。而《三侠五义》中的侠客却个个自称“罪民”，以向权力规则屈服为荣。第四十五回钻天鼠卢方初次见到包拯，对身边的展昭说道：“卢方乃人命要犯，如何这样见得相爷？卢方岂是不知规矩的么？”于是自上刑具，而“众人无不点头称羡”。

春秋时的侠客傲视王侯，对任何人都不假辞色。而《三侠五义》第四十八回写五鼠面见宋仁宗，这些英雄好汉见到皇帝，都“心中乱跳”“匍匐在地”“觳觫战栗”，所谓的“江湖自由身”与权力一遭遇，立刻显出十足的奴性。“钻天鼠”“翻江鼠”被皇帝改成“盘桅鼠”“混江鼠”这类宠物式的命名，他们也都欣然接受。

如鲁迅所说，春秋时的侠客，是以“死”为终极目的，他们的结局也确实是一个个慷慨赴死而去，而清代小说中的侠客，却个个成了地主官僚，黑白两道都吃得开。如《三侠五义》所写，双侠丁兆兰、丁兆蕙家里广有田产，实乃地产豪绅，五鼠则是陷空岛渔霸。

读《春秋》《战国策》和读清代《三侠五义》《施公案》《彭公案》《儿女英雄传》这些“侠义小说”的感觉是完全不同的。清代侠义小说已经完全成了忠君事上观念的宣传品。侠义精神受到专制伦常观念的深刻侵蚀，礼教尊卑鲜明地取代了自尊独立。鲁迅说，《三侠五义》中的英雄，表面上是侠客，实质上却是奴才，“满洲入关，中国渐被压服了，连有‘侠气’的人，也不敢再起盗心，不敢指斥奸臣，不能直接为天子效力，于是跟一个好官员或钦差大臣，给他保镳，替他捕盗”。他们“虽在钦差之下，究居平民之上，对一方面固然必须听命，对别方面还是大可逞雄，安全之度增多了，奴性也跟着加足”。

三

说过了侠，我们再来看看儒。

后来被统治阶级作为统治工具的“孔孟之道”，诞生之际其实并不像后来那样充满奴性，而是有着刚健清新的一面。春秋士人每以君王的师友自居，将自己所学之“道”凌驾于权势之上。合则留，不合则去。这一点，以儒家最为突出。孔子周游列国，不留恋高官厚禄，不屈服于任何政治权威，只为推行自己的政治主张。他说："三军可夺帅也，匹夫不可夺志也。"

孟子则远比孔子更锋芒毕露。孟子性格外向，感情丰富，行事张扬。他自负到公然宣称："如欲平治天下，当今之世，舍我其谁也？"他特别强调精神的自由和人格的独立，与国君交谈之际，也毫无奴颜媚态："说大人则藐之，勿视其巍巍然。"胸有浩然之气的他居然敢说出"君之视臣如土芥，则臣视君如寇仇""民为贵，社稷次之，君为轻"这类在后世看来有些大逆不道的话。

秦汉以降，虽然在世俗层面，士人们遵守权力秩序，但是在精神层面，他们中的许多人却以"圣人"自期，追求"始乎为士，终乎为圣人"，保持着一定程度的人格独立。汉光武帝刘秀的同学严光，曾出山帮助刘秀取得天下，刘秀登基后想召他做官，他不肯接受，隐居富春山耕钓自娱。及至唐代，虽然唐太宗发明了使天下英雄尽入我彀中的恶毒办法，但是李白仍然可以做他的帝师梦，希望自己能在"事君之道成，荣亲之义毕"后，"与陶朱、留侯浮五湖，戏沧洲"，逃离权力的控制。历朝历代，都有人选择以"隐士"这个高洁的姿态终老一生。

及至朱元璋时代，士人们做隐士的自由首次被剥夺。朱元璋不能容忍在他至高无上的皇权之下存在另一种高傲，认为拒绝为他服务的士人必定是看不起他。他发布命令："率土之滨，莫非王臣。寰中士大夫不为君用，是自外其教者，诛其身而没其家，不为之过。"在这道前无古人的"寰中士大夫不为所用律"下，苏州才人姚润、王谟因征召不至，被朱元璋斩首、抄家。贵溪儒士夏伯启叔侄把左手大指剁去，以示不肯出山做官，被朱元璋"枭令，籍没其家"。中国士人从此失去了最后一块保持独立个性的空间。

到了清代，儒生出身的大臣们更被驯化得百炼钢成绕指柔。历代王朝莫不要求大臣们成为有操守的名臣，然而清代帝王却首次提出，一个大臣不应该追求成为名臣，因为过于坚守道德原则，也会妨碍他们不打折扣地、像狗一样地为皇帝服务。作为臣子，不但身体要属于君主，他的心灵也应该属于君主，不应该有任何自己的独立意志、个人尊严。雍正皇帝就曾直截了当地在《朋党论》中说："你们各位大臣如果将朕之所好者好之，所恶者恶之，是非画一，则不敢结党矣。"乾隆更提出了一个著名的理论："奸臣"固然并非国家幸事，"名臣"的出现其实也不是什么好事。国家只需要唯命是从办事敏捷的奴才。他说："乾纲在上，不致朝廷有名臣、奸臣，亦社稷之福耳。"因此清代这些饱读四书五经的大臣有一个共同的特点，那就是无思想无操守，除功名利禄外无所关心。在皇帝明察之下，他们老老实实，卖命效力，以图飞黄腾达。皇帝一旦放松警惕，他们就会大肆贪污，尽一切可能盗窃皇帝的家产。他们选择了动物式生存。所谓操守、尊严和人格，对他们来说已经是不着边际的空话。

四

最后再让我们来看一看文学作品中反映出的精神面貌。

《诗经》里面有许多篇章，大胆地描写爱情甚至性爱。例如《诗经·召南·野有死麕》：

野有死麕，白茅包之。有女怀春，吉士诱之。
林有朴樕，野有死鹿。白茅纯束，有女如玉。
舒而脱脱兮，无感我帨兮，无使尨也吠。

意思是有个猎人在野外打死了小鹿，用白色的茅草把它包好，用来作为献给少女的礼物。一个少女对他动情，他就趁机挑逗她。最后三句很生动地表现出那个少女和猎人一起走向密林深处的心情：轻轻地走，慢慢地走，不要急躁，不要碰我腰间的围裙，不要惹那黄狗吓人地汪汪叫。

这首诗不直接写性，只是描写二人向林中深处走去的心情，多么含蓄，又多么自然健康！那时候的中国人并不认为性是一件见不得人的、需要遮遮掩掩的事，中国人的自然本性还没有被后来的文化阉割。

《诗经·鄘风·柏舟》中则说："之死矢靡它。母也天只，不谅人只！"说是一个女子有了一个适合自己的意中人，可是父母不同意，她大声呼号："母也天只，不谅人只！"说你们不体谅我的心愿，我死也要和他在一起！这种表达，多么直率大胆！

先民们的天真烂漫和心无杂念，如同狂风暴雨洗后的天空，高远而纯净地呈现在我们面前。《诗经》里面充满了生命的欢欣，充满了野性、活力、大自然和美。所以孔子对《诗经》的评价是"诗三百，一言以蔽之，思无邪"。

唐宋时代，中国人在思想上的原创力不再，但是文学艺术方面的创造力却突然勃发。唐诗展示了前所未有的艺术生命力，精神蓬勃，气象光辉。其风格或者高昂明朗，或者雄浑壮大，或者具"清水出芙蓉"的自然之美。宋词则为中国人表达情感开辟了新天地，其清新婉约和生活化更胜唐诗一筹。李泽厚说："只要中国人还说汉语，只要中国人还用方块字在进行写作，那么唐诗宋词的魅力是永恒的。"

然而宋代以后，诗人们的才性、阅历、学识均大幅崩塌。他们画地为牢，处处模仿着过去，重复着过去，以诗写得像唐或者像宋沾沾自喜。遇到花朝或者月夕，或者其他任何人生情境，他们都已经形成固定的解释方式、感受方式和表达方式。他们以拾前人牙慧为荣，不敢越藩篱一步。明清五百年的诗坛，没有一点激情和冲动，没有一点真性情，甚至没有一个真表情，除了纳兰容若外，居然没再产生一个有影响的诗人。

五

宋代以前的中国，可以说是一个伟大的民族。它创造着，体验着，发现着，说自己想说，想自己所想，生机勃勃，生趣盎然。

宋代以后的很多中国人不但失去了创造力，也失去了感受力。很多人似乎只剩了一个外壳，没有了灵魂。到了晚清，社会如同一潭死水，散发出腐烂的气味，从上层到下层，人们都既狡猾又愚昧，既贪婪又懦弱。用汤因比的话来说，这种生活是“一种毫无意义的存在”，“它之所以能活着只是因为它已经僵化了”。（汤因比《历史研究》）

因此，宋以前的中国人和宋以后的中国人，其实是两个物种。其差别就好比一个好罐头和一个变质罐头的差别，或者说是钻石与石墨的差别：虽然同是由碳原子构成，性状却已经完全不同。中国人的性格历史如同黄河，先秦是上游，清澈见底；汉唐是中游，虽泥沙俱下，毕竟有波涛汹涌之雄大气象；明清是下游，经常断流，已奄奄一息。

或许是基于西方中心论的偏见，西方人对这种僵化状态表现出赤裸裸的厌恶。赫尔德把中国比喻成一具僵尸：“这个帝国是一具木乃伊，它周身涂有防腐香料，描画有象形文字，并且以丝绸包裹起来；它体内血液循环已经停止，犹如冬眠的动物一般。”

比万博士说：“为了避免中国的命运，欧洲付出了一千年野蛮生活的代价。”这个代价在他们看来是值得的。

第三章
春秋时代的“贵族精神”

一

对于贵族精神，中国人已经很陌生了。虽然现在许多别墅小区，都起名“贵族苑”“贵族庄园”“傲城尊邸”之类；虽然今天的中国人开始崇尚所谓“贵族”生活，但是很不幸，大部分人所理解的贵族生活，就是住别墅、开宾利车、打高尔夫，就是挥金如土花天酒地，就是对人呼之即来挥之即去。

其实，这不叫贵族精神，这叫“暴发户精神”。

什么叫贵族精神呢？让我们先从宋襄公的故事讲起。

读过《毛选》的人都知道宋襄公的泓水之战。通过那一战，宋襄公被标上了“蠢猪式的仁义”的标签，成了后世中国人嘲笑的对象。

《韩非子》中是这样记载这个故事的，说是宋国与楚国打仗，宋国军队列好了阵，楚国军队渡过泓水来交战。宋国的军官对宋襄公说：“楚军比我军人数多，我们应该趁他们正在渡河马上发起进攻，那样楚军必败。”

宋襄公却回答说：“不行，那不符合战争规则。君子说：‘不能攻击已经受伤的敌人，不能擒获须发已经斑白的敌人；敌人处于险地，不能乘人之危；敌人陷入困境，不能落井下石；敌军没有做好准备，不能突施偷袭。’现在楚军正在渡河，我军就发起进攻，不合仁义。等楚军全部渡过河，列好阵，我们再进攻。”（“君子不重伤，不禽二毛。古之为军也，不以阻隘也。寡人虽亡国之余，不鼓不成列。”）

结果是等楚军全部渡过河后双方才开战。宋军因寡不敌众，落得大败，宋襄公也受了伤，第二年悲惨地死去。毛主席因此有了一句著名的语录，叫作：“我们不是宋襄公，不要那种蠢猪式的仁义道德。”由于这一最高指示，这个寓言被选进了中学课本，宋襄公成为全中国人都知道的著名历史人物。

用今人的眼光来看，这位宋襄公确实愚蠢呆板得可以。但是如果我们对宋襄公所处的时代有所了解，就会知道他的选择，正是对“贵族精神”的诠释。

中国贵族文化的首要标志是“礼”。春秋时代的上层社会中，“礼”如同空气一样无所不在，就如同今天的“钱”无所不在一样。甚至在战场上，人们也需要遵守“战争礼”。黄仁宇在《赫逊河畔谈中国历史》中说：“春秋时代的车战，是一种贵族式的战争，有时彼此都以竞技的方式看待，布阵有一定的程序，交战也有公认的原则，也就是仍不离开‘礼’的约束。”

春秋时以车战为主，因此必须选择好一处平坦开阔的地点，双方约好时间，大致同时抵达，等列好队伍之后，鸣起战鼓，驱车冲向对方。这就是所谓的“结日定地，各居一面，鸣鼓而战，不相诈”。

这种战争，更像体育比赛，要遵守一定的次序。《左传·昭公二十一年》记载的宋国公子城与华豹之战十分典型。双方战车在赭丘相遇，华豹张弓搭箭，向公子城射来，结果却偏离目标。华豹动作敏捷，又一次搭箭上弦。公子城一见，对他不屑地大喊："不更射为鄙！"意思是战争的规则是双方一人一箭。你射了我一箭，现在应该我射你一箭了。你不守规则，岂不太卑鄙了！华豹闻言，就放下弓，老老实实地等公子城搭弓，结果公子城一箭射死了华豹。史书并没有嘲笑华豹愚蠢，相反却肯定他以生命维护了武士的尊严。

在今人看来，这些老祖宗在战场上的表现似乎太迂阔了，其实不然。因为春秋以前的作战方式和战争理念都与后世有很大的不同。春秋时期的军队都是以贵族为主体，战士人数不多，几百辆战车而已，每次战争一般不超过一天。因此那个时候的战争更像是一次大规模的绅士间的决斗。贵族们在战争中比的是勇气和实力，偷袭、欺诈、乘人之危都是不道德的。正如徐杰令所说："春秋战争礼最大的特点，在于讲究承诺，遵守信义，不以阴谋狡诈取胜。"宋襄公所说的"不重伤（不让人二次受伤，就是不攻击伤员），不禽二毛（不俘虏老年人），不鼓不成列（对方没有排好队列时，本方不能进攻）"，和《淮南子》所说"古之伐国，不杀黄口，不获二毛"，正是那个时代普遍的战争规范。

二

不仅那时的战争规范今人已经十分陌生，那个时代战场上贵族们的风度和言辞，更是今天的读者难以想象的。《左传·成公十六年》记述了晋国和楚国在鄢陵打的一场大仗，让我们看到春秋时代的"战争"是多么彬彬有礼。史书的原文是："郤至三遇楚子之卒，见楚子，必下，免胄而趋风。"

也就是说，在这次战斗里，晋国的大将军郤至前后三次遇到了楚共王。他每次见到楚共王，都脱下头盔，趋避到一边，以表示对楚共王的恭敬。楚共王很欣赏这位晋国将军的风度，派工尹襄赠给了郤至一张弓，并说：“方事之殷也，有靺韦（**红色皮革**）之跗注（**绑腿**），君子也。识见不穀（**国君自称**）而趋，无乃伤乎？”

意思是：“战斗正激烈的时候，我看到有位打着红色皮绑腿的有礼貌的人。他一见到我，就遵循礼节疾步而走，让他受累了！”

郤至怎么回答？《左传》说：“郤至见客，免胄承命，曰：‘君之外臣至，从寡君之戎事，以君之灵，间蒙（**现在穿着**）甲胄，不敢拜命。敢告不宁，君命之辱。为事之故，敢肃（**作揖**）使者。’”

意思是郤至接见了工尹襄，脱去了盔甲，听他传达楚王的话，回答说：“您的外国臣子郤至，奉了我国君主的命令作战，在战场上正穿戴着盔甲，不能下拜。承蒙您派人慰问，我心里实在感到不敢当。因为在战斗当中，只好对您的使者行个敬礼了。”说完，对工尹襄作了三个揖就走了。

正如这个故事所表现的那样，即便是血腥的战争中，优雅仍然是春秋时代贵族的基本追求。虽然彼此的目的都是击败对方，但他们言辞却仍然处处得体。郤至对敌国君主不失尊敬，而楚王在危难之际，竟然也不忘去褒扬对手，并派人给他送去礼物。正如钱穆先生所评价的：“当时的国际间，虽则不断以兵戎相见，而大体上一般趋势，则均重和平，守信义。外交上的文雅风流，更足表现出当时一般贵族文化上之修养与了解。即在战争中，尤能不失他们重人道、讲礼貌、守信让之素养，而有时则成为一种当时独有的幽默。”

了解了这些背景，我们就可以了解泓水之战中宋襄公并非心血来潮。作为殷朝贵族后代、从小受到严格贵族教育的宋襄公，讲究贵族风度是他根深蒂固、深入骨髓的观念。在战争中，他既要取胜，也要赢得“漂亮”、赢得“合理”、赢得“高贵”。甚至在一定意义上，风度大于胜败。那些今天看起来迂腐的礼仪其实不仅仅是仪式和礼节，更是一个阶级不可更改的文化信念。宋襄公的“愚蠢”，其实是那个时代贵族风度的光彩流露。

其实有很多史书肯定了宋襄公的做法。比如《春秋公羊传·僖公二十二年》对此事的评价是："君子大其不鼓不成列，临大事而不忘大礼，有君而无臣。以为虽文王之战，亦不过此也。"认为即使周文王遇到这种情况，也不会比宋襄公做得更好了。司马迁在《史记》中也说："襄公之时，修行仁义，欲为盟主……襄公既败于泓，而君子或以为多，伤中国阙礼义，褒之也，宋襄之有礼让也。"就是说宋襄公虽然失败了，但是很多君子认为他值得赞扬，他们感叹在礼义缺失之时，宋襄公却依然秉持礼让精神。

直到宋代苏轼的《宋襄公论》，才开始以成败论英雄。苏轼以反传统的姿态指出，不论如何，兵败于楚，就是宋襄公的罪过："至于败绩，宋公之罪，盖可见矣。"当然，历代批判宋襄公的言论以毛主席那句名言为登峰造极。后代中国人对宋襄公的唐突，其实证明了贵族传统在中国大地的断裂。

三

由于中国的贵族传统中断太久，今天的中国人确实已经很难理解先秦时代祖先们的内心世界。

好在大量的西方文学影视使我们对欧洲的贵族多少有一些了解。也许通过援引一些欧洲中世纪的历史，我们更容易理解我们的祖先，因为贵族社会的一些精神原则是一脉相通的。如果我们感觉宋襄公时代的"不重伤，不禽二毛，不鼓不成列"过于古奥，那么，打这么个比方，也许就容易明白了：春秋时代的战争规则，其实就是中世纪欧洲的"骑士精神"。

欧洲骑士的行为准则是：不伤害俘虏，不攻击未披挂整齐的骑士。不攻击非战斗人员，如妇女、儿童、商人、农民、教士等。

欧洲骑士间的战争，和春秋时代的贵族战争一样，也是要摆好战场之后，堂堂正正地对攻。搞突然袭击，对真正的骑士来说，是一种可鄙的行为。骑士精神包括两个方面：一方面是不畏强者，作战勇敢，不得贪生怕死；另一方面则是同情弱者，对失败者宽宏大量。当一名骑士俘虏了另一名骑士后，必须将俘虏待如上宾。英法战争期间在克里西及普瓦泰被俘的法国骑士，在英国人的军营中就经常受邀与胜利者英国人一起盛饮娱乐，活得安然舒适，直到被赎回为止。

这岂不正是我们嘲笑了千年的“宋襄公精神”？可惜的是，今天相当多的中国人崇拜骑士精神，却很少有人意识到它是“宋襄公主义”的欧洲版。

四

同泓水之战一样，春秋时代还有许多故事，我们今天读起来，都感觉是那么难以理喻，或者那么可笑。其实，这些故事在西方贵族时代，都能找到类似的翻版。

比如在当年“批孔”大潮中，人们津津乐道的一个故事是子路正冠。说的是孔子的弟子子路，在战争中阵亡，他临死前还不忘系好被对手砍断的帽缨，正冠而死。人们认为这个故事说明儒家学说是多么害人，死到临头，还念念不忘教条。

其实重视仪表、重视细节，是一种深入骨髓的教养。先秦社会礼仪无处不在，从穿衣戴帽到在宴会上怎么与客人交谈，每一个细节都有繁缛的要求。今天的读者如果翻阅《周礼》之类的先秦典籍，也许感觉这些记载过于烦琐古板。这也是贵族社会的共同特点。中世纪法兰西贵族以言谈举止的彬彬有礼闻名。法兰西贵族从小也要经过严格的礼仪训练。国王在宫廷女仆面前都要脱帽致敬，公爵们走过凡尔赛宫庭院，由于不断地行礼，只能把帽子拿在手上。

礼教精神的一个重要原则，是贵族在任何时候都要保持尊严和风度。子路在敌人的刀锋下系好帽缨，其实正体现了贵族式的在死亡面前的从容不迫。西方的贵族社会也能找到类似的例子。法国大革命高峰的时候，路易十六和皇后都被送上了断头台，皇后上断头台的那一刻，不小心踩到了刽子手的脚，皇后留下的最后一句话是优雅的道歉："对不起，先生。"

正如这位皇后的下意识反应一样，"贵族文化"的首要特质就是优雅。子路的最后一个动作，不叫迂腐，叫教养，叫贵族风度。

另外一个故事，今天的读者读起来一定感觉更奇怪。

这个故事同样发生在上文提到的鄢陵之战中，晋国将军韩厥打败了郑国的君主郑伯。郑伯乘车逃走。为韩厥驾车的驭手杜溷罗说："赶快追。他的御者左顾右盼，心不在焉。很快就能追上。"韩厥却说："算了吧。不能再次羞辱国君了。"他命令驭手掉转车头，放过了郑伯一命。

这个故事反映了贵族社会的一个重要信条，就是对对方的君主保持尊重。因此晋国的将军在战争中遇到楚国的君主，也要行礼致敬。春秋小霸郑庄公有一次大胆地挑战周王室，在战场上大获全胜，还射中了周王的肩膀。不过，在周王逃跑之时，郑军并没有追击。庄公说："君子不欲多上人，况敢陵天子乎！苟自救也，社稷无陨，多矣。"就是说，我与周王作战，是迫不得已，怎么敢再凌辱天子！当天晚上，郑庄公专门派了使者去探望周王，并且问候他的左右近臣。

欧洲政治中也有一个类似的传统，那就是做过国王的人即使被从王位上推下来，也会受到必要的礼遇。这是骑士精神的表现之一。因此，欧洲权力斗争中的失败者鲜有被处死的例子。人们无法容忍一个国王杀掉另一个国王。他们不是不知道养虎遗患的道理，可就是不愿破坏自己的骑士风度。1688年，威廉三世征讨英国，从自己岳父詹姆斯二世手中夺取了王位。之后他网开一面，故意在囚禁岳父的城堡前的大海上不设防备，让他顺利乘船逃到法国。第二年，他的岳父就组织了一支精良的雇佣军在爱尔兰登陆。威廉三世不得不从英法战争中腾出手来对付卷土重来的岳父，虽然最后将詹姆斯赶回了法国，却因此在英法战争中失利。不过，似乎没有人因此而批评威廉的不智。

春秋时代的战争中，还有许多有趣的插曲。比如发生在楚国与晋国的另一次战争“邲之战”中的一个画面。那场战争晋国被打得大败。在逃跑时，晋国的许多战车陷入泥坑，狼狈不堪。楚国士兵不但不乘机追杀，反而还跑上前教晋军如何抽去车前横木，以便冲出陷坑。晋军脱离困境后，还回头对楚军开玩笑说：“吾不如大国之数奔也。”就是说，还是你们逃跑有经验啊！

在今天的中国人看来，这种战争简直就像小孩子过家家。其实这种“可笑”的场景在中世纪欧洲贵族的王位之争中也经常能看到。

1135年亨利一世去世，他的外孙亨利二世和外甥斯蒂芬都认为自己有权继承英国王位，斯蒂芬抢先一步登上了王位，亨利二世不服，从此领兵前来争夺王位。在第一次王位争夺战中，年仅十四岁的亨利二世经验不足，准备不充分，还没开战军队就没有粮饷，陷入饥饿，困窘之下，他居然向敌人斯蒂芬请求支援。而斯蒂芬呢，居然也就慷慨解囊，借钱让亨利二世把饥饿的雇佣军打发回家，第一次战争就这样可笑地不了了之。

数年之后，亨利羽翼已丰，卷土重来，双方再次展开大战，这次亨利很快取得胜利，斯蒂芬俯首投降。然而，双方谈判后达成的结果却让人大跌眼镜：双方约定，斯蒂芬继续做英国国王，不过宣布亨利二世为他的继承人，一旦百年之后，由亨利二世登基。

另一场王位争夺的结局更富于戏剧性。英国爱德华三世的两个儿子兰开斯特公爵和约克公爵的后代都对英国王位发生了兴趣，两个家族各拉一批贵族，发动了内战。因为兰开斯特家族的族徽是红玫瑰，约克家族的族徽是白玫瑰，所以这场战争被称为玫瑰战争。战争的结局是不打不成交，两大家族在战争中打出了感情，兰开斯特家族的亨利第七，娶了约克家族的伊丽莎白，宣布约克和兰开斯特两大家族合并，结束了玫瑰战争，也结束了兰开斯特和约克王朝，开创了都铎王朝。

这些故事反映出，贵族时代的战争与平民时代有明显不同。贵族间的战争一般并不以杀戮和彻底征服为目的，只为分出胜负。所以战争一般点到为止，给对方留足面子。在战场上，大家是敌人，下了战场，大家仍然是朋友。

五

多年教育的结果是，“贵族”在我们的头脑中成了一个负面的概念，它意味着铺张奢侈的生活和抱残守缺的价值观。其实，贵族们固然有保守、特权的一面，也有优雅、超越和勇于承担的一面。

贵族精神的第一条就是勇敢。俄罗斯贵族有为国献身的光荣传统，几乎每个贵族都会把孩子送去当兵，沙皇也经常亲征。《战争与和平》中，贵族安德烈将要走上战场，抵抗拿破仑的侵略。他的父亲老公爵对他的嘱咐是：“记住，安德烈，你要是战死了，我会痛心的，可是假如我知道你的行为不像是我的儿子，我会感到羞耻！”安德烈最终因在战场上负伤而死。

这种情景在先秦其实随处可见。和西方封建社会一样，中国上古的贵族都是武士，贵族男子都以当兵为职业。“吾国古代之士，皆武士也……有统驭平民之权利，亦有执干戈以卫社稷之义务，故谓之‘国士’以示其地位之高。”翻开《左传》《国语》，我们发现那些贵族个个都能上阵打仗，就连春秋末期的孔夫子，也长于武道，精通射御之术。

春秋时代，整个贵族阶级都以执戈披甲为荣，视冲锋陷阵为乐。秦国在选择国君时，首要条件就是勇敢：“择勇猛者立之。”楚康王即位五年而无战事，认为是自己的莫大失职。在整部《左传》中，我们找不到一个因胆怯而临阵脱逃的人。历史学家雷海宗认为，一般来说，春秋时的人们大多毫无畏死的心理，他们认为死在战场上是最好的死法。

贵族精神的第二条是重视荣誉，敢于承担。毕达哥拉斯说，贵族的生活是荣誉的，而奴隶的生活是牟利的。确实，贵族是一个视荣誉重于生命的阶层。他们自认为血统是高贵的，因此做事要光明磊落，不敢以卑贱的行为来玷污自己的血液。

今天中国人往往认为贵族只意味着特权。有好处时先上，有危险时先逃。其实，权力也意味着责任。打个比方，西方航海业有一个不成文的规定，在一艘船沉没时，船长必须最后一个逃生。贵族在上古社会中的作用就如同船长。在享受特权的同时，也意味着他们在关键时候必须能挺身而出，为国家和君主献出生命。

公元前541年的时候，在郑国的虢地，各诸侯国召开盟会。这个大会叫“弭兵大会”。“弭”就是停止的意思，弭兵大会，就是停战大会，停止战争，呼吁和平，号召各国和平相处。

但是这个大会正在进行中时，鲁国的大夫季武子就出兵征讨莒国。消息传来，出席大会的楚国代表主张杀掉鲁国的代表叔孙豹泄愤。晋国的大臣乐桓子赶紧去通知叔孙豹，表示要帮他做做工作，免于大难。

不料叔孙豹听到消息后，却拒绝了乐桓子的好意。为什么呢？叔孙豹说：“我来参加诸侯大会，就是为了保卫社稷。我如果避免了大难，各国必然要派兵联合讨伐鲁国。这不是给鲁国带来了灾祸吗？如果他们在这个大会上把我杀了，那也相当于惩罚了鲁国，鲁国就不会遭遇大兵压境之险。所以我宁愿死在这里。”

这就叫承担精神。这件事见于《左传·昭公元年》和《国语·鲁语下》。

一个更有名的故事发生在公元前548年的夏天，齐国大臣崔杼设计杀害了君主齐庄公。事后崔杼找来太史伯说："前几天主公调戏我的夫人，被人杀了。为了照顾主公的面子，你一定要写'先君害病身亡'。"不想太史伯却回答说："按照事实写历史，这是太史的职责。"遂在竹简上直书：夏五月，崔杼弑君庄公。

崔杼大怒，抽剑杀了太史伯。按惯例，太史之弟继承乃兄之职，新太史在记载这一段时，仍然直书："崔杼弑其君"，崔杼又把他杀了。可是第三个太史还是照样写。崔杼叹了一口气，只好作罢。一个叫南史氏的太史听说几位太史都被杀了，大义凛然，"执简以往"，准备续写史书，走到半路，听说已经直载其事，才回去了。

春秋时代的贵族们就是这么简单，这么执着，这么硬骨头。

在死亡面前的尽责不苟和从容不迫，在影片《泰坦尼克号》中我们也可以看到：在大船即将下沉的时刻，船长没有选择逃亡，而是走进了船长室。设计师先生对女主人公的那句话深深地印在了观众的脑海里："我没能为你造一艘足够坚固的船。"然后他也选择了与他的船待在一起。这就是贵族精神在资本主义早期的遗存：尽责任，敢相当，在关键时候勇敢地迎向死亡。

看过《泰坦尼克号》，相信人们对当年"泰坦尼克号"在沉没过程中，甲板上的乐队一直坚持演奏这一幕印象深刻。在黑夜寒风中，忘我地演奏的乐手的形象，就是贵族精神的最佳诠释。它告诉我们，有一种死，比平凡的生更伟大、更永恒。

六

我们得重新定义文明与财富的关系。我们曾经说越穷越革命，越穷越高尚。其实贫穷从来不是好事。贫穷遮蔽了人的眼睛，让他看不到食物以外的东西；贫穷枷锁了人的身体，让他像动物一样不停地被原始欲望折磨。贫穷剥夺了人的力量、尊严和权利。在人类文明发展早期，贵族阶层与其他阶层相比，不仅在物质上，而且在精神上、文化上，有很大的优越性。财富和地位让贵族有了多余的时间和精力，来关心自己的尊严，完善自己的风度，发展自己的精神世界。一代一代的贵族教育，在贵族这个阶层培养起一系列比其他阶层更为突出的品质。

贵族精神之所以宝贵，是因为勇敢、尊严、优雅、荣誉心等品性的成长和发育非一朝一夕之功。贵族精神的产生和完善就像酿酒，需要一个代代承继、陈陈相因的漫长过程。所谓培养贵族需要三代，一般来说，第一代贵族身上的草莽味、江湖味、暴发味是很难随着时间的流逝彻底洗掉的。从第二代贵族开始，由于拥有良好的教育条件，他们开始形成与第一代截然不同的生命经验和价值观。从第三代开始，贵族们追求物质利益和开拓家族基业的激情开始淡化，贵族精神内化到他们的骨子里，举手投足、待人接物都透露出良好的教养和风度。

因此，贵族文化想要产生和传递下去，首要条件是稳定性。

贵族家族的分家方式保证了其稳定性。贵族们分家采用长子继承制，即由长子承袭所有家产，别的孩子没份。这是因为贵族的爵位是没法分的，父亲是公爵，不可能十个儿子个个是公爵，所以爵位只能给一个儿子。有了爵位，就要有与之相配套的土地和财产，所以贵族家的土地不能像老百姓家那样，一分十份，一人一份。儿子们都要争，怎么办？那就法定下来，只给长子。所以就形成了长子继承制。

长子继承制使得贵族家族能保持高度稳定性。英国大贵族往往能存在几百年。1764年，约翰·道尔利普尔估计，大约50%的英格兰地产是根据旧的财产继承制代代相传的。百年之后，法国学者希伯利特·泰纳访英后总结：“多数古老的地产是借助长子继承制法则保存下来的。”

这种稳定性是贵族精神产生的容器。只有贵族阶层能提供代代相传的、不间断的、高质量的贵族教育。春秋时代的“六艺”礼、乐、射、御、书、数，都是贵族的课程。礼乐指礼仪和音乐歌舞。射御指军事技能，因为春秋时代战争以车战为主，驾车、射箭的技术是武士所必备。书数是指书法和算术。从“六艺”的内容看，它既重视文事，也重视武备；既训练人的外在行为规范，也陶冶人的内在精神情操。这种贵族教育设计是相当均衡而合理的。而在欧洲，贵族的孩子在十岁左右就会被送到比自己家庭高一级的贵族家中充当仆童，接受礼仪教育，观摩骑士比武和训练。

稳定的、优裕的、超越了功利追求的生活条件，使贵族的生活“并不仅仅是一种比普通的生活更舒适、更无忧无虑或更高贵的生活，它是一种质量完全不同的生活。它之所以是‘得体’的，是因为它达到了这一程度——由于已经拥有了纯粹的生活必需品，由于已经从劳作中解脱出来，并且克服了所有生物对自身生存的内在的迫切需求，生物性的生活进程不再受到制约”。（汉娜·阿伦特《人的条件》）据说欧洲贵族家庭一个贴身女仆在文艺方面的知识比后来的专业人员还要丰富。在不必为衣食甚至功名烦忧的前提下，贵族们开始追求更高境界的东西，在这种追求中体现出人之为人的高贵之处。诗人叶芝认为，只有贵族社会才能产生伟大的统治者和廉洁的政府，才能保护艺术，因为贵族阶级不再贪图财富而且深明礼仪，所以他们才能使艺术家有闲暇来从事创作，使公众有文化修养来欣赏艺术。

第四章
不可复制的“黄金时代”

一

当然，过分的稳定和过于严格的礼仪约束，会使一个社会失去活力。春秋时代中国之所以能够生机勃勃，绚丽多彩，是因为列国竞争的环境，使得春秋时代远比西周时代的空气更为自由。

在西周前期，在分封制基础上的大一统运转良好，秩序井然，纪律严明，社会安定，堪称“盛世”。然而人们的创造力和活力也被重重礼制严重束缚住了，除了一个周公，西周前期并没有出现伟大的思想家。随着时间的推移，各国诸侯与周天子之间的血缘联系越来越淡漠，周王对地方的控制力越来越弱，中国进入了春秋战国长达数百年的动荡期。在这个动荡时期内，王室衰微、“礼坏乐崩”。多极的政治格局和激烈竞争的社会环境，使各国统治者急于延揽人才，人才可以四处流动，从贵族、士人到普通农民，人人都拥有逃亡的自由，或者说用脚投票的自由。孔子见七十二君，就是说孔夫子他老人家走遍了七十二个国家。由此造成社会控制的松弛，人的身份不再是不可松动的禁锢，人的精神首次获得空前的自由发展空间。同时，正如梁启超在《论中国学术思想变迁之大势》中所说："周既不纲，权利四散，游士学者，各称道其所自得以横行于天下，不容于一国，则去而之他而已。故仲尼见七十二君，墨翟来往大江南北，荀卿所谓'无置锥之地，而王公不能与之争名；在一大夫之位，则一君不能独畜，一国不能独容'。言论之自由。至是而极……岂所谓'海阔从鱼跃，天空任鸟飞'者耶？"

而随着严格等级秩序的破坏，贵族精神逸出了上层社会的樊篱，流布到社会各个阶层，与社会底层的草根活力和创造力结合起来，激活了整个社会的能量，创造了中国历史上一个不可复制的黄金时期。

首先从贵族精神中汲取营养并推陈出新的是士人阶层。春秋时期，夏商周时代留下来的典籍不再是贵族的专利，普通人也有机会接受教育，进行精神上的探索。春秋时代的"士文化"，可以说是贵族文化的一种延续。事实上，百家争鸣之中，那些起自社会中下层知识分子的惊人智慧并不是无本之木、无源之水。他们接续的、依赖的精神资源是旧有的贵族文化。钱穆先生说："春秋时代，实可说是中国古代贵族文化已发展到一种极优美、极高尚、极细腻雅致的时代……此下战国兴起，浮现在上层政治的，只是些杀伐战争，诡谲欺骗，粗糙暴戾，代表堕落的贵族；而下层民间社会所新兴的学术思想，所谓中国学术之黄金时代者，其大体还是沿袭春秋时代贵族阶级之一分旧生计。精神命脉，一气相通。因此战国新兴的一派平民学，并不是由他们起来而推翻了古代的贵族学，他们其实只是古代贵族学之异样翻新与迁地为良。"

当然，士人们在贵族文化的基础上生发出许多崭新的内容。士人们的心灵冲破了三代的鬼神崇拜枷锁，在精神的天空中自由地翱翔。许多底层人士可以以智慧和知识为资本，抗礼王侯，主宰着自己的命运。因此他们一个个活得顶天立地。他们第一次真正体验到了自主的欢欣和自由的快乐，也特别强调精神的自由和人格的独立。《论语》说："三军可夺帅也，匹夫不可夺志也。”他们坚持以自我的价值判断为标准，不屈从于任何权威，如孟子所说的“富贵不能淫，贫贱不能移，威武不能屈”。许多人宁愿舍弃富贵，也要追求人格的独立。比如段干木“官之则不肯，禄之则不受”。齐国於陵仲子“上不臣于王，下不治其家，中不索交诸侯”。追求绝对的精神自由，是春秋战国时期知识分子的一个重要特征。

二

除了士人阶层，其他阶层在春秋战国时代也产生了强烈的独立意识和人格追求。在春秋以前，自由、独立这些词是不属于贵族之外的其他群体的。到了春秋战国，那些在底层社会的人才终于不再受制于身份的限制，而是可以以自身本领为资本，主宰自己的命运。

春秋时晋国的栾氏家族，依仗有一个著名的勇士督戎，公然与国家作对，相国范宣子为此事极度烦恼。范宣子有一个奴隶名叫斐豹，主动向范宣子请缨，说我可以替你杀了督戎，但条件是你要给我自由。

范宣子大喜过望，马上同意了这一要求，并且对斐豹发誓说：“而杀之，所不请于君焚丹书者，有如日！”就是说，我当着太阳发誓，你杀了他，我一定上奏国君，把记载你奴隶身份的档案烧掉。在随后的决斗中，斐豹杀掉了督戎，为自己赢得了自由。

从这个故事之中，我们可以看出，一个社会地位最卑微的奴隶，在春秋战国时代也可以凭自己的本事来改变自己的地位。斐豹敢于和堂堂一国之相来面对面谈判，向他的主人开出交换条件，凭的是他的能力。作为中国历史上第一个有明确记载的被解放的奴隶，斐豹身上体现了早期中国底层社会自我意识的觉醒，和对贵族等级制度的反抗。而范宣子也为这个奴隶的气度所折服，不但接受了他的条件，还向他起誓遵守。这说明那个时代有作为的政治家的共同特点是识时务和通达。

让我们再来看看另一个侠客的故事：晋人豫让本是大贵族智伯的家臣。智伯的对手赵襄子除掉智伯，为了泄愤，又把他的头颅做成溲器。豫让十分生气，他为了给故主报仇，混进赵府做仆人，想趁机杀掉赵襄子，结果提前暴露了身份，被抓住了。赵襄子得知了豫让为主复仇的动机，感于他的忠义之心，居然把他给放了。

然而豫让仍不死心，于是拿漆涂在身上，使自己身上长满了恶疮，又生吞木炭，让声音变得嘶哑。用自残的方式，化装易形，再次去刺杀赵襄子，结果还是被抓住了。赵襄子说这回我不能再放过你了，你死前有什么要求就说吧！

豫让说，我只想刺你的衣服几剑以尽我对智伯的心意。于是赵襄子就把外衣脱下来给他，豫让对这件衣服连刺三剑，伏剑而死。

很多人对豫让的举动不解。因为豫让当年也曾为范家、中行家效力，这两家都被智伯灭了。在临死之前，有人问豫让："你当初不为范家、中行家报仇，反倒为智伯卖命，为什么今天智伯被人灭了，你就非要为他报仇？"

豫让回答说："当年范家、中行家对我并不礼遇，而智伯待我像对待国士，我自然要用国士的行事方式来报答他。"

豫让的这一句回答，开了两千年来"士为知己者死"的滥觞。豫让认为，自己不是任何一个贵族的附属品，如果你不肯和我平等相交，我们之间就只有利益关系，人走茶凉。而如果你承认我的人格与你平等，对我以礼相待，那么我愿意为你这份尊重献出生命。归根结底，豫让所追求的，是等级社会里平民的个人尊严和自我价值的体现。在这个时代，平民阶层首次开始用自己的价值标准来指导自己的行为，而不是再被等级和身份意识牵着鼻子走。

有这种人格追求为基础，春秋时代的侠客们把中国侠文化的精神发展到了极致。《史记·游侠列传》对"侠"的基本特征做了描述："今游侠，其行虽不轨于正义，然其言必信，其行必果，已诺必诚，不爱其躯，赴士之厄困，既已存亡死生矣，而不矜其能，羞伐其德，盖亦有足多者焉。”尊严，是侠客们的眼珠。

侠义精神是贵族精神在另一个方向上的延伸，它们在许多方面都是共通的，那就是对义与名的珍视，对忠和信的珍视。在春秋时代有一个大臣叫赵宣子，他是晋国的大臣。刚好那时候晋灵公在位，晋灵公年纪不大，还小，很不听话，赵宣子就常常直言不讳地劝他的君主。结果晋灵公居然起了歹念，派杀手麑（一个很有力气的人）刺杀赵宣子。麑在凌晨到了赵宣子的家里。结果翻墙一看，赵宣子居室内灯火通明。赵宣子起得太早，已经把整个朝服穿得整整齐齐，正襟危坐，在闭目养神。他这种仪容、威仪，麑一看非常感动，他认为这个赵宣子在无人见到的地方都如此恭敬，想必在有人的时候也都一定是非常认真地办理国事。这样的人绝对是国家的栋梁，是人民的主人，我不能杀他。杀了他，我就不忠了。可是因为是晋灵公交代他的事，假如他没有做，他就不信（没守信用），所以麑当场就对着一棵槐树撞头自尽。

读这些春秋故事，你会惊异于他们的单纯和透明。春秋战国时的中国人，活得有声有色，死得爽快清白。在后人看来，他们也许有点稚拙，有点简单，但却像少年人一样让人感觉到生命的挺拔和亮丽。春秋时代的主要创造力出现在底层贵族，也就是士人阶层里。

因此，春秋战国时期是一个上升时代，虽然战乱不休，但社会仍然发展迅速，大型都市接连出现，新鲜事物层出不穷。这是一个英雄时代，在大竞争、大动荡的背景下，大政治家、大军事家、大外交家辈出，导演了一出出惊心动魄、威武雄壮的历史活剧，书写了政治大变革、军事大兼并、外交大纵横、民族大融合的辉煌景象。这是一个创造时代，人们思想解放，智慧勃发，创造了一个又一个大的学派。进入思想青春期的他们充满了创造的冲动和诉说的欲望，在早期中国文明史的天空中喷发成一道道绚丽的朝霞。那是中国漫长文化史上唯一可以证明中国人拥有不逊于甚至超过其他民族的思维强度、力度、穿透力、创造力的时期。“春秋战国是中国人最能发挥自己聪明才智的时代。在这个时代，每个人都可能成为思想家、政治家、外交家，每个人都可能对中国历史的未来做出决定性贡献。”

第五章
贵族精神的遗失

一

绚丽多彩的春秋战国时代，被一个叫嬴政的人挥剑斩断了。

秦始皇的过错不在于他统一天下，也不在于他修长城，而在于他建立了皇帝制度。皇帝制度是天底下最自私的制度。这种统治制度的根本特征是，皇帝不是为国家而存在，相反，国家是为皇帝而存在。皇帝一个人的意志大于所有臣民意志的总和。整个国家，就是给皇帝提供服务的庄园，全体臣民，其生存的意义都在于为皇帝奔走。一切制度安排，都以皇帝一人的利益为核心。

皇帝制度的出现，意味着贵族社会的终结。西方的贵族社会一直持续到十七世纪，而中国的贵族社会在公元前三世纪就结束了。也就是说，中国的贵族比西方早消失了两千年。这对中西方历史的发展影响是十分巨大的。

在秦始皇以前，贵族的权力地位来自血统，而不是现任国王的恩赐。因此国王并不能随意侵犯贵族的权利，更不能随便动贵族们的封地。贵族有相当的独立性和自由性，甚至可以与国王分庭抗礼，对最高权力形成了很大的制约。这就是所谓的“刑不上大夫，礼不下庶民”。梁启超说，贵族政治是宪政民主政治的最好基础：“贵族政治者，虽平民政治之蟊贼，然亦君主专制之悍敌也。贵族政治，固有常为平民政治之媒介者焉……贵族之对于平民，固少数也；其对于君主，则多数也。故贵族能裁抑君主，而要求得相当之权利，于是国宪之根本即以粗立。后此平民亦能以之为型，以之为楯，以彼之裁抑君主之术，还裁抑之，而求得相当之权利，是贵族政治之有助于民权者……泰西之有贵族而民权反伸，中国之无贵族而民权反缩，盖亦有由矣。”

但是秦始皇建立了皇帝制度之后，贵族阶层受到了毁灭性的打击。皇帝制度标志着一种全新统治方式的诞生：整个天下是皇帝一个人的私产，万众都是他的奴仆。正如黑格尔所说，这是一种“普遍奴隶制，只有皇帝一个人是自由的，其他的人，包括宰相，都是他的奴隶”。秦在统一六国的过程中，对各国贵族大加杀戮，没杀的也大部分流放或者迁徙。秦国原有的贵族，在皇帝制度建立之后，也几乎没有了特权，也和其他阶层一样沦为皇帝的奴仆。皇帝制度下，整个国家内没有任何可以与皇权相抗衡的力量对皇权进行有效制约。皇帝可以任意侵犯任何一个阶级的利益。一切利益都依靠皇帝的恩赐，一切权利都变得没有保障。

皇帝制度的另一个特点是大一统。只有在皇帝制度之下，才真正做到了“溥天之下，莫非王土，率土之滨，莫非王臣”。秦始皇以前，中国社会虽然动荡、混乱、征战不休，但是却是自由、开放、多元的。一个知识分子在这个国家实现不了自己的抱负，感觉这个国君不尊重知识，不尊重文化，他可以到另一个国家去施展。现在他没别的选择了，他只能生活在一个皇帝的统治之下，他没有了逃亡的自由，失去了用脚投票的权利。

至于那些社会底层的人，当然地位更为恶化。一个国家的国王过于残暴，国民可以选择向别的国家逃亡。因此国君们都不得不多多少少自我克制一些。而现在，全天下的人没地方可逃了。他们只能听任秦始皇一个人作威作福。

统一了天下的秦始皇视天下人为自己的猎物。他的老师韩非子告诉他，人是一种本性卑劣的动物，他们渴望的只有利益，而惧怕的只有暴力，所以，人不值得尊重也不能相信。统治天下的方法就是“执长鞭以御宇内”，用法、术、势来束缚和操纵，就像对待拴在车子前面的牲畜一样。秦始皇是靠军队、靠征服取得成功的，所以他相信暴力和恐怖可以解决一切问题。这个历来被中国人视为雄才大略的人用长城和大海把中国变成了一个囚禁猎物的大监狱，依靠枪杆子和严刑峻法，把所有猎物都变成了劳工，变成了为他驾车的牲畜。在这个过程中他只遇到了一个麻烦，那就是人民是有思想的。于是他“焚书坑儒”“以吏为师”“以愚黔首”，全力取消民众的思想自由，终于达到“偶语者弃市，腹诽者诛，道路以目”的程度。

皇帝制度的发明，给中国社会的发展带来了灾难性后果。在皇帝制度下，皇帝支配一切、主宰一切，所有的权力都为皇帝一个人所垄断，社会的方方面面都为皇帝一个人所牢牢控制。它通过空前严密而有效的专制体制抑制了社会活力，束缚了人民的创造力。在此后的两千年间，中国社会万马齐喑，死气沉沉，再没有出现一个可以与先秦诸子比肩的大思想家，社会制度也没有出现一次大的创新和变革。中国人一直在“做稳了奴隶”和“求做奴隶而不得”的了无新意的一治一乱中挣扎，“奴隶性格”和“专制性格”日益发展成民族性格中相辅相成的两个突出特征。从这个意义上说，中国人国民性劣化的第一个推手是秦始皇。

二

在秦始皇的统治下，中国文化特别是上层贵族文化受到了一次空前的毁灭性打击。

没有了贵族文化是什么结果呢？俄国小说《沦落的人们》中的一段话，很好地总结了贵族精神消失的后果，也同样适用于中国社会："自从贵族开始饿死以后，生活里就没有人了……只剩下些商人……商人是什么？……商人不过是人面兽心的家伙，暂时披着人皮罢了。他粗野，他愚蠢，不懂生活的美妙，没有祖国的概念，不知道还有比五戈比铜币更高的东西……他们不但是贵族的敌人，也是所有高尚的人的敌人，他们贪求无厌，不会把生活装点得美丽些。"

换句话说，没有了贵族，一个社会也就没有了精神旗帜，失去了超越性，也失去了精致和优雅。中国人的群体人格受到了第一次粗暴摧残，人的尊严大打折扣。优雅、高贵无处容身，而不择手段的实用主义者更能适应这个严酷的社会。现实主义、贫困文化和流氓文化大行其道。

"贫困对人的尊严和人性的堕落所造成的后果是无法衡量的。"（查尔斯·威尔伯语）贫穷使人的行为被现实利益完全控制，不再有想象力，不再有风度，不再有超越性。贫困文化进一步沉沦，就是流氓精神，就是好死不如赖活着，就是为了一口吃的，什么都干得出来。日本人渡边秀方这样评价中国人："中国人有什么事都专讲实利与自利的性质，所以商业方面，是很拿手的。商业上所必要的宽大的忍耐的性质，是充分所有着。中国人别样事情都是很迟钝，唯商业方面则非常机敏可敬……他们只要能得钱，体面、主义、意见那些麻里麻烦的事都一概不讲的。"

在秦始皇之后，中国社会发展的一条主线就是贫困文化或者说底层文化日益取代贵族文化。秦代末期的楚汉之争，就是底层文化战胜贵族文化的第一例。其结果就是平民第一次登上了历史舞台的中心位置，并且把底层气质注入最高政治当中。

汉高祖刘邦是一个起自底层的流氓。刘邦从小没读过书，也看不起读书人，看到读书人戴着端正的帽子，就叫人取下来，往里撒尿。他没有名也没有字，兄弟四人中他行三，所以人家叫他季，就是“刘老三”的意思。他从小游手好闲，不事家人生产作业。成年后，做了小吏，成天和那些衙役勾肩搭背，“廷中吏无所不狎侮”，好酒及色，又没钱，便跑到酒铺赖酒喝。年近四十，还没成家立业，只不过在朋友帮助下混到了个小小的泗水亭长。亭长主要职掌“逐捕盗贼”，维持地方治安。这个位置倒十分适合刘邦的流氓脾气。

楚汉战争中，刘邦被杀得大败，带着一对儿女和谋士滕公坐着一辆大车逃跑。为了让车子跑得快点，刘邦好几次把两个孩子推下车，都被滕公又拉了上来，气得刘邦“欲斩之者十余”。公元前206年，楚汉交战，刘邦的父亲和妻子当了俘虏。项羽在军前架起烧锅，把刘邦的父亲放在案板上，要挟刘邦说，再不投降，我就把你老爸下了油锅。谁知刘邦居然嬉皮笑脸地说，当年咱俩曾结拜为兄弟，所以我爸就是你爸，今天哥们儿既然打算把咱爸烹了，可别忘了给兄弟我留碗肉汤。项羽见刘邦一副流氓腔，没有半点办法，只好拉倒。

项羽祖先是战国时代的贵族，他身上残留着贵族的高贵和高傲，是一个个性分明的伟丈夫。楚汉战争当中，一次两军对垒，刘邦手下一个神射手叫楼烦，连射死楚军三员大将。项羽大怒，“乃自被甲持戟挑战”，自己站出来了。“楼烦欲射之，项王瞋目叱之，楼烦目不敢视，手不敢发，遂走还入壁，不敢复出。”就是说，楼烦想射项羽，项羽往那儿一站，眼睛一瞪，大吼一声，楼烦吓得屁滚尿流，跑进军营当中再也不敢出来了。

乌江之战的结果更说明了项羽身上难以化解的贵族精神。乌江之战，项羽本有机会逃亡，因为当项羽来到乌江边时，有一条船在那里等他。驾船的乌江亭长早早等在那里，一心要营救项羽。他对项羽说，现在整个乌江之上，只有臣这一只小船，请大王立即上船，汉军无论如何追不过江的。江东虽小，地方千里，数十万人，完全可以在那里再成就霸业。然而项羽却谢绝了亭长的好意。他只是请亭长把他心爱的战马带过江去，自己却和随扈亲兵全都下马步行，冲入重围，同前来追杀的汉军短兵相接。这无疑是一场寡不敌众的战斗，也是一场无济于事的战斗。项羽受伤十多处，最终不支，自刎身亡。项羽以战死这种方式，维护了他最后的尊严。如果放弃战斗，举手投降，那就不是项羽了。

项羽死得很光荣，然而这个光荣掩盖不了这样的事实：贵族精神和流氓精神斗争的结果，是贵族精神失败了。贵族太好面子，太讲规则，而流氓则更厚黑。在一个恶化的生存环境中，后者当然更有竞争力。项羽的死，象征着贵族精神的失败。满嘴粗话的地痞刘邦的胜利，宣告了中国人精神上的第一次劣化。他证明，项羽式的高贵、矜持、理想主义已经不适于中国，而随机应变、不择手段的卑劣之徒却能脱颖而出。从那时候起，中国式竞争就变成了比谁更痞，谁更赖，谁的脸皮更厚，谁更残忍不在乎。

第六章
淳朴未泯的“汉人”

一

秦王朝的自私和残暴太赤裸裸了。皇帝制度这个新型政治怪物在诞生之初毕竟不够完美。秦始皇父子的政治风格过于率真，以为暴力可以解决一切问题，完全无视人民的力量，终于如泥足巨人一般瞬间轰然倒塌。

秦始皇被钉上了耻辱柱，但是他发明的皇帝制度却得到了后世统治者的一致坚决拥护，所谓“百代皆行秦政制，万年咸用始皇心”。

不过，秦代的瞬间崩盘毕竟给后来的统治者树立了反面样板。汉代帝王从秦始皇身上得到了两个教训。一个是吸食天下膏血不能太急，容易噎死，要细水长流，细嚼慢咽。二是私心和贪欲不能直接昭之于众，必须加上一重伪装。刘邦提倡黄老之术，与民休息，就是等蛋糕做大再切，一小口一小口地吃。汉武帝罢黜百家，独尊儒术，就是以儒家学说作为门面工程，让老百姓相信，皇帝是为他们服务的。

如同造屋一样，秦始皇浇筑起了房屋的骨架，奠定了专制的制度基础，而汉代的最大发明是抓意识形态建设，抓软实力建设。就好比对房屋进行了装修，使强硬的专制制度更有弹性和欺骗性。实质上，汉王朝就是升级版的秦王朝，那些满口仁义道德的汉朝皇帝一不小心就露出秦始皇的本色。《汉书·元帝纪》记载，汉元帝做太子时，看到父亲汉宣帝喜欢严刑峻法，打击敢言之臣，就劝父亲，咱们的老祖宗不是告诉咱们要以儒治国吗？您怎么忘了？汉宣帝勃然变色，告诉他说："你小子懂什么？我们汉王朝的统治秘诀就是'霸王道杂之'，表面上是孔子的王道，实际上是秦始皇的霸道。专用王道，肯定翻车。"（"孝元皇帝，宣帝太子也。……壮大，柔仁好儒。见宣帝所用多文法吏，以刑名绳下，大臣杨恽、盖宽饶等坐刺讥辞语为罪而诛，尝侍燕从容言：'陛下持刑太深，宜用儒生。'宣帝作色曰：'汉家自有制度，本以霸王道杂之，奈何纯任德教，用周政乎！且俗儒不达时宜，好是古非今，使人眩于名实，不知所守，何足委任！'"）

二

如果说秦始皇的焚书坑儒是"诛身"的话，那么汉武帝的独尊儒术就是"诛心"。

元光元年（公元前134年），汉武帝召集全国著名学者在长安开会，讨论帝国的思想文化建设问题。儒家大学者董仲舒建议说，现在全国没有一个统一的思想，"师异道，人异论"，百家之言，各不相同，老百姓感觉没有主心骨儿。他郑重建议："诸不在六艺之科孔子之术者，皆绝其道，勿使并进。"

汉武帝欣然接受。显然，格式化全国人民的大脑，是这个控制欲极强的政治强人乐于做的。

这一决策对后世影响之深远，只有秦始皇建立皇帝制度和隋炀帝发明科举制可以相仿佛。它取消了思想上的竞争，杜绝了思想进化的可能。如同青春期的孩子，被提前终止了发育和生长。思想被剪去了翅膀，由鹰变成了鸡。从汉武帝开始，直到晚清，千余年间中国再没能出现一个堪与先秦诸子比肩的大思想家。

先秦知识分子大都是理想主义者。他们不迷信权威，也没有禁区，以君王的师友自居，将自己的“道”凌驾于君王的“权”之上。合则留，不合则去。独立不惧，潇洒绝尘。

而汉代知识分子的性格与先秦士人相比发生了明显变化。因为“独尊儒术”，许多儒家大学者成了汉代的高官。匡衡、张禹、翟方进、公孙弘等人都“以儒宗居宰相位”，就是说，因为学术地位高当上了宰相。这些人有一个共同的特点，那就是都精明而滑头。一举一动，都为了保护既得利益，不怕别人的冷嘲热讽。（“皆持禄保位，被阿谀之讥。”）比如公孙弘，他“年四十余，乃学《春秋》杂说”，凭着这张“文凭”当上了公务员。入朝之前，他摆出一副铁骨铮铮的架势，动不动就批评几句朝政，由此获得了知名度。进入官场以后，却很快“成熟”起来，以“曲学阿世”而闻名。每次召开御前会议，他都顺着皇帝心思，附和皇帝的决定，不肯坚持原则。有时候，几个同僚私下里商量好了怎么办，但上了朝，一听皇帝的口风不对，他马上就背叛同事，讨好皇帝。（“每朝会议，开陈其端，使人主自择，不肯面折廷争。”“尝与公卿约议，至上前，皆背其约以顺上旨。”）因为这样两面三刀出卖朋友，他顺利地登上了相位。

即使你不想要什么级别地位，想清清净净做学问，汉代也不是一个好的环境。汉武帝允许你思考，但是只许用一种方式思考。“独尊儒术”否认了认识的无限性，圈定了思想的范围和方向。汉代知识分子的一个共同特点是教条迷信、思维僵化，缺乏个性和创造性。他们把孔子当成了顶峰和终极榜样，汉代知识分子都“好褒古毁今”，奉孔子之言为金科玉律，不敢越雷池一步。他们终生囿于章句之学，老于雕虫之术。

三

当然，这只是汉代知识界风貌的一个侧面。另一方面，汉代毕竟去古不远，风气未凿。独尊儒术只是一个模糊的口号，更为明确、精致、有效地控制知识分子的技术，比如科举制，还没有发明出来。政府所能控制的，只是一小部分入仕的知识分子。大部分知识分子还可以不依帝力，自生自灭。因此，汉代知识分子身上还残存着“春秋之风”：单纯朴直，好面子，重名誉。

汉代政治有一个引人注目的现象，那就是官员的高自杀率。许多官员获罪被关进监狱后，都会选择自裁，原因是“义不受刑”，不愿意下狱受小吏之辱。

西汉的盖宽饶个性刚正，因直言得罪了皇帝。皇帝宣布要把他关进监狱，盖宽饶一听，拔出佩刀，在北阙之下，自刭而死，一时震动朝野。（“宽饶引佩刀自刭北阙下，众莫不怜之。”）

汉元帝时的著名经学家萧望之想打击外戚势力，被外戚陷害。皇帝要定他的罪，朋友们劝他先忍一时，等皇帝怒气过了，也许还可以东山再起。他说，我六十多了，“老入牢狱，苟求生活，不亦鄙乎”。于是横下心来，将刀朝脖子一抹了之。

另一位名臣张猛在政治斗争中失败，自杀于公车府，保全了最后的体面……

汉代甚至还出现过“决斗”之风。西汉末年的周党，曾经在大庭广众之下被一个乡佐出言侮辱，他一直耿耿于怀。后来他到长安求学，读到《春秋》中的“复仇之义”，激起胸中往事，便辍学回乡，约乡佐决斗。周党很有风度，让乡佐先动手。决斗的结果是白面书生打不过身强力壮的乡佐，流血过多，昏倒在地。乡佐服其勇气，雇车把他迎回自己家中，亲自伺候，直到他苏醒。（“周党……至长安游学。初，乡佐发党徭道，尝众中辱党父，党怀之。后读《春秋》，闻复仇之义，便辍讲而还，与乡佐克日交刃。乡佐多从兵往，使乡佐先拔刀，然后与相击。党为其所伤，困顿。乡佐服其义勇，舆归养之，数日方苏，既悟而去。”）这一故事听起来更像是发生在春秋时代。清代学者赵翼因此评价汉人“以意气相尚，一意孤行”，“往往周旋于死生患难之间”。

东汉的读书人还开了中国历史上“学潮”之先河。东汉后期，外戚和宦官交替执政，朝政极其黑暗。冀州刺史朱穆为人刚直，公元153年，他因为反抗宦官，遭到残酷打击报复。刘陶愤然拍案而起，率领数千名太学生“闹学潮”，为搭救朱穆而向皇帝上书。头一次遇到学潮，皇帝一时摸不到头脑，释放了朱穆。公元162年，宦官诬陷皇甫规，又一次激怒了太学生。张凤又率三百多太学生再次闹学潮，桓帝不得不又赦免了皇甫规。

东汉末期的“党人事件”影响更为深远。因为知识分子骨头太硬，东汉宦官兴起了两次迫害士人的“党锢之祸”。公元166年，宦官集团对知识分子反对派，也就是“党人”发动了一次大规模的迫害，抓捕二百余人，将“党人”的领袖李膺“禁锢终身”。但这并没有吓倒读书人，李膺被罢后，威信更高，被士人列为当朝“八俊”之首，成了道德旗帜。这就是第一次党锢之祸。

三年以后，宦官又掀起了规模更大的打击。这一次流放、囚禁了六七百名官员，拘捕了太学生一千多人。经过这场浩劫，天下敢言的儒生几乎被一网打尽，史称第二次党锢之祸。虽然政治抗争最后以失败而告终，但是汉代知识分子那种“杀身以成仁”的气节毕竟留下了不可磨灭的光辉。汉代士人虽然在思想领域没有什么创造和开拓，却用鲜血和生命为自己筑起了流传万世的纪念碑。徐复观说：“东汉的知识分子，所以在历史中能占一个很重要的地位，乃是另有一部分置生死贫富贵贱安危于不顾，绳绳相继，在政治极端黑暗中，做出各种不屈抗争的节义、名节之士。”

不过，汉代知识分子反复抗争最后归于失败的遭遇也告诉了后代一个事实：在中国历史上，理想与权力斗争，最后胜利的永远是权力而不是理想。这对后世知识分子的心理产生了十分微妙而深远的影响。在两次党锢之祸后，其他朝代极少再出现汉代那样知识分子的集体抗议行动。

四

汉代的专制之网还远没有后世那样严密。汉王朝一方面提供了数百年的和平时期，使人性不至于在极端残酷中迅速恶化；另一方面，汉代统治技术的粗糙，给社会各阶层以巨大的自由呼吸的空间。生活在汉代的人们，在相对封闭的环境中日出而作日落而息，保留了上古社会一脉相传的质朴单纯。

汉代仍然尚武。

对人体美的欣赏可以体现一个社会的价值取向。在汉代人眼中，男性美集中在胡须浓密、身形高大、肌肉有力等最能体现男性第二性征和力量感的方面。西汉人王商高八尺余，“身体鸿大”；东汉人虞延“长八尺六寸，腰带十围”。这都是美男子的样板。女性美的一个要件也是身材高挑丰满，出土的汉代画像资料上，贵族妇女大多身形高大丰腴，与身边的侍女形成鲜明对照。

后世议论汉武帝时，常有人批评他穷兵黩武。然而击败匈奴，毕竟是中国对外战争中最辉煌的一次胜利。无论东方还是西方，战争的规律基本上都是游牧民族征服农耕民族，只有汉朝军队能让在欧亚大陆威名赫赫的匈奴闻风丧胆。在汉武帝的大胆任用下，二十多岁的天才将军霍去病率领汉人，出陇西，过焉支，越祁连，绝大漠，“封狼居胥山，禅于姑衍，登临翰海。执卤获丑七万有四百四十三级”，犁庭扫穴般驰骋往来于匈奴腹地数千里，兵锋抵达今天中亚的贝加尔湖。当匈奴浑邪王率十万部在降与遁之间犹豫不决时，是霍去病单骑驰入对方阵中，厉声命令浑邪王杀掉主张逃走者，以惊人的胆量慑服了浑邪王，保证了整个部落顺利归降，这种气概在后世很难复制。

汉朝军队的强大战斗力，是建立在汉代人的尚武精神之上的。汉代贵族社会经常举行比武。贵族们正式的体育活动是扛鼎比赛，相当于今天的举重比赛。汉武帝在宫中专门设立了鼎官，以判定殿前举鼎比赛的成绩。刘邦少子淮南厉王刘长、汉武帝的儿子广陵王刘胥，都以力能扛鼎留载史册。

汉代画像砖石上，角力、比武是常见的内容。更值得一提的是在汉代画像上经常出现人与老虎、野猪等猛兽搏斗的场景，这些画面不是想象，而是现实生活的忠实记录，其惊险程度在今天看来还令人惊心动魄。汉代著名士人中，司马相如、田畴、崔琰都以善于击剑而闻名，王充则经常练习骑马射箭，经学名家辕固则曾经在兽圈中用刀杀死过野猪。

汉人率直、粗朴，在男女关系上相当通达，汉代墓葬当中男女裸体恩爱图像屡见不鲜。在汉代，男子和女子可以一同宴饮，结伴同路，甚至同车而行，女子也能单独会见男宾。密县打虎亭汉墓画像石上，画着一位插笄的女子与着帽男子并列而坐，其旁又有两个女子对坐宴饮，这就是汉代宴饮男女“杂坐”的情境。汉代妇女改嫁是家常便饭，没有人认为这有什么好指责的。张负的孙女前后改嫁了六次，汉景帝的皇后王氏曾经离异并与前夫育有一女，曹操在遗嘱中还特别嘱咐他的妻妾“顾我万年之后，汝曹皆当出嫁”（《三国志·魏书·武帝纪》裴松之注引《魏武故事》），这些在当时并不是什么值得大惊小怪的事。

今天的中国人不再会跳舞。高晓松说：“在我曾游历过的数十国及本国数十民族里，汉族在能歌善舞这一单项可排名倒数第一。”阿城也说：“中国汉族很久很久以前就不会跳舞了，普遍是看人家跳舞。”然而我们的老祖宗曾经是非常能歌善舞的。先秦时代，中国人吃饭时酒酣耳热后经常离席，跳上一段。直到汉代，载歌载舞仍然是中国人的拿手好戏。汉代宴会上，经常“以舞相属”。也就是说，吃高兴了，主人先起来跳上一段儿，跳罢，一位客人站起来接着跳，然后第二位客人再上场继续跳，如此循环一圈，才算尽兴。汉景帝年间，诸王来朝，和皇帝一起吃饭，边吃边跳舞。长沙定王刘发的舞姿很奇怪，他“但张袖小举手，左右笑其拙”，景帝很是奇怪，问他怎么回事，他回答说：“臣国小地狭，不足回旋。”汉景帝大笑，遂给他增加了封地面积。（《汉书·景十三王传·长沙定王刘发》注引应劭曰）

星移斗转，汉代人的精神气质大部分在今天被称为“汉人”的后代身上已经不能复识，但是汉砖画像中记录的汉人风貌至今仍能触动人心。

第七章
不可再现的魏晋风流

一

不仅汉代人刚劲慷慨，事实上，从汉代到唐代，中国人身上一直保持着尚武、通达、开放的雄性气质。

这种精神面貌是由社会结构背景决定的：从汉代到唐代，中国是“士族社会”，这种社会与先秦贵族社会有许多相似之处。

虽然秦始皇结束了贵族社会，虽然汉代是中国历史上第一个由平民建立的王朝，但是强大的历史惯性决定汉代还不能一步跨入平民社会。

秦始皇的制度设计，是把社会变成一盘散沙，以方便皇权从社会上毫无障碍和最大限度地汲取膏血。因此，秦始皇全力打击贵族、打击大户，建立平民社会。他通过立法的形式，要求“民有二男以上不分异者，倍其赋”，就是老百姓家里只要有两个成年男子的，就必须分家，以此使富家大族迅速原子化。他不再任用贵族当官，而是训练大批“技术型官员”，并且将其任免权牢牢抓在自己手里。他的目的很简单：要扫平皇权与底层社会之间的一切障碍，把皇权扩张到每一个细胞，每个人都平等地成为皇帝的奴隶。

然而，贵族社会不是一下子能消灭的。皇权的扩张有其必然的规律，即使是再恐怖的癌细胞，也不可能一夜之间蔓延到全身。秦始皇背离传统的高速急转弯，终于导致秦朝的翻车。汉代以后的历朝皇帝吸取秦代经验，不得不从法家激进主义立场上，从一定程度上退回到先秦社会传统。

“贵族社会”借尸还魂的方式很简单，那就是汉代发明的“荐举制”。所谓“荐举制”，也就是由地方官推荐地方上的人才来当官。在无法进行大规模考试的背景下，官员们在“察举”人才时，自然首先会在自己更熟悉的上层社会，甚至是同僚朋友之家寻找发现人才。因此王符在《潜夫论·交际篇》中说，东汉末年“贡荐则必阀阅为前”，也就是说，推荐人才，总是以名门大族为先。仲长统也说：“天下有三俗，选士而论族姓阀阅，一俗。”说明当时选拔官员先看其门第，已经形成一种惯例。底层社会的人才，除非特别杰出，声名远扬，否则很难进入地方官的视野。因此“荐举制”的结果必然造成官位基本被上层社会垄断。

所以，尽管汉代特别是西汉不乏布衣之士以儒学入仕的个案，但是高级官员大多数都出身世家大族。《汉书》《后汉书》及主要汉碑中现在所能找到的两汉“孝廉”（就是被地方官推荐的人）之中，能确定其出身的一共一百八十四人，其中出身于官员贵族之家的一百二十八人，出身于地方豪强大地主之家的十一人，两者相加，所占比例高达百分之七十五以上。

到三国时曹丕制定“九品中正制”后，士族子弟凭借高贵的门第，可以“世仕州郡”，几乎形成了一种变相的世袭制度。直到唐朝中期，士族仍然拥有强大的影响力。张泽咸说：“杨坚代周，只打击了北周统治者宇文氏家族，对于关中士族以及齐、陈境内的河北、山东与江南的士族很少创伤。著名头等大族崔、卢、李、郑、王等姓在隋代仍是声势显赫。”因此唐代门阀观念依然盛行，比如李世民就有着浓厚的“门阀”情结，他即位之后，曾命高士廉修订《氏族志》，重新排列士族等级。虽然隋代就发明了科举制，但科举直到宋代才成为最主要的选官方式。唐代二百八十九年间，进士及第年平均只有二十二名。唐代士族仍然在社会上具有排他性、世袭性的优势，依然“官有世胄，谱有世官”。

因此，从汉到唐，中国社会兼具“平民社会”和“贵族社会”的双重面貌：一方面，中国是专制集权的郡县制国家，从体制上来讲，官位都由皇帝任命，而不是由贵族继承；但另一方面，“荐举制”导致在皇帝和平民之间，又恢复了一个类似贵族的稳定而强大的“士族”阶层。“门第”是决定一个人社会地位的最重要标准，虽然高级官位不再世袭，但却由上层社会垄断。因此，从汉代到唐代，中国社会可以称为“半贵族社会”或者“士族社会”。上层社会和下层社会之间，存在着一个巨大的玻璃天花板，下层社会中的人才除非极为突出，否则无法跻身上层社会。下层文化因此也就无法侵蚀到社会上层，类似于贵族文化的“士族文化”就在这种上下隔离的半封闭状态中发育成熟。这种情况的出现，意味着贵族传统在郡县官僚制的外壳下以一定程度正悄悄复苏。

二

对于“世袭”，我们一直持批判态度。其实在科举制成熟以前，这种世袭也有其必然性。

在科举制兴起以前，底层社会的教育很不普及，教育资源基本上都被上层社会所垄断。只有上层社会才能提供完整、良好的教育。曾经有大臣问魏孝文帝，为什么选官时那么重视门第，孝文帝回答说：“苟有殊人之伎，不患不知。然君子之门，假使无当世之用，要自德行纯笃，朕是以用之。”也就是说，“君子之门”子弟即使没什么特别突出的才能，但是长期受家族的教育和熏陶，通经史、习礼仪、熟悉典章制度，当起官来更有优势。

和我们想象的不一样，士族社会中选拔人才，靠的主要不是官员政客的权力交易，而是家族声望。一个家族的文化积累和门风传统，是评价一个人的最重要标准。比如“（魏元）帝欲以（荀）组为司徒，以问太常贺循。循曰：‘组旧望清重，忠勤显著，迁训五品，实允众望。’于是拜组为司徒。”也就是说，这个家族旧望清重，此人又忠勤显著，这两点决定他应该被委以重任。

个人的前途建立在家族名望的基础之上。因此，各大家族间的竞争，实际上就是文化积累和文化名望的竞争。正如钱穆先生指出的，许多门第之家绵延百世，背后支撑的是学术的力量：“一个大门第，决非全赖于外在权势与财力，而能保泰持盈达于数百年之久；更非清虚与奢汰，所能使闺门雍睦，子弟循谨，维持此门户于不衰。当时极重家教门风，孝弟妇德，皆从两汉儒学传来。”确实，从汉末到东晋初年，那些单纯凭权力和财富而能世代延续的大姓门第不多。经历动荡而留存下来的家族，基本都是凭名望服众的士族。许多教育传统良好的士族之家累世相传，根深叶茂。比如颍川钟氏从汉代的钟繇到唐朝中叶五百年间，世系不断，几乎每代都有官宦。

这种情况导致世家大族对教育无不极其重视，为保持自己的文化优势无不殚精竭虑。士族为了传承家族精神，制定了林林总总的家诫、家训、门律、门范、素范，家长辞世，也往往留有遗言、遗令、遗命。南北朝集大成的《颜氏家训》一书，就是士族家族教育的经典。王伊同在《五朝门第》中说：“五朝名家，靡不有家教，所以立身处事，有以见异”，“巨宗重臣，咸有训诫”。这些世家大族的文化积淀和教育水平，确实不是一般人家能比拟的。新起的家族门风教养与旧门也就是历史久远的家族相比一目了然。《世说新语·简傲》记载：东晋时，谢奕、谢安的弟弟谢万“在兄前，欲起索便器。于时阮思旷在坐，曰：‘新出门户，笃而无礼。’”虽然谢氏在东晋已经是一流高门，但因门第晚出，仍然会被旧门阮氏公然蔑视。人们对门第的重视和对暴发户的蔑视，无非就是因为其文化根基、家风和教养的不同。

因此，士族社会中，上层文化可以以家族为堡垒，一脉相承，越积累越深厚越精微，传递数代之后，上层文化的精神气质越来越呈现出贵族文化的特质。在中唐以前，以荣誉感为核心的上层文化一直是士族社会的主流文化，整个社会保持着强烈的文雅特质。而文化世家也为国家提供了大量的优秀人才，比如东汉的那些著名宰相与东晋的王谢家族。甚至直到唐代，最有名的二十三位宰相当中，绝大多数仍然是出身士族。

这是“魏晋风流”产生的不可忽视的文化背景。

三

在整个士族社会阶段，魏晋的精神风貌最为特殊。魏晋士人的精神风骨，在从秦朝到晚清两千年间，独一无二，空前绝后。

魏晋士人纵性任情，饮酒啸歌，其风度一直被后人追慕。孙登布衣蔬食，绝人间事，“夏则编草为裳，冬则被发自覆”。阮籍“或闭门视书，累月不出，或登山水，经日忘归。博览群籍，尤好庄老，嗜酒能啸，善弹琴”。

许多士人的纵情越礼达到怪诞骇俗的程度。历史上最有名的片段，是刘伶“常乘鹿车，携一壶酒，使之荷锸而随之，谓曰：‘死便埋我。’”阮修则“常步行，以百钱挂杖头，至酒店，便独酣畅”。阮籍“邻家妇有美色，当垆酤酒。阮与王安丰常从妇饮酒，阮醉，便眠其妇侧”；“邻家处子有才色，未嫁而卒，籍与无亲，生不相识，往哭，尽哀而去”。这些都令后世读者心向往之而行不敢至。

他们公然蔑视礼法，阮籍当众放言：“礼岂为我辈设也！”他在《大人先生传》中说出这样“大逆不道”之言：“无君而庶物定，无臣而万事理。”他们中的很多人视仕途为污秽之地，在权力面前表现出的傲慢令人吃惊：为拒做官，嵇康忍痛与山涛绝交；为拒权贵，阮籍曾一醉六十余日。《晋书·王羲之传》说：“羲之既少有美誉，朝廷公卿皆爱其才器，频召为侍中、吏部尚书，皆不就。”吏部尚书实在是不算低了，而且还是频召，可王羲之却“皆不就”，传统中国社会以功名利禄来衡量一个人的价值体系，在魏晋时代坍塌了。

从这些言说、举动和故事中，我们能分明感受到士人的傲视天地和独立不羁。如果说士族社会中的汉朝和唐朝更像贵族时代的西周，整饬有序，礼乐辉煌，文化雍容大度，那么魏晋就像贵族时代的春秋战国，是一个个性和才情得以充分展示因此极富创造力的时代。之所以如此，是因为魏晋时代的社会背景与春秋战国时代高度相似：魏晋南北朝也是一个大动荡、大变革的时期。魏、蜀、吴三国鼎立之后，紧接着就是司马氏建立西晋王朝，新王朝立足未稳，就爆发了“八王之乱”。永嘉之后，北方陷入十六国割据，江左出现了东晋政权。淝水之战之后，南北对峙局面正式形成。其后则是南朝、北朝政权的不断更迭。

这个时代战争连绵，动乱不断，皇帝如同走马灯一样换来换去。与皇权的不稳定形成鲜明对照的，则是世家大族的稳定性。许多世家大族势力急剧膨胀，甚至发展到“百室合户、千丁共籍”的类似领主状态。许多士族富厚过于王侯。东晋士族庄园遍布江左，他们“势利倾于邦君，储积富乎公室……僮仆成军，闭门成市。牛羊掩原隰，田池布千里……金玉满堂，妓妾溢房……园囿拟上林，馆第僭太极”。正如柳诒徵所说：“魏、晋以降，易君如举棋，帝国朝代之号如传舍然……当时士大夫……以地方绅士，操朝廷用人之权。于是朝代虽更，而社会之势力仍固定而不为动摇，岂惟可以激扬清浊，抑亦所以抵抗君权也。”因此世家大族对皇权形成强大的牵制，天子只能和士族分享权力，有的世家大族甚至可以罢黜天子，以至出现“王与马共天下”的谚语。

在这种情况下，铁桶一般的大一统政治秩序被打破了，许多旧门士人凭借门第资本，不再对权力俯首帖耳：“虽朝代推移，鼎迁物改，（世族们）犹昂然以门地自负。”一些门第高贵的士人，甚至对门第不如他久远的皇帝抱一种隐隐的睥睨之态。面对政治权威，他们保持了一定的独立性，许多人甚至不屑于为皇帝服务。

政治权威的崩溃，意味着儒学也不再是唯一价值体系，士人们的头脑挣脱了汉武帝以来独尊儒术的樊篱，思想文化领域获得了一次空前的解放。这是继春秋之后第二个价值失范、礼坏乐崩的时代。“布衣横议于下……户异议，人殊论，论无常检，事无定价。”（《典论·论文》）魏晋士人对庄子和佛学的兴趣头一次超过了儒家经典，由此导致了玄学的兴起。

哲学是非功利的产物。在西方，哲学是贵族们的专利，因为他们没有物质生活的压力，可以全部身心都投入到超功利的玄思之中。魏晋时代的“独立之精神，自由之思想”也萌芽于类似的环境之中。在南渡的士人之中，流行着一种时髦的活动，叫作“清谈”。其形式类似于现在的辩论会，人们挑选一个清幽安静的场所，比如园林重屋之中，或者山水之畔，坐在胡床之上，铺开棋子方褥，靠着斑丝隐囊，手拿麈尾（和拂尘差不多）娓娓而谈。他们激烈地辩论人究竟该怎样活才算快乐，究竟什么样的人格才是最理想、最完美的，如何协调个体和社会、“自然”和“名教”的关系……这种辩论往往通宵达旦，数日不休。

因此，魏晋时代第一次出现了人的觉醒，人对自己生命、意义、命运的重新发现、思索、把握和追求。这一时期的文学，主题集中在对人生意义的追寻、对死亡的思索和哀伤。像曹氏父子的“对酒当歌，人生几何”“人生处一世，去若朝露晞”；如《古诗十九首》中的“生年不满百，常怀千岁忧”“人生寄一世，奄忽若飘尘”。这种对彼岸世界的思考，是修齐治平时代士人无暇也无意顾及的。

魏晋士人思考的结论是，人生的意义不在于一时一事的物质得失，也不在于把活生生的生命去做僵硬的伦理教条的注解，而是在于心的自在，真性情的释放。“竹林七贤”就是这股思潮的典型代表。这个文人群体优游于山林之间，以纵酒谈玄、放任洒脱著称。他们人品各异，观点有别，人生际遇更不相同。但他们身上有一个共同点，那就是都认为人活着应该不受“名教”的约束，应该向自我、人性、真情回归。他们主“我”重“情”，特别强调一个“真”字。因此，才出现了种种后人不解的行为。

和“竹林七贤”一样，魏晋士人普遍以“真”为美，珍视真本色、真性情。《晋书》上说：王羲之在少年时代，就很有个性。郗虞卿听说大族王氏家中，几个孩子都英俊不凡，就命媒人到王家选婿。其他几个孩子都竭力修饰自己以待客，只有王羲之袒着肚子躺在东床上，神色自若地吃着胡饼。媒人回去告以此情此景，虞卿说：“这个吃胡饼的人才真是好女婿啊。”于是把女儿嫁给了王羲之。（《太平御览》卷八百六十）

魏晋时代画坛巨匠顾恺之身上的“魏晋风度”更为典型。此人喜好清谈，“好矜夸、好谐谑”（好吹牛，好开玩笑），“率直通脱”，史称他言谈举止，“痴黠各半”。也就是说，有时很机巧，一语道破天机，有时又很难解，让人莫名其妙。他被时人称作“三绝”（画绝、才绝、痴绝）。他年少轻狂，曾经袋里无钱，却在瓦棺寺写捐百万，最后靠画维摩诘一躯，赢得看画人一捐逾百万。这种传奇式的故事，在春秋之后实在不可多得。

四

东晋永和九年，也就是公元353年，三月初三，晴空如洗，天气绝佳。在今浙江省绍兴市西南十三公里的兰亭，四十一名峨冠博带的文人，正列坐在清澈的兰溪之畔，纵酒欢会。他们把一种叫作羽觞的轻便酒杯放在水上，任其顺流而下，流到谁的面前，谁就要饮酒赋诗。众人诗兴大发，很快得诗三十五首。席中五十岁的王羲之更是逸兴遄飞，他命人取出特制的鼠须笔和蚕茧纸，借着酒意，即席挥毫，为众人写下了一篇诗序。

座中诸人可能谁也没有意识到，这一天将成为中国艺术史上一个永远的纪念日。连王羲之也没有意识到，他平生最重要的作品，已经在他微醉之时不经意间诞生了。

魏晋南北朝时期，是中国政治史上的一个衰落时代，却是中国艺术史上一个无比辉煌的时代。在这一时代，与中国书法一样，中国绘画、文学、音乐、舞蹈、雕塑等都出现了突破性发展。顾恺之、陆探微等在中国绘画史上划时代的大家纷纷涌现。中国文学史上第一次出现了山水田园诗，诞生了陶潜、谢灵运、谢朓等大诗人。在音乐领域，诞生了《广陵散》这样直指内心的千古绝唱。

自由洒脱的玄学激活了中华文明的创造力，使魏晋南北朝成为中国文化史上不可复制的传奇。这一时期是中国政治史上一个衰落的时代，却是中国文明史上独一无二的“井喷时期”。在这漫长而动荡的近四百年中，中国艺术的各个方面都出现了前所未有的突破，呈现出缤纷绚丽、异彩纷呈的壮观景象。它是中国历史上“人的觉醒”的时代，“是精神史上极自由、极解放，最富于智慧、最浓于热情的一个时代”。

这是由文明发展的内在规律决定的。大思想家和大艺术家往往都诞生于时代的撞击之中。因为乱世往往打开了新的思维空间，在思想文化方面提供了多元生机。因此，在士族社会中，最有突破性和创造性的时代，不属于汉代，不属于盛唐，而独独属于魏晋南北朝这个纷纭复杂、号角声不断的时代。中国历史上第一个大动荡时期——春秋战国，催生了先秦诸子，催生了百家争鸣；第二个大动荡时期——魏晋南北朝，则催生了中华文明和艺术质的突变，为以后隋唐帝国的出现打下了坚实的基础。

第八章
大唐的雄健与阳光

一

如果你穿越回大唐的长安，你会惊讶于唐代妇女的服饰。

传统的中国女装像粽子，把手和脸之外的所有地方都严严实实地包裹住，似乎春光稍泄天就会塌下来。但是在盛唐的长安，居然出现了西方妇女那样袒胸露乳的“时装”。这种服装领子开得很低，不着内衣，胸乳半露于外。为了充分突出细腻的肌肤，裙子往往以轻纱为质地，露肩裸背，行步之间，春光四射。唐诗中这样描写这种风韵：“粉胸半掩凝晴雪”（方干《赠美人》）；“雪胸鸾镜里”（温庭筠《女冠子》）。

唐代女人的“自由度”不光表现在服装的惊世骇俗上。唐代人还没有学会裹小脚、谈道学、立牌坊，没有发明出那么多莫名其妙的清规戒律。离婚改嫁在唐代是家常便饭，丈夫固然可以“休妻”，妻子不高兴了也可以“离家出走”。因为再嫁不难，人们一嫁再嫁，也不以为耻。就以公主为例吧，唐肃宗以前，唐代前期几位皇帝的公主中，再嫁者达二十三人之多，三嫁者则有三人。

在唐人那里，性还没有变成需要遮遮掩掩的罪过，文人们甚至用华美的词赋公开歌颂性爱，比如白行简的《天地交欢阴阳大乐赋》。唐代人在性上比较随便，男女“瓜田李下之疑，唐人不讥也”。大历年间的民女晁采，与邻家男孩文茂“自由恋爱”，“乘间欢合”。晁母得知之后，居然说：“才子佳人，自应有此。”遂把晁采嫁给了文茂。所谓节烈观念在唐代虽然也有人提倡，但实践者不多，在《古今图书集成》所列烈女节妇中，宋代有267人，明代达到36 000人，而唐代只有51人。

唐代上层社会，对性更是持宽容甚至放纵的态度。文人狎妓是公开的时尚，李白这样无职无官之人固然可以“千金骏马换少妾，笑坐雕鞍歌落梅”，白居易这样的“高级领导”也公然养妓。后世宋人读到这些，惊异之余，不胜感叹：“可见当时郡政多暇，而吏议甚宽，使在今日，必以罪去矣。”

后世所谓“脏唐臭汉”，指的就是唐代上层社会的淫乱之风。确实，唐代的王公贵族们在这方面是有点离谱了。武则天公开养“面首”就不说了，唐中宗的韦后先后与武三思、杨均、马秦客等人私通，为史所明载；唐肃宗的女儿郜国公主在丈夫早卒之后恣情纵欲，阅人无数，“秽声流闻”；唐顺宗的女儿襄阳公主下嫁张克礼后，性情“纵恣，常微行市里，有薛枢、薛浑、李元本皆得私侍，而浑尤爱，至谒浑母如姑”。唐太宗的女儿高阳公主嫁给了房玄龄的小儿子房遗爱，婚后这公主嫌一个老公不够玩，还跑到外面找和尚和道士。为了补偿，她找了两个美女供老公享用，夫妻之间“各行其是”，生活倒也相当“和谐”。

这些床笫秽闻其实反映出唐代是中国历史上少有的“妇女解放”的年代。在其他朝代，女人们“笑不得露齿”“行不得动裙”“站不得依门”“出门不得露面”。而唐代的女人不但可以在上元节、端午节、七夕节出来游玩，平时也可以自由参加种种娱乐活动，如《开元天宝遗事·探春》记载：“都人士女每至正月半后，各乘车跨马，供帐于园圃或郊野中，为探春之宴。”唐人的女权意识在历史上空前绝后，不但出现了上官婉儿、韦后、太平公主等一系列弄权的宫廷女性，更产生了唯一的女皇帝。这种宽松的环境使唐代女人性格独立而刚强。《隋唐嘉话》记载，任瑰的妻子柳氏是著名的妒妇，甚至连皇帝的账都不买。唐太宗赐给任瑰两名宫女做小妾，柳氏说什么也不同意。唐太宗听说，不相信天下有敢违抗圣旨的女人，遂召柳氏入宫，说如果你还不从命，就赐你毒酒自尽。柳氏居然昂然不屈，说死就死，没什么大不了。唐太宗命宫女拿来一杯醋，谎称毒酒，柳氏竟一饮而尽。搞得唐太宗也无可奈何，最后只好命任瑰在别的地方再盖一处住宅安置两名宫女。“吃醋”这个词就是因此诞生的。当然，刚烈表现并不全是妒妇，而更多的是侠女。阅读唐代小说，你会发现其中女性大多侠气逼人。比如打抱不平的荆十三娘，为民除害的李诞女，以及夜奔李靖的红拂。她们或路见不平拔刀相助，或报恩复仇矢志不渝，或身怀绝技铲除邪恶，个个刚猛豪侠，与其他朝代中国人喜欢的女性形象大异其趣。

唐代之所以如此被今天的中国人推崇，一个重要原因是它的“现代气质”。与“妇女解放”类似，唐代也是中国历史上唯一具有“体育精神”的朝代。中国皇帝多不喜欢运动，独唐代除外。马球是唐代的“皇家运动”。唐代贵族马球风气之盛，在我国历史上乃至世界历史上都属罕见。甚至在金城公主出嫁西藏这一外事活动中，还出现了“马球外交”。据记载，“景云中，吐蕃遣使迎金城公主，中宗于梨园亭子赐观打球”。这是一场由吐蕃球队与唐代宫廷球队举行的马球对抗赛。球赛最终结果，以临淄王李隆基、嗣虢王李邕，驸马杨慎交、武秀为一方的唐代球队获胜。特别是后来登上皇位的李隆基在这场比赛中发挥十分出色，“东西驱突，风回电激，所向无前”。“中宗甚悦，赐强明绢数百段，学士沈佺期、武平一等至皆献诗。”后来直到花甲高龄，唐玄宗仍打球不辍，同羽林军将士在骊山脚下的球场上驱马争夺。唐玄宗以后，宫廷球风更盛，唐僖宗李儇甚至曾经说过："若开马球进士选，我当为状元。"他在逃亡期间，也不忘身带马球。

二

唐代的种种与众不同，都源于这个朝代的宽松、自由。而这种宽松自由，又是因为数千年汉族文化中那优质、健康、成熟的部分，和北方少数民族天真、刚劲、开阔的气质的偶然结合，催生了独一无二的自然、丰盛、灿烂。盛唐是中国人永远的回忆，也是中国历史不可超越的顶峰。那是中国人最自信、最放松、最自由的如同鲜花着锦的一段时光，不但绝后，而且空前。

唐代皇帝是胡人。李氏家族父系到底是不是汉人迄无定论，但是母系是胡人则毫无疑问。陈寅恪说："若以女系母统言之，唐代创业及初期君主，如高祖之母为独孤氏，太宗之母为窦氏，即纥豆陵氏，高宗之母为长孙氏，皆是胡种，而非汉族。故李唐皇室之女系母统杂有胡族血胤，世所共知。"唐王朝是在中国经历了十六国至南北朝近三个世纪的大分裂、大动荡及民族大迁徙和大融合之后，在隋代短暂统一的基础上建立起来的。李渊的生母为鲜卑人，李渊有十九个女儿，女婿近半数为少数民族。唐太宗李世民的生母、唐高宗李治的生母也都是鲜卑人。即使李氏一族本是汉族，几代连续杂交混血，也使得中国最伟大的皇帝之一的唐太宗李世民最多只有四分之一的汉人血统。而唐高宗李治，最多只有八分之一的汉人血统。从隋炀帝烝父妃、唐太宗纳弟媳、唐高宗以父亲的才人武则天为皇后、唐玄宗以儿媳杨玉环为贵妃等种种事看，他们的风俗习惯的确带有浓重的"胡风""胡气"。

少数民族做皇帝，唐代并非空前绝后。但是唐代与元代、清代完全不同的是，唐代皇帝的少数民族血统是隐蔽的。盖古人观念之中，父亲提供了全部的遗传基因，母亲只提供了血液营养而已。所以在社会心理上，唐代帝王从来没有被当作少数民族看待。这是隋唐与元朝和清朝至关重要的区别。唐代皇帝既不必像元代与清代皇帝那样，对汉民族及汉文化抱着恐惧提防心理，同时又拥有根植于少数民族血液的蓬勃生命力，因而也就造就了他们博大开阔的胸怀与视野。正如陈寅恪所说："李唐一族之所以崛起，盖取塞外野蛮精悍之血，注入中原文化颓废之躯。旧染既除，新机重启，扩大恢张，遂能别创空前之伟业。"

这种"胡气"使唐初诸帝有着海纳百川兼容并包的心态。唐太宗宣称，他没有民族歧视心理："自古皆贵中华贱夷狄，朕独爱之如一，故其种落皆依朕如父母。"他说："夷狄亦人耳，其情与中夏不殊。人主患德泽不加，不必猜忌异类。"唐代公主和亲于史可据者有二十三次，且并不视为屈辱之事。唐代对异族人的任用，其人数之众、族别之多、任事之广，前朝后代几无可比拟者。据统计，唐代少数民族宰相即有二十四人，分别来自十五个民族。将军、节度使多不胜数，以至《唐书》专立《诸夷蕃将传》。

唐代前期帝王大都自信大度。中国历史上人格最健康者，当数唐太宗。他为人理智而又富于感情，自信而又能信任他人。唐代高层政治中，充满了人情味儿。性格豪放的唐代帝王对体制上的贵贱尊卑原本不那么在意。臣下偶尔失仪，在其他朝代多被严谴，在唐代却往往不被当回事儿。以开元盛世时"班秩"为例，"在朝百僚，多不整肃"，"或纵观敕旨，或旁阅制词，或交首乱言，或远班问事，或私申庆吊，或公诵诗篇，或笑语喧哗，或行立怠惰，承宽既久，积习如常。不增祗惧之容，实紊矜庄之典"。上朝之时，有人在那儿读公文，有的聊天，有的还作文章，更有人站没站样，靠没靠样。这样的情景，在其他朝代不可能出现。

唐宣宗时还发生过这样一桩有趣的事：

宣宗宴罢，见百官与卫士拜舞，遗下果实食物，上怪之。咸曰：“归献父母，及遗小儿女。”上敕大官：今后大宴，文武官给食分与父母，别给果子与儿女，所食余者听以手帕裹归。遂为故事。

就是说，唐宣宗请百官吃饭，饭后百官行礼之时，不少人怀里都滚出水果点心。皇帝很奇怪，百官纷纷说，这是回去给爸妈和孩子们尝尝的。皇帝于是下令，今后大宴，专门给百官的父母儿女准备些点心和水果带回去，着为定例。

把一桩朝拜失仪事件变成了一件流传史册的美谈逸事，这只有在唐代能够发生。

在处理家庭关系上，唐代皇帝也往往能够注意尊重他人，而尽量不偏袒自己的骨肉。《因话录》卷一载：

郭暧尝与升平公主琴瑟不调，暧骂公主：“倚乃父为天子耶？我父嫌天子不作。”公主恚啼，奔车奏之。上曰：“汝不知，他父实嫌天子不作。使不嫌，社稷岂汝家有也。”因泣下，但命公主还。尚父拘暧，自诣朝堂待罪。上召而慰之曰：“谚云：‘不痴不聋，不作阿家阿翁。’小儿女闺帏之言，大臣安用听？”锡赉而遣之。尚父杖暧数十而已。

就是说郭子仪的儿子郭暧做了驸马。有一天，和公主吵起架来，郭暧骂道：“你觉得你老爸是皇帝就了不起吗？那是我老爸不愿意做才让你老爸做的。”公主哭着回宫向皇帝告状。代宗皇帝说：“你还小不懂事，郭暧说的是老实话，如果郭子仪要当皇帝，那皇帝早就是他的了。”说完也哭了，不过还是让公主回家了。郭子仪知道这件事后，就把郭暧捆绑起来，亲自带到皇帝面前发落。皇帝安慰郭子仪说：“常言说得好，‘不痴不聋，不作阿家阿翁’，小两口在家里吵架，你就装作听不见就行了。”

然后赏赐了郭子仪一些物品，让他回去了。郭子仪回到家里，打了郭暧几十杖了事。

这种事在其他朝代，实在不可想象。

因为君臣上下森严关系的淡化，双方都少了些“犯上作乱”之忌。所以唐代士人多和他们的作品一样狂放。或“恃才傲物”，或“言论倜傥”，或“诡激啸傲”，或“不拘细行”，或“狂率不逊”。

天宝初，李白奉诏入京既不诚惶诚恐，也无受宠若惊之态，他“神气高朗，轩轩然若霞举”，玄宗都“不觉无万乘之尊”。

初唐的时候，有一个叫员半千的人，考中了进士，却没有官做，于是给武则天直接写信，信中说：“臣……于今立身，未蒙一任……陛下何惜阶前方寸地，不使臣披露肝胆、抑扬辞翰？请陛下召天下才子三五千人，与臣同试诗策判笺表论，勒字数，一定一人在臣先者，陛下斩臣头，粉臣骨，悬于都市，以谢天下才子。”

那意思是，我要向你推荐我自己。你不了解我，我有一个办法让你能够了解我。你招三五千天下才子，和我一起考试，考六种文体。如果有一个人的成绩排在我的前面，你把我的脑袋砍下来挂在城门楼上，向天下才子谢罪。

这封信放到别的朝代，作者早被杀头了。在唐代，他不但没有被杀头，后来还做了奉阁舍人，专门起草诏书，参与国家大政方针。

因此，唐代前期政治的特点是宽大通脱，文网也非常宽疏。唐太宗认为，“人之意见，每或不同，有所是非，本为公事”，为此，他明确要求“勿上下雷同也”。对于那些只知“顺从”“顺旨”之人他严加斥责：“比来唯睹顺从，不闻违异。若但行文书，则谁不可为，何必择才也。”说你这个人从来都唯唯诺诺，没有独立见解，朝廷要你何用？

唐代统治的最鲜明特点就是三教并行，信仰自由，没有禁区。儒学虽被奉为正统，却始终未达独尊。唐玄宗曾亲自注《孝经》《道德经》和

《金刚经》这三部儒家、道教和佛教的经典，颁行天下，以示对三教合一的提倡。唐高祖、高宗、德宗时代，都曾经召集过儒师、沙门、道士进行讲论诘难。三教并行，自由竞争，终唐一代持续不绝。三教并行形成了唐代朝野一种较普遍的自由宽松空气。所以李白才敢写诗说："我本楚狂人，凤歌笑孔丘。"高适也才能公然在诗中说："大笑向文士，一经何足穷。"乃至以循循儒者形象留存史册的杜甫诗中都有"儒术于我何有哉？孔丘盗跖俱尘埃"之句。到了晚唐，杜牧居然这样写："跳丸相趁走不住，尧舜禹汤文武周孔皆为灰。"非儒薄孔，非圣薄尊，在唐代人眼中习以为常，并不视为大逆不道。

所以，唐代言无禁忌。唐代大臣甚至可以在奏折中公然谈论皇帝的性生活。比如朱敬就在奏折中直接批评武后弄了太多的"内宠"，说你有这方面的欲望，大家都能理解，找一两个"男宠"，也不是不可以，但是现在太多了："嗜欲之情，愚智皆同，贤者节之不使过度，则前圣格言也。"南宋洪迈说："唐人歌诗，其于先世及当时事，直辞咏寄，略无避隐。至宫禁嬖昵，非外间所应知者，皆反复极言，而上之人亦不以为罪。"他罗列一长串例证后，很是感慨地结以一句"今之诗人不敢尔"。

"宫禁嬖昵"这样的禁忌，唐代都可以"反复极言"，那么对"当时事"的抨击的无可顾忌就可想而知了。事实上，唐人对时政的讥讽、揭露，间或有碍作者仕途，却从没有人被指为"污蔑、攻击"而遭到贬杀。白居易创作乐府诗"规讽时事，流入禁中"，宪宗"见而悦之，召入翰林学士"。他的《长恨歌》讽刺玄宗荒淫误国，《琵琶行》倾诉仕途的不平，唐宣宗毫不介意，还作诗纪念白居易："童子解吟长恨曲，胡儿能唱琵琶篇。文章已满行人耳，一度思卿一怆然。"

三

这种宽松的环境，是唐代文学艺术繁荣的重要原因。唐代那些文人学士画家书法家，个个个性十足，举止率性。正如杜甫《饮中八仙歌》中所写：“知章骑马似乘船，眼花落井水底眠。……李白斗酒诗百篇，长安市上酒家眠，天子呼来不上船，自称臣是酒中仙。张旭三杯草圣传，脱帽露顶王公前，挥毫落纸如云烟。”唐代文人的喜怒哀乐，倾泻而出，毫无滞碍。他们勇于标新立异，作品风格迥异，流派纷呈。后人评价唐诗“永远是生气勃勃的，如旦晚才脱笔砚的新鲜”。

唐代文化的另一个突出特点是开放性。唐代是中国历史上最为开放的一个时代，被外国人称为“天可汗的世界”。唐朝的长安是常居人口超过百万的国际化大都市。长安的大街上，陈列着欧亚大陆各国的货物，随处可见来自各国肤色各异的商人和求学者。外邦远洋人有日本晁衡、新罗崔致远、大食李彦升、波斯卑路斯父子等著名人士。因此，唐代文化的另一个特点就是吸收和融合，它以博大的胸襟如“长鲸吸百川”般地吸收外域文化，从其他文化中采撷英华。南亚的佛学、医学、历法、音乐、美术，中亚的音乐、舞蹈、杂技、魔术，西亚的祆教、景教、摩尼教、伊斯兰教、建筑艺术乃至马球运动等，如同八面来风，从唐帝国开启的国门中一拥而入。唐朝敦煌壁画中著名的飞天形象，就是印度的乾达婆、希腊天使和道教羽人等多元文化因素的混合物。唐代的音乐充分吸收了西域音乐的精华，唐明皇和杨贵妃联合编导的大型歌舞剧《霓裳羽衣舞》，源于由河西传来的婆罗门曲，其中也加入了胡旋舞等中亚歌舞元素。“胡食”“胡服”也随着具有胡汉混杂血统的隋唐皇室的入主中原而风靡朝野，为隋唐中原文化注入了刚强热烈的生命活力。

第九章
平民的盛世：宋代

第一节　文弱的宋代

一

如果直接从唐朝跳到宋朝，你会打一个冷战：这两个时代的气质，是如此不同。从唐到宋，中国转了个一百八十度的大弯。

唐代女人外向泼辣，宋代妇女却内敛柔和。唐代女人喜欢骑着高头大马招摇过市，宋代妇女却只能站在重重帷帘之后，掀起一角向外悄悄张望一下。唐代妇女可以和男人一样，大呼大叫地参加集体体育运动，宋代妇女却裹起了三寸金莲，讲究起行不动裙，笑不露齿。唐代妇女以丰肥壮硕为美，而宋代追求瘦弱和病态，如张子野的《菩萨蛮》中所描写的那样："轻怯瘦腰身，纱窗病起人。"

唐人粗豪，宋人细腻。凡是唐代的事物，无一不博大恢宏，健硕丰盛。唐代洛阳龙门石窟中的大卢舍那佛，气势不凡，雍容华贵。韦炯墓壁画中那肥硕的女子和强悍的男人，李爽墓中那双手握拳、瞪目怒吼的天王陶俑，昭陵石雕中那八匹神采飞扬的骏马，无不体现出唐人强烈的自信和力量。而宋代文物的风格则细腻而文雅。最有名的宋代雕塑是晋祠的侍女像，艺术评论家说它的特点是“流畅、秀丽，特别是在刻画性格、心理方面更有超越的成就”。和这尊侍女像一样，宋代雕塑体形普遍变小，竹雕、木雕、象牙雕大行其道，它们均以小巧细致、富有生活情趣而取胜。

唐人热烈，宋人内敛。唐人喜欢画骏马、苍鹰和牡丹。这几种热烈、奔放、大气的意象正抒发了唐人性格中的慷慨和雄健，特别是牡丹，因为其热烈奔放、艳压百芳的强劲感官冲击力和至强至烈的色彩感染力，而成为唐代的国花。宋代的文人画家却偏爱画梅兰竹菊，它们独处山中，低调含蓄，幽冷寂寞。

唐瓷大气，宋瓷精致。唐瓷以雍容自然而取胜，宋瓷则精致而谨慎。小山富士夫说：“唐瓷华贵，宋瓷纯净，明清瓷器精细俗艳。”宋瓷或为纯白、漆黑，或为清澈无垢的青白，或为幽玄深邃的粉青。与大气粗朴的唐瓷相比，它简洁清秀，反映出宋人细腻内向的心理性格。

唐诗热烈，宋诗沉思。唐朝文人们“宁为百夫长，胜作一书生”，他们热情地向往建功立业。李白“十五学剑术”，“一射两虎穿”；岑参“近来学走马，不弱并州儿”。他们下马能饮酒，上马能杀人：“酒后竞风采，三杯弄宝刀。杀人如剪草，剧孟同遨游。”（李白《白马篇》）宋代文人却不再向往到边塞去领略风沙，习武从军在他们看来是卑贱的事业。宋诗中很少出现边塞、骏马和战争。唐人笔下的边塞壮丽无比：“秦时明月汉时关，万里长征人未还。但使龙城飞将在，不教胡马度阴山。”对比之下，宋代为数不多的边塞诗词中最有名的那一句范仲淹的“浊酒一杯家万里，燕然未勒归无计，羌管悠悠霜满地”，读起来是那么的凄凉。如果说唐诗体现的是少年精神，那么宋诗则充满了中年人的冷静和沉思。

到底发生了什么，使得唐宋两代的面貌如此迥然不同？

二

这一切源于宋代统治者对武器的深深恐惧。

也难怪，从开元盛世后到宋朝建立的二百二十年，中国都是在打打杀杀中度过的：先是生灵涂炭的安史之乱，然后是动荡不安的藩镇割据，后来又是乱成一团麻的五代十国。

篡弑和兵变是五代十国的主旋律，每个政治人物的辉煌都不过是昙花一现。欧阳修有过一个统计："五十三年之间，易五姓十三君，而亡国被弑者八，长者不过十余岁，甚者三四岁而亡。"也就是说，五十三年间，换了五个家族十三位皇帝。被杀的皇帝有八个，其中大的不过十来岁，小的甚至三四岁就死于非命。

武人统治的时代，人人都朝不保夕，不但老百姓流离失所，连皇帝都是高危的职业。梁太祖朱温、闽主王延钧、赵王王镕、义武节度使王处直等人都是死于儿子（或养子）之手。兄弟相残更是司空见惯：梁太祖的儿子们互相残杀，到后梁灭亡时，八个儿子（养子）一个不剩。五代十三帝中，除唐庄宗、周世宗留了几个子嗣外，其余十二位皇帝的子嗣，都被人斩草除根。

枪杆子决定一切的世界，实在太让人绝望了。费尽心机得来的荣华，转眼又成泡影。在这个世界里，没有胜利者，所有人都同归悲惨结局。以兵变从孤儿寡母手中夺得江山的赵匡胤不想再继续这无望的恶性循环。结束它的办法只有一个：建立新的游戏规则，让人们不再凭枪杆子，而是凭笔头子来进行竞争。

三

因此，宋代政治设计的第一个特点是对武力的全方位防范。

开国不久，赵匡胤就通过“杯酒释兵权”，戏剧性地解除了几位最有实力的将军的军权。接着，他又在制度设计上费尽了脑筋。

在成为皇帝之前，赵匡胤的最后一个职务是“禁军统帅殿前都点检”，也就是是皇帝的禁卫军司令。他深知在这个职务上，一个人可以做成什么样的事。因此，宋朝建立后，这个职务被取消了，赵匡胤把禁卫军的最高统帅权一分为三，变成殿前都指挥使、侍卫亲军马军都指挥使、侍卫亲军步军都指挥使，分别称殿帅、马帅、步帅，合称“三帅”。“三帅”三足鼎立，谁也无法独立掌握禁军。

与此同时，赵匡胤又把军事指挥权和军队调动权分开。就是说，这“三帅”平时可以训练和指挥禁军，但是没有权力调动禁军。调动权归中央最高军事机关枢密院，没有枢密院的正式文件，任何人别想调动一兵一卒，这就从制度上杜绝了军事政变的可能。

赵匡胤从方方面面限制武将的权力，降低武官的地位。他把武将排除在最高权力中心之外，朝廷大事，武官没有什么发言权。为了降低人们对武官职务的兴趣，在宋代官僚制度设计中，文官升官很容易，武官晋升却非常缓慢。武将晋升中比文官凭空多设了许多等级：“（武将）非有奇功殊勋，无因超越，故文臣正郎、员郎各止于三转，而武臣正使、副使必各九转。”（王栐《燕翼诒谋录》）因此宋代朝廷之上，武官见了文官，总是自觉低人一等。《宋史·曹彬传》记载，即使是曹彬这样位居枢密使高位的武官，每次在道中迎面碰到士大夫的车马，都会主动地命车夫驶入旁街小巷，所谓“必引车避之”。

四

除了给武将戴上枷锁，赵匡胤破天荒地给武器也加上了锁链。

开国十年之后的开宝三年（970年），以一条哨棒打下了四百八十座军州的宋太祖颁布了一条意味深长的法令：京都士人及百姓均不得私蓄兵器。他显然不想再有第二个人用哨棒把他的子孙赶下皇位。

赵匡胤的子孙们十分重视祖宗的这条“祖制”。淳化二年（991年）、天禧五年（1021年）、景佑二年（1035年）、庆历八年（1048年）、嘉祐七年（1062年）、宣和六年（1124年）、宣和七年（1125年），宋代七次颁布禁止私人藏有武器的各种法律，禁止的地域范围从首都扩展到了全国，武器种类则从兵器扩展到了老百姓生活日用的刀具。宋代南方林木繁密，百姓通常用袴刀（又叫畲刀、博刀、拨刀）来开荒种田。天圣八年（1030年），宋仁宗却下诏禁止老百姓再使用这种刀：“川陕路不得造着袴刀。”景佑二年，皇帝又下诏重申此令，并规定，不但使用者有罪，连造刀的人都要严惩：“广南民家，毋得置博刀，犯者并锻人并以私有禁兵律论。”

宋代禁止武器的法令到后来发展到了可笑的程度，以至连民间祭祀、社戏时所用的仪仗刀枪也被禁止。《宋会要辑稿·刑法》载天圣五年（1027年）诏曰：“神社枪旗等严行铃辖，如有违犯，内头首取敕裁，及许陈告。”宣和六年，朝廷又一次强调，带刃的家伙，一概不许使用。朝廷建议说，在祭祀活动中需要仪仗的时候，可以用木头做成兵器形状，贴上锡纸冒充一下。被史书中的刀光剑影吓破了胆的宋代皇帝对武器的提防，已经到了神经过敏的程度。

五

除了对武将大力防范，赵匡胤也没忘了给文臣套上笼头。精明的宋太祖运用“分权”和“制衡”之术，消除了文臣在制度上对皇权形成威胁的可能。他把宰相大权分割成了几块，将军权交给枢密院，将部分行政权交给新设立的参知政事，即副宰相。他又设“三司”来专门管理财政，分掉了宰相的财权。在地方上，他同样也大行其“分权”和“制衡”之术，规定地方官由中央派出，任期只许三年。为防止一把手独断专行，他为各地知州设立了名为通判的副手，来监督知州。他又派转运使到各地管理财政，取消地方上的财政处理权。

虽然代价是形成有宋一代难以根治的“冗官”格局，但是赵匡胤终于排除了一切使贵族阶层死灰复燃的可能，独揽军、政、财一切大权，达到“百年之忧，一朝之患，皆上所独当，而群臣不与”的乾纲独断境界。宋太祖显然是一位爱读历史并且热爱思考的武人。我们不得不说，他在制度设计上表现出的天才，除了秦始皇外无人能及。在专制集权的方向上，赵匡胤做到了他那个时代的极限。有宋一代，继秦朝之后，实现了专制政治制度的又一次重大升级。

六

宋代的基本政治设计，大幅度地改变了中国人的性格。中国人历史上第一次不再以立功疆场为荣。宋代民间流行的俗语是：“做人莫做军，做铁莫做针。”在宋代，将军们不管立了多大功勋，也难有文臣那样的风光。有人说，即使是率兵数十万，收复幽蓟十六州，也赶不上一个状元及第时的荣耀：“状元登第，虽将兵数十万，恢复幽蓟，逐强虏于穷漠，凯歌劳还，献捷太庙，其荣亦不可及也。”（田况《儒林公议》）宋代男人开始失去了尚武精神，他们沉醉在案头书牍之中，在日复一日的浅吟低唱中把时光送走。他们的体质越来越差，性格也越来越细腻。正如梁启超所说：“相尚以文雅，好为文词诗赋训诂考据，以奇耗其材力，即有材武杰勇，亦闲置而无所用武，且以粗鲁莽悍见屏于上流社会之外。重文轻武之习既成，于是武事废堕，民气柔靡……奄奄如病夫，冉冉如弱女，温温如菩萨，戢戢如驯羊。”

智者千虑，必有一失。赵匡胤通过整体民族的文雅化保证了赵氏的身家安全，却导致整个民族失去了安全。虽然宋代物质实力远在四夷之上，但缺乏战斗力的军队，过于分权的官僚体制，使宋朝数百年间积弱不振。在北宋几次耻辱的失败之后，赵宋王朝终于被驱离中原，南渡另立。

七

从北宋中期开始，亡国灭种的威胁如同乌云一样，一直笼罩在每一个宋人的心头，并且终于在南宋末年变成事实。这是分析宋人性格不可忽视的一个背景。事实上，在大宋王朝的大部分历史时期，宋人都生活在一种惴惴不安之中。越到后来，他们对未来的预期，就越灰色和悲观。

这就是宋人痴迷梅花、兰花、竹子、菊花这些幽雅冷静意象的原因。

梅兰竹菊在宋代以后被称为“四君子”，成为中国文化中一种代表性的意象组合。分析这四种意象，我们会发现它们有一种共同的精神特点：梅在严寒中怒放，展现着严酷环境中的不屈；兰独处于幽谷之中，代表着寂寞中坚守情操；竹则未曾出土先有节，表达的是士人的自制和节操；菊花傲霜而开，残败犹抱霜枝，象征的同样是在逆境中的抗争。总结起来，这四种事物所表现的，其实都是对即将到来的严酷环境所做的一种心理准备：为在死亡、在被征服的威胁面前坚守气节而进行的自我精神动员。

这是宋代士人独特的共同文化心理。宋代读书人普遍意识到，“文明的深秋，甚至文明的冬天就要到了，霜雪将摧残中国的士人，于是士人们只好为此做精神上的准备，用梅兰竹菊的精神来‘武装自己’”（朱建军语）。

因此，宋代士人的性格与唐代完全不同。唐代文人傲岸不逊，豪饮高歌，笑傲王侯，斗鸡走马，出塞入关，携妓交游……身上充满了充沛的活力和无忧无虑的乐观。他们是青春、自由和欢乐的。而宋人不再有可能跨上战马，去寻找自己的理想。国家和个人的命运时刻处于威胁之中，他们所能做的，却只有老老实实寒窗苦读，在案牍中消磨掉自己的一生。因此宋人比唐人敏感、脆弱得多，作品中弥漫着对人生的茫然无着。连宋代的少年都是少年老成，愁绪满怀的。唐代“少年负胆气，好勇复知机”（崔颢语），宋代少年却在“为赋新词强说愁”的淡淡忧伤中得到心理的满足。

八

亡国灭种的威胁，是理学兴起的直接原因。

在死亡面前，宋代士人不自觉地开始思索生命的意义，开始到超越生死的佛教禅宗之中去寻找精神力量。外在的环境是如此动荡不安，他们只能依靠内心的强大去适用锚定自己的命运。在宋朝以前，中国人并不压制自己的欲望，活得健康而自然。而从宋代开始，不会骑马的士人们不能比赛疆场杀贼，只能比赛谁更能“杀心中贼”，也就是谁更能“克人欲，存天理”：他们必须磨砺自己的意志力，才能保证自己在任何逆境面前都能生存下去。

心理学家朱建军说，理学的兴起，其实是基于一种心理误区：“宋代中国人没有了自信，因此他们靠守节来获取安全感。在他内心中隐隐约约以为，只要他用强意志力谨守一些细微的行为准则，灾难好像就不会降临于他。这迷信的想法使他尽心竭力地坚守一些也许本来是很无谓的行为准则。”这种心理误区使中国知识分子从宋代开始都染上了“强迫性人格”，都成了完美主义者。他们给自己提出的标准非常高而不切实际，要求自己必须成为“圣人”，不允许自己犯哪怕最微小的错误。只有这样，他们才能获得真正的心理安全。这就是宋明理学的诞生背景。

男人们缺乏自信，妇女的命运因此遭遇一百八十度的大转折。宋代男人在女人面前严重缺乏安全感，文弱的宋代男人怕女人比他们健康，怕她们红杏出墙，怕她们去寻找比自己性能力更强的男人。因此从宋代开始，男人开始了处女嗜好，三寸金莲普及，男人致力于把女人如同粽子一样用礼教和衣服重重包裹起来，要她们三从四德、站不倚门，要她们性格怯弱，弱不禁风。因此唐代女装以宽大为尚，而宋代则以窄小为美。窄瘦贴身、交领深掩的窄袖衣是宋代流行的女装。

更令人匪夷所思的是，宋代男人宣称，女性的贞节是关乎国家前途的大事。如果女人们不守贞节，那么国家的道德就会崩溃，会招致亡国灭种的危机。一个女人在买肉的时候，被屠夫碰了一下胳膊，她就得毅然砍断这只胳膊，因为它被男人碰过了，是“不洁”的。这就是理学家宣称的“饿死事极小，失节事极大”。从心理学角度来说，“缺少安全感的人，都善于推卸责任”。宋代男人就是通过这种方式，把亡国灭种的责任转嫁到了女人身上，通过盯着女性守贞洁，缓解自己的心理压力：“通过贬低和侮辱失节的女性，男人也可以宣泄自己心中的不愉快。”（朱建军语）梅兰竹菊这四个节操的象征物，也越来越多地被男人用作女性的名字。这是一个意味深长的暗示。

第二节　平民社会的崛起

一

当然，“文弱”只是大宋王朝的一个方面。在文弱化、内向化的同时，宋代社会较之唐代，也出现了许多巨大的进步。

宋以前的中国和宋以后的中国还有另一个不同，那就是从“贵族—士族”社会，变成了平民社会。

在宋代以前，虽然中国人经常抱怨“王侯将相，宁有种乎”，但事实是确实贵族“有种”。高门大户往往能传递几百年，底层百姓也永远安于被剥削的命运。除了起兵造反，或者疆场立功，一个人很难突破玻璃天花板，从底层社会爬到上层社会。直至唐朝，门阀观念的影响仍然十分严重。而到了宋代，这一切变了。“贫富无定势”“富儿更替做”（宋代谚语）。下层社会中的人也可以通过个人奋斗，在短时期内改变自己的命运，即所谓“朝为田舍郎，暮登天子堂”，火箭式升入最高层，“骤得富贵”。

富家大族的传递因此变得极为困难，更为常见的情况是“富不过三代”“朝廷无世臣，无百年之家”。阶层之间不再有明显界限。郑樵说：“自五季以来，取士不问家世，婚姻不问阀阅，故其书散佚而其学不传。”（《通志·氏族略》）下层文化和上层文化开始融合，开创了中国文化的新境界。

这一切发生的第一个原因，是从中唐到五代一百多年的战乱，战乱使得整个社会天翻地覆，那些从汉代传到唐代的相沿几百年的世家大族在这个空前的乱世中，终于被毁灭了。特别是五代的极度混乱，如同一个炒锅一样，将社会各个阶层颠簸出原来的轨道，上下颠倒，贫富易位。无数个积累了几百年建起的藏书楼被一把火烧掉，相守了无数世代的大家族分崩离析，原来养尊处优的士族们或死或逃或成为乞丐奴仆，士族阶层连同他们创造的士族文化在整体上被毁灭了，社会成了一锅原子粥。

第二个更主要的原因，就是科举制的成熟。

隋炀帝创建进士科，标志着门阀士族制度的瓦解。然而“百足之虫，死而不僵”，虽然科举发明于隋，实行于唐，但科举在隋唐两代都没能成为入仕的最主要途径。隋唐为了保证当朝权贵和高官子弟的特权而创立了门荫制度，就是说高官和贵族及五品以上官员的子孙，都可以根据他们父祖的身份，直接授以不同的品阶。况且隋唐两代教育并不普及，只有上层社会才能获得较好的教育环境，因此中举者基本上也都是士族。因此，唐代基本上还是一个半世袭的士族社会。

而到了宋代，科举制才真正成为入仕的最主要渠道。宋朝皇帝们的制度设计，是使全社会通过文字而不是刀枪进行竞争。要做到这一点，就需要将其他功名利禄之途关闭，只留下科举这一扇门。赵匡胤和他的弟弟对科举制度进行了全方位的升级。他们不仅废除了唐代由当朝显贵公荐举人的惯例，而且打破了唐代科举考试的门第限制，让所有人都能走进考场。在宋代，只要不是残疾之人，皆可应举，甚至以屠牛为业者，也能赴试。对于那些拿不起路费的穷人家孩子，国家还给他们应试补贴，“自初起程以至还乡费皆公家”。（王栐《燕翼诒谋录》卷一）因此宋代科举录取人数大大增长。唐代进士平均每年录取不过二三十人，宋代翻了十倍，平均每年二百多人。太宗在位二十一年，由科举为官者近万人。仁宗在位四十一年，仅进士出身的官员就有四千五百一十七人。可以说，宋代政府是一个权力开放型的政府，每个智力正常的男人都有可能通过笔头子为自己博取一个官位。

在唐代称一时名宰者的二十三人，绝大多数出身士族。而北宋的七十一名宰相中，除赵普等四人为开国功臣任宰相外，只有三人不由科举而任宰相，其他六十四名均为进士或制科出身。所以宋人不再喜欢象征贵族的牡丹，而是欣赏起代表平民的朴实的枣花。王溥的《咏牡丹》诗，词句浅白而寓意鲜明：“枣花至小能成实，桑叶虽柔解吐丝。堪笑牡丹如斗大，不成一事又空枝。”

历史学家大多承认，从唐到宋，是中国历史的一次极为重要的转折，其重要程度，可以与从战国到秦朝的更迭相比。

钱穆先生说：“论中国古今社会之变，最要在宋代。宋以前，大体可称为古代中国，宋以后，乃为后代中国。秦前，乃封建贵族社会。东汉以下，士族门第兴起。魏晋南北朝迄于隋唐，皆属门第社会，可称为是古代变相的贵族社会。宋以下，始是纯粹的平民社会。除却蒙古满洲异族入主，为特权阶级外，其升入政治上层者，皆由白衣秀才平地拔起，更无古代封建贵族及此后门第传统之遗存。故就宋代言之，政治经济，社会人生，较之前代，莫不有变。”

孙国栋在《唐宋之际社会门第之消融》一文中说：“唐代以名族贵胄为政治、社会之中坚；五代以由军校出身之寒人为中坚；北宋则以由科举上进之寒人为中坚。所以唐宋之际，实贵胄与寒人之一转换过程，亦阶级消融之一过程。深言之，实社会组织之一转换过程也。”

平民社会在政治结构上的主要特点是皇权独尊。到了宋代，政治权力全归天子所有，不再有可与政府相抗衡的庞大家族，君主独裁统治正式开始。因为不再有贵族和皇帝相抗衡，所以赵匡胤才可能随心所欲地对传统政治制度进行大幅度修改，以进一步强化皇权。北宋皇权之重导致了中唐之后难得的政治稳定，一百六十多年中不但不再有贵族与之相抗衡，也不再有权臣、外戚、宦官的威胁。即使在仁、哲、徽三帝前期母后掌权的情况下，外戚也未能把持朝政。

二

如果在中国历史上选择一个朝代穿越回去生活，那我们显然应该明智地选择宋朝，而不是名声更为显赫的唐朝。

唐代的长安和宋代的汴梁，生活的方便程度不可同日而语。

如果穿越回大唐长安，你会惊讶地发现，号称“开放”的唐朝，城市生活居然是高度封闭的。不光是长安被一圈高大的城墙环绕，长安城内还分成了一百多个封闭的小城：唐代实行里坊制，城里被划成一百多个里坊，每个一里以上见方的街区都用高大的夯土坊墙围起来，如同一个小城，只在四方开四个门，居民想要上街，必须经由四门。因此如果你穿越回唐代，骑马走在长安大街上，如同李白那样，“车傍侧挂一壶酒”，“醉坐雕鞍歌《落梅》”时，你实际上只能看到一堵堵高大的坊墙，看不到什么灯红酒绿、万户千家。这就是所谓“百千家似围棋局，十二街如种菜畦”。为什么要这样呢？这是为了便于管理，使“逋亡奸伪无所容足”。

当然，这不是唐代的独创，而是继承。里或坊至迟汉代即已出现，汉长安城中就有一百六十个“闾里”。现存有关里坊具体制度的记载，最早为北魏宣武帝景明二年“筑京师三百二十三坊，四旬而罢”（《魏书·世宗纪》），目的是“虽有暂劳，奸盗永止”。虽然给市民生活带来了很多不便，但是确实有利于国家控制治安。

基于同样的理由，长安城内绝大多数地方不许开设商店。整个巨大的城市之内只有两个市场：国家批准的东西二市。和里坊一样，这两个市场周围同样由四米厚的高墙环绕，四向开四门。所以在唐代生活是很不方便的。炒个菜炒到一半，发现没酱油了，你没有选择，只能到东西两市去买。我们随便选一个地点，比如你住在长安城内偏南的丰安坊十字街附近，那么距离最近的是西市，你需要沿十字街从丰安坊西门进入大街，走过五条横街后左转入延康坊和光德坊之间的街道，从西市的东南门进入，要走上整整六里地，来回就是十二里。

而且两市不是全天营业，而是每天中午才开市。每天中午时分，两市各击鼓三百下，各家店铺开始营业。而太阳落山前七刻，两市敲锣三百下，店铺必须关门，顾客必须回家。所以《卖炭翁》中才说：“牛困人饥日已高，市南门外泥中歇。”为什么太阳已经很高，还在市场外面待着不进市场呢？因为还没到中午，没有开门。

当然，这也不是唐代的独创。汉代长安城市内的交易就必须在东西市内进行，且设有“司市”。

为了便于控制，唐代还实行夜禁，也就是宵禁制度。今天的宵禁制度一般在战争状态、全国紧急状态或者戒严时期使用。而在唐代，每天都是如此。每天黄昏，街鼓响起，每个里坊的四门都要关起，禁止人们出入。“六街鼓绝行人歇，九衢茫茫空有月”。长安各条大街上人声绝迹，直到第二天黎明，坊门才可打开。夜禁期间，城中禁军整夜在城内巡逻，捉拿违犯夜禁的人。要是天已经晚了你还没赶回家怎么办呢？只能随便找个犄角旮旯蹲一宿。如《太平广记》中有一段描写：“唐天宝十二载冬，有司戈张无是居在布政坊。因行街中，夜鼓绝门闭，遂趋桥下而蜷。”只能跑到桥下面睡一夜。唐传奇《任氏传》写男主角郑生天将晓时辞别任氏后，“既行，及里门，门扃未发。门旁有胡人鬻饼之舍，方张灯炽炉。郑子憩其帘下，坐以候鼓”。

夜禁制度在中国也是源远流长，《周礼》中即已有记载。《周礼·秋官司寇》列“司寤氏”一职：“掌夜时，以星分夜，以诏夜士夜禁，御晨行者，禁宵行者、夜游者。”专门负责夜禁事宜。

由此可见，从上古到中古，中国社会的方方面面一直是由国家严格控制的，即使是最开明的唐代也是如此。然而由唐到宋，国家对民众生活的控制显著松弛，宋太祖于乾德三年颁布诏令废除夜禁，《东京梦华录》中记录的北宋末期的东京，夜市繁盛。州桥夜市“直至三更”，马行街“夜市直至三更尽，才五更又复开张”。

里坊制也名存实亡。宋代虽然仍有坊的名称，但已没有坊墙，坊只是一个管理单位而已。后世的牌坊是里坊制的一种遗迹，代表原来的坊门。

宋代城镇里面基本可以随处开设商铺，商店多沿街道水道自然设置，铺面向着大街，因此出现了现代意义上的商业街，小商贩也可在各处沿门叫卖，城市景观较以前大变。《清明上河图》就是里坊制消亡以后城市面貌的反映。

正如这些现象所显示的，从唐到宋，中国社会出现了一个巨大的进步：由等级森严、阶层固化的不自由的社会，向一个更自由、更平等因而也更合理的社会转变。

三

平民社会的另一个特点，是更多的智力资源被激活，社会变得更平等、更合理也更有效率，因此迸发出来的活力是以前的时代不可比拟的。

科举变成了选拔人才的独木桥，这一政策使宋朝人比以往任何时代都重视读书。宋朝儿童启蒙读的《神童诗》，一开头就是“天子重英豪，文章教尔曹；万般皆下品，唯有读书高”。因此，宋朝的识字率、教育普及率大为提高。

深厚的文化基础、安定的环境、优厚的待遇，使宋代成为一个文化异常发达的文质彬彬的朝代。明代著名文学家宋濂说：“自秦以下，文莫盛于宋。”（《太史苏平仲文集序》）“唐宋八大家”，宋居其六。《全宋诗》的作者近万人，是《全唐诗》的四倍。宋词更是宋代文学最辉煌的代表，苏轼、辛弃疾、姜夔等词人成为后世不可能超越的顶峰。宋代的哲学、绘画、雕塑、瓷器等，在文化上也都达到了空前绝后的高峰。

宋代文化与以前历代最大的不同，是雅文化从俗文化中汲取了大量营养，中国文化头一次出现大众化和世俗化倾向。随着科举的普及和文化的繁荣，上层文化扩展到全社会，宋代平民百姓比其他朝代的人更为彬彬有礼，连市井小贩说起话来，都带着几丝文绉绉。与此同时，随着底层成员通过科举不断涌入上层社会，富于生活气息的底层文化与高雅的上层文化也开始大面积交融。在宋代以前，中国文学一直用典雅的文言文进行创作，宋代则开了以口语化的民间语言进行文学创作的先河。小说、评书、戏剧等俗文化在有宋一代蓬勃发展。宋代雅文化从俗文化中获得大量灵感。比如苏东坡就非常善于运用街谈市语：“如街谈巷说，鄙俚之言，一经坡手，似神仙点瓦砾为黄金，自有妙处。”市民文化的活泼自然激活了一定程度上已经僵化的雅文化，使宋代的上层文化富于生活性、感染力。宋代书法从以前庄严刻板的碑书变为更自然洒脱的帖书，士大夫绘画首次出现了百姓的货摊、城中的店铺、市民的生活，比如李嵩的《货郎担图》、王居正的《纺车图》以及张择端的《清明上河图》等。宋词更是将士大夫语言和民间语言融合起来，柳永等人的词受到上下层社会的共同欢迎，以至“凡有井水饮处，即能歌柳词”。

因此宋代的市井文化悄然崛起。穿越回宋代，你可以在瓦市勾栏中听评书、看杂技，在州桥夜市煎茶斗浆，在相国寺内品果博鱼……以今天中国人的文化水平，欣赏汉唐大赋之类的贵族文化无疑有些吃力，但如果穿越回宋代，就可以找到种种平民化的文化享受。

从秦汉到唐宋，中国文明一直在进行自我调适，特别是从唐到宋，中国社会出现了一个飞跃式的进步：这就是学界常说的“唐宋变革”。许多学者都说，宋朝是一个伟大的时代，比唐代还伟大。陈寅恪先生说：“华夏民族之文化，历数千载之演进，造极于赵宋之世。”（《金明馆丛稿二编》）李约瑟博士说，宋代是中国“自然科学的黄金时代”。（《中国科学技术史》）确实，从许多数字指标看，在唐代臂膀上建立起来的宋代，许多方面远远超越了唐代。唐朝中国人口最多时才五千多万，而宋朝人口超过一亿。“四大发明”中有三项——活字印刷、指南针和火药出现在宋朝。有学者认为宋仁宗时期，宋王朝的GDP占当时全世界GDP的65%。综合各个角度，宋朝在历代王朝中确实是经济最发达、文化最繁荣、人民生活水平最高的繁荣鼎盛朝代。

四

当然，宋代之所以能取得以上成就，还有一个不可忽视的主要因素是统治者的开明。提出著名的“唐宋变革论”的内藤湖南说：“君主在中世虽然居于代表贵族的位置，但到了近世，贵族没落，君主再不是贵族团体的私有物，他直接面对全体臣民，是他们的公有物。”在平民社会，君主的个人价值取向，对国家和民族的前途命运影响更为直接。

虽然为了一家一姓利益，把脑筋动到极致，但是赵匡胤在后人的印象中并不是一个自私、冷酷的人。事实上，“开明专制者”这个词用到他身上真是再适合不过了。他的审时度势能力，他的自知之明，在历代皇帝当中除唐太宗外无人能及。

在抑武的同时，宋代大力崇文。既然不靠武将，那么就必须依靠文臣。虽然对文臣不忘防范，但是与对武将的恐惧和厌恶比起来，赵匡胤对文人们的提防心却小得多。在与宰相赵普的一次谈话中，赵匡胤曾这样说：“朕今选儒臣干事者百余，分治大藩，纵皆贪浊，亦未及武臣一人也。”

文臣的理性和谨慎显然更有利于王朝的长治久安。文臣饱读诗书，熟悉历史上安危治乱之由，可以给统治者提出更为合理的建议。他们治理地方，比武将更有办法，更有条理。与此同时，文人胆子小，就是做得再出格，其破坏力也不过是武人的百分之一。所以，宋代统治者对文臣特别信任和优待。据说赵匡胤曾立下誓碑：“不杀士大夫及上书言事者。”不管此事是真是假，有宋一代，确实基本没有杀戮过士大夫。宋人在怀念赵匡胤时，最常提到的是他对文臣特别优礼：“艺祖救百王之弊，以‘道理最大’一语开国，以‘用读书人’一念厚苍生。”宋太宗进一步提高了文臣的待遇，确保他们都能过上荣华富贵的生活，并使“与士大夫共天下”成为北宋帝王与大臣的一条不成文约定。宋代文官即使受到处分，也不过是贬官而已。因此宋太宗自己曾经总结说：“朕于士大夫无所负矣！”（《续资治通鉴长编》卷二十四，太平兴国八年六月戊申）宋代文人则说：“待士大夫有礼，如本朝，唐时风俗尚不美矣。”所谓“满朝朱紫贵，尽是读书人”。（《贵耳集》卷二）在经历了百年武人的摧残和压制后，到了宋代，士人们终于遇到了文化的春天。

宋代皇帝们在士大夫面前一直保持着谦逊的传统。有一次，名臣程颢与宋神宗一起讨论人才问题。宋神宗说，现在天下人才太少了，“朕未之见也”。程颢一听大不高兴，当场指责皇帝：“陛下奈何轻天下士？”您怎么敢这么轻视天下读书人？宋神宗马上“耸然”连声道：“朕不敢！朕不敢！”（《河南程氏外书》卷七）南宋宋高宗在聊起学问时，则明确承认：“朕学问岂敢望士大夫！”（《建炎以来系年要录》卷一五一，绍兴十四年三月癸酉）这既说明皇帝有自知之明，又说明他在文臣面前刻意采取低姿态。

宋代士大夫在皇帝面前的地位，通过这样几个故事就可以看出：

宋真宗有一次遣使持亲笔诏书来见宰相李沆，诏书的内容是封刘氏为贵妃。李沆认为这个命令于理有违，竟当着使者的面，把皇帝手诏烧掉了，并且让使者传话：“但道臣沆以为不可。”此事遂罢。（《宋史》卷二八二《李沆传》）

北宋名臣韩琦有一次在和神宗聊天时，曾经说：“先帝，臣所立；陛下，先帝儿子，做得好，臣便面阔；做得不好，臣亦负惭愧。”（《续资治通鉴长编》卷二六三，熙宁八年闰四月己酉）俨然以皇帝的恩人长辈自居，但无论皇帝还是在场的大臣，居然都不认为这是跋扈之举。

在这种尊重文臣的氛围下，宋代形成了朝省集议制度，即集体决策制，就是遇到重大问题，一定要文臣百官一起开会，商量解决，皇帝虽然手握全权，并不乾纲独断。所谓“国朝以来，凡政事有大更革，必集百官议之，不然犹使各条具利害，所以尽人谋而通下情也”。（《却扫编》卷中）有的决策，朝廷甚至会邀请平民参加，形式有如今天的政策听证会。比如陈恕为三司使时，“将立茶法，召茶商数十人，俾各条利害”。（《宋史》卷二六七《陈恕传》）熙宁年间，“其议财也，则商估、市

井、屠贩之人，皆召而登政事堂”。（《续资治通鉴长编》卷二二五，熙宁四年七月丁酉）

五

尊重文臣的效果非常明显。北宋士大夫所表现出的责任感在中国历史上空前绝后。

在权力体系中占据如此巨大的优势，使得士大夫群体一定程度上可以左右国家和民族的命运。王安石诗中豪迈地宣称："男儿独患无名尔，将相谁云有种哉！"因此，士大夫也把自己的命运和国家联系在一起。范仲淹"先天下之忧而忧，后天下之乐而乐"的名言，正是士大夫这种责任意识的真实写照。王禹偁诗云："男儿得志升青云，须教利泽施于民。"（《对酒吟》）在国步艰厄之时，陆游说："位卑未敢忘忧国。"（《病起书怀》）他们对国家和民族，也确实尽了自己的心力。

有了"不死"这一保障和"与皇帝共天下"的责任感，宋代大臣的胆子都相当大，在皇帝面前敢于直言。建隆元年（960年）的一天，宋太祖正在后苑弹雀，一位官员称有急事求见。赵匡胤急忙跑出来接见，却发现所奏不过是平常之事。太祖很不高兴，说你这根本不是什么急事，却害得我停止弹雀跑出来一趟。那位官员说："臣以为尚亟于弹雀！"武人出身的赵匡胤勃然大怒，顺手抄起一家伙什儿砸在大臣嘴上，打落两颗牙齿。那位大臣拾起牙齿，装入怀中。赵匡胤骂道："汝怀齿，欲讼我乎？"你还想告我吗？大臣不急不忙地说："臣不能讼陛下，自当有史官书之也！"赵匡胤一听马上冷静下来，立即换了副笑脸，给这位大臣赔了不是，并且赐金帛以表歉意。

宋太宗时期，进谏之风更炽，有一个小小的县尉竟然上疏，说皇帝的后妃太多了，应该减少点。皇帝听了，感觉自己很委屈，他对大臣说：

“内庭给事二百人，各有执事，而洒扫亦在其中，若行减省，事或不济，盖疏远之人所未谙耳。”就是说，加上扫地的做饭的，我后宫一共才有二百人。要是再减少，人手就不够用了。地方小官，对宫内情况不了解啊！宰相想以“妄言”罪处理此官，太宗却说：“以言事罪人，后世其谓我何？小官敢论宫禁之事，亦可嘉也。”

宋真宗时，因为国家救灾不力，田锡曾这样批评皇帝：“陛下为民父母，使百姓饿死，乃是陛下孤负百姓也。”宋真宗并不以为冒犯，反而听取他的建议。漳州通判王迈更为离谱，居然敢对着宋理宗破口大骂他老爹宋宁宗：“天与宁考之怒久矣。曲蘖致疾，妖冶伐性，初秋逾旬，旷不视事，道路忧疑，此天与宁考之所以怒也。隐、刺覆绝，攸、熺尊宠，纲沦法斁，上行下效，京卒外兵，狂悖迭起，此天与宁考之所以怒也。”话说到这个上，即使在唐朝，可能也要掉脑袋，在宋朝却安然无恙。王伯大则干脆直接骂宋理宗是暴君昏君：“陛下亲政，五年于兹，盛德大业未能著见于天下，而招天下之谤议者何其籍籍而未已也？议逸欲之害德，则天下将以陛下为商纣、周幽之人主！”如此大逆不道之言论居然也没有受到严厉处理。宋高宗时，更有监察御史方庭实对皇帝宣传民主理念：“天下者中国之天下，祖宗之天下，群臣万姓三军之天下，非陛下之天下。”皇帝也没能拿他怎么样。这种“容受谠言，养成臣下刚劲之气”的做法，成了宋代的一种政治传统。

六

宋代皇帝的理性，还表现在舆论管制的宽松上。

宋代的读书人言论自由度很大，可以随便批评时政。比如郓州“郓俗士子喜聚肆以谤官政”。没事聚在一起批评官府、谈论政治是郓州读书人的最大爱好，有人甚至敢于当面给官员起外号。

宋真宗时，有一年大旱，宰相王旦在下朝回家的路上，“路由潘氏旗亭。有狂生号王行者，在其上，指旦大呼曰：‘百姓困旱，焦劳极矣！相公端受重禄，心得安邪？’遂以所持经掷旦，正中于首。左右擒之，将送京尹。旦遽曰：‘言中吾过，彼何罪哉？’乃命释之”。

也就是说，有一个叫王行的读书人，在路上指着宰相大骂：“老百姓都过不下去了，你还领这么高工资，你好意思吗？”拿着书本朝王旦砸去，正好打到脑袋上。宰相的左右人等上前抓住王行，想要送官，王旦却说，他说得有道理，把他放了。

宋仁宗时，四川有一个老秀才怎么也考不中进士，一着急居然献诗给成都知府，说：“把断剑门烧栈阁，成都别是一乾坤。”也就是鼓吹知府分裂割据，起兵造反。成都知府立刻将其逮捕上报，宋仁宗看来却只是哈哈大笑：“此乃老秀才急于仕宦而为之，不足治也。可授以司户参军，不厘事务，处于远小郡。”既然你那么想当官，就给你个官当当吧。结果这位老秀才到任不足一年，“便惭恧而死”。

宋代社会的一个引人注目之处是文艺界经常上演讽刺现实的剧目。比如“参军戏”就专门讽刺“龌龊无能”“昏不任驱策”的庸官，以及“诛求刻剥，猥迹万状”的贪官。朝廷对此没有限制，既然老百姓爱看，就可以随便演。甚至宫廷内专门给皇帝演出的戏班也编了不少讽刺现实、拿宰相开涮的小品。王安石变法之时，著名的小品演员丁仙编了小品，专门讽刺王安石的新法：“丁使遇介甫法制适一行，必因燕设，于戏场中乃便作为嘲诨，肆其诮难，辄有为人笑传。”刚强暴烈的王安石十分生气，“因遂发怒，必欲斩之”。结果宋神宗偷偷命人把丁仙送进自己弟弟的王府保护起来。宋高宗时，有人编了一个讽刺秦桧走后门让儿子成状元的节目，“四坐不敢领略，一哄而出。秦亦不敢明行谴罚”。秦桧也无可奈何。宋徽宗看戏时，戏子在戏中公然批评朝廷政策乖张，“只是百姓一般受无量苦！”宋徽宗听了，“为恻然长思，弗以为罪”。

宋代人还享有空前的出版自由和新闻自由。宋代是印刷术迅速发展的时期。明人胡应麟曾言："雕本始唐中叶，至宋盛行，荐绅士民，有力之家，但笃好则无不可致。"只要有财力，任何人都可以自己出版书籍。宋代还出现了报纸，专门报道朝中政治消息。最重要的是官办的报纸："日出事宜也。每日门下后省编定，请给事判报，方行下都进奏院，报行天下。"此外还有许多民间的小报，称作"新闻"："其有所谓内探、省探、衙探之类，皆衷私小报，率有漏泄之禁，故隐而号之曰新闻。"南宋时，小报已经成了最迅速的消息来源："小报者，出于进奏院，盖邸吏辈为之也。比年事有疑似，中外未知，邸吏必竞以小纸书之飞报，远近谓之小报。如曰今日某人被召，某人被召罢去，某人迁除，往往以虚为实，以无为有，朝士闻之，则曰已有小报矣；州郡间得之，则曰小报已到矣。他日验之，其说或然或不然。"也就是说，小报登的是谁谁谁被召入宫中，谁谁谁被罢了官。朝中公文还没下发，小报就已经先登出来了。当然，有一些消息缺乏准确性，"其说或然或不然"。由此可见宋代也没有新闻审查制度。小报因为需要量大，发展极快，甚至有了自己的传播系统和专业"爆料人""记者"："近年有所谓小报者……访闻有一使臣及合门院子，专以探报此等事为生。或得于省院之漏泄，或得于街市之剽闻，又或意见之撰造，日书一纸，以出局之后，省部、寺监、知杂司及进奏官悉皆传授，坐获不赀之利，以先得者为功。一以传十，十以传百，以至遍达于州郡监司。人情喜新而好奇，皆以小报为先，而以朝报为常，真伪亦不复辨也。"由于消息新奇快捷，发行面广，势头甚至压倒了政府发行的朝报，因而大赚其钱，成为我国最早的新闻产业。

另外宋人还享有广泛的结社自由。只要不拿武器，政府保证人民的结社集会自由，从不加以干涉。

七

如上所述，宋代达到了中国古代社会人性化治理的高峰。有宋一代的政治，对人的自由、尊严更为重视，社会更加公平、公正、合理。宋代人享有的各项基本人权，是此前此后许多时期无法比拟的。宋代人权发展最重要的标志是奴隶制的基本废除。

虽说中国很早就走出了马克思主义史学所说的“奴隶制时代”，但是在宋代之前，中国社会一直存在着使用奴隶或称奴婢现象。上层社会大量使奴唤婢，而且奴婢的社会地位十分悲惨。即使在号为政治非常开明的盛唐，法律也明文规定：“奴婢贱人，律比畜产。”（《唐律疏议·名例律》）就是说，奴婢与牲畜的法律地位是一样的。“奴婢既同资财，即合由主处分”（《唐律疏议·户婚律》），生死掌握在主人手里。

宋代虽然也沿用“奴婢”一词，但宋代的“奴婢”和以前朝代的意义已经完全不同：在宋代，“奴婢”也是平民，是被人雇佣的，类似于今天我们所说的“保姆”、“阿姨”或者“司机”。他们不是主人家的私产，而是自由民。宋代法律规定，雇佣奴婢必须订立契约，写明期限和工钱，到期之后，主仆关系就解除了，双方地位完全平等。为了防止出现终身为奴的情况，宋代法律还规定了雇佣奴婢的最长年限不得超过十年：“在法，雇人为婢，限止十年。”

因此在宋代，雇主不能像以前的朝代那样随便处罚奴婢。《续资治通鉴长编》载，景德二年（1005），“驸马都尉石保吉不时请对，言仆人张居简掌私财，有所侵盗，愿赐重责。上曰：‘自有常典，岂可以卿故法外加刑？’”也就是说，因为仆人偷了他的钱，驸马石保吉大怒，向皇帝请旨，想要在法律规定之外，从重处罚。这样一点小事都要请示皇帝，而且皇帝还拒绝了他“法外加刑”的请求，宋代的政治文明程度由此可见一斑。

出于对人命、人权的尊重，宋朝对贩卖人口的惩处是极为严厉的："略（强卖）人之法，最为严重。"《宋刑统》规定，"略卖人为奴婢者，绞。"比今天把人拐进黑砖窑受到的处理要重得多。和今天惩处拐卖妇女儿童的法律不同的是，宋代规定，不光拐卖者要处重刑，买方也要重处："诸知略、和诱、和同相卖，及略、和诱部曲、奴婢而买之，各减卖者罪一等；展转知情而买，各与初买者同；虽买时不知，买后知而不言者，亦以知情论。"买家的罪责仅比人贩子减一等。这种对人的自由和尊严的重视，要超过几百年后的今天。《历史研究》的作者，著名史学家汤因比说："如果让我选择，我愿意活在中国的宋朝。"

第十章
铁骑踏断民族脊梁

第一节　天翻地覆

一

中国人原本是世界上最骄傲的民族。他们自认为是世界上最文明、最强大、最光荣的种群。中国领导世界，中国统治四夷，中国人高高在上，这是中国自古以来的思维定式。中国人在乐于“教化”那些“非我族类”的同时，也不免轻之贱之，认为他们是不完全的人类，甚至半人半兽之身。所谓“南方蛮闽，从虫；北方狄，从犬；东方貉，从豸；西方羌，从羊”（许慎《说文解字》卷四）。

在汉族人看来，这种安排是天经地义的。宋儒陆九渊说：“圣人贵中国，贱夷狄，非私中国也。中国得天地中和之气，固礼义之所在。贵中国者，非贵中国也，贵礼义也。”（《陆九渊集·大学春秋讲义》）也就是说，中国高贵，四夷卑贱，这是上天的安排，因为全世界只有中国才得了天地中和之气。宋人石介说："天处乎上，地处乎下，居天地之中者曰中国，居天地之偏者曰四夷。四夷外也，中国内也，天地为之乎内外，所以限也。"同样是说，中国之所以伟大，是因为它居天地之中，而其他国家居天地之偏，这是上天有意的安排。

然而，1276年，世界似乎颠倒了：大宋王朝被掀翻，蒙古骑兵的铁蹄一直踏上了海南岛。"夷狄"成了整个中国的统治者。

二

那时的蒙古人是汉民族遇到的最善于使用暴力的少数民族，"屠城"是他们最广为人知的战争手段。"凡抗拒他的帝王、君主、城镇长官，成吉思汗统统予以消灭……毫不夸张说，原有十万人口的地方，所余的活人不足一百。"（《世界征服者史》）

虽然蒙古人在东亚进行的屠城要少于中亚和欧洲，但中国史书上关于"屠城"的记载仍然比比皆是：

1213年攻密州，屠之。1216年攻广宁，除工匠优伶外，悉坑之。1219年，屠绛州。"肃州城破，有旨尽屠之。唐兀人昔里钤部请入城救其家族，于是幸免者仅一百零六户。"（《元史》卷一二二）……1229年窝阔台继位后，屠城渐少。但据说伯颜攻宋时仍然屠城二百。

可以想象，在蒙古征服中国的过程中，人口损失是何等惊人。

蒙古军长驱直入两河山东时，"所过无不残灭，两河、山东数千里，人民杀戮几尽，金帛子女牛羊马百皆席卷而去，屋庐焚毁，城郭丘墟矣……"

"既破两河，赤地千里人烟断，燕京宫室雄丽，为古今之冠，鞑人见之惊畏不敢仰视。既而亦为兵所焚，火月余不灭……"

"鞑靼过关，取所掠山东两河少壮男女数十万，皆杀之……"

蒙古攻灭金朝之后，进行过一次人口统计，发现金国境内的人口比战争之前减少了百分之九十。四川在宋代曾繁盛一时，人口近两千万。蒙古大兵过后，仅剩八十万……

与汉民族的征服不一样的是，蒙古人的征服并不宣传什么“替天行道”“吊民伐罪”。草原民族从不掩饰他们征服的目的，他们一直视汉人为猎物。征服了北方汉地之后，蒙古贵族们认为“汉人无补于国，可悉空其人以为牧地”，打算把汉人统统杀光，把广大中国变为一片牧场。幸亏耶律楚材向蒙古大汗百般解说，说留着汉人以用来剥削他们比杀掉他们有利百倍，才使北方汉人免遭灭族。

三

有位著名的外国学者说过：“鞑靼统治不但压迫了为其牺牲品的人民，并且凌辱而且消磨了他们的灵魂。”

由于华夷之辨独盛，所以蒙古人在中国所遇的抵抗是他们征服世界的过程中最为顽强的。事实上，南宋军队虽称软弱，但是也涌现了众多铁骨铮铮的人物：襄阳之围，宋人坚守了五年。1275年的常州之战，数千守军战斗至死，只余六人，反背相柱，杀敌多人后才壮烈殉国。元兵围扬州，守将李庭芝誓死坚守，甚至南宋太皇太后亲自劝降也拒不接受。他们杀掉元朝的招降使者，焚招降书于城上。

然而从另一个角度来看，数十年的抗元战争，最可怕的后果是消耗掉了汉民族最精英的人物。那些有血性、有骨气、有胆量的人都大面积地被消灭。上文所提到的常州之战，“知州姚訔，通判陈照，都统王安节、刘师勇，力战固守”，巴延反复派人劝降，“遣人招之，譬喻百端，终不听”。在全部守军战死之后，“巴延命尽屠其民”。那些给守军提供了支持的平民百姓皆被屠杀，全城仅七人伏桥坎得免。

有人说，在文天祥赋诗而死、陆秀夫负幼主蹈海而亡后，中国作为一个文化体已经灭亡：“崖山之后，已无中华。”这一方面是指中国文化受到毁灭性的打击，另一方面也指中华精神已经发生很大变化。

和后来精明的满族人不同，粗豪的蒙古人以赤裸裸的征服者心态来对待汉人。他们的手段刚性有余而柔性不足。难以想象的屈辱不由分说地倾倒到活下来的中国人头上：蒙古人将全国人分为四等，汉人（北方汉族）为第三等，南人（南方汉族）居于最底层。四等人之间的待遇当然是不同的：蒙古人杀死汉人，只需打五十七下，征烧埋银；而“汉儿殴死蒙古人”，则要处死，并“断付正犯人家产，余人并征烧埋银”。

蒙古王公经常突然间把汉人从肥沃的农田上逐走，任凭农田荒芜，生出野草，以便畜牧：“今王公大人之家，或占民田近于千顷，不耕不稼，谓之草场，专放孳畜。”（赵天麟语）蒙古大汗可以随时把汉人视如生命的农田，连同农田上的汉人，赏赐给王公功臣。汉人忽然间失去他祖宗传留下来的农田，而自己也忽然间从自由农民沦为农奴，却没有地方可以申诉。

汉人们每二十家被编成一个“甲”，由北方派来的蒙古人做“甲主”控制，这个蒙古“甲主”的吃穿花用，要由这二十家共同负担。许多甲主为所欲为，“衣服饮食惟所欲，童男少女惟所命”。

汉人活得如同囚犯和奴隶，甚至生活起居都要由蒙古人控制。晚上一更三点之后，禁止出行，禁止点灯，禁止活动，直到早上五更三点：“一更三点钟声绝，禁人行。五更三点钟声动，听人行。”（《元典章》卷五十七）

汉人不得学习拳击武术，不得乘马，也不许用马来拉车，甚至不许用马耕地。还有一项十分奇怪的规定：禁止汉人买卖竹子。原因是竹子可用于弓箭。

“整个汉民族在自己的家园里失落了自我，失去了立足之地；在有着辉煌历史的故土被打入监狱，汉民族和它的心理皆受到巨大伤害。”这种屈辱对汉人的心理打击是空前而致命的。蒙古入侵中原之初，汉人曾发出“天纲绝，地轴折，人理灭”的呼号。

元帝国的特征之一是官员数量特别多，人浮于事。一块玉石的发掘或一张弓的制造，都会有若干官员管理。因此政府效率低下，贪污腐败横行。蒙古官员断案判狱，根本没有公平可言，因为他们都是目不识丁的贵族，“高坐堂上，大小事务一切付之于吏，可否施行，漫不省录”。吏员有了权，就拼命敲诈勒索，遇到讼事，“事事不为断决。至于两词屈直，显然明白，故为稽迟”。

那些富商大贾，上与权豪贵要勾结，下则买通关节衙吏，颠倒黑白，为所欲为。民众的道德水平迅速滑落，社会风气持续恶化。元代杂剧中，泼皮无赖、贪官酷吏、权豪势要、地痞流氓成了主要角色，手足相残、妯娌成仇、杀夫夺产、嫁祸亲人、嫌贫悔亲，这些奇奇怪怪的事情成了大部分元代杂剧的主要情节。

四

在元代，流氓化成为某些社会阶层的生存之道。

流氓的起源可以追溯到先秦时代的侠文化。侠以武犯禁，冲破了社会规范之后，侠士分成了两途。一途是行侠仗义，打抱不平。另一类则变成了流氓、纵横家和食客，他们在各个权势中心奔走流动，鸡鸣狗盗，唯利是图，什么都敢做，所谓“日暮而途远，故倒行逆施”。侠与流氓的共同点是都蔑视社会规范，纵横于王法之外。不同点则是一个有精神追求，一个没道德底线。至于生存方式，侠客单纯以暴力为生，流氓在暴力之外，更愿意用欺诈、恫吓等所有成本更低的手段。

随着中国历史的演进，流氓这个阶层也不断发展变化。早期的流氓身上还残留着几分侠义基因，比如三国时代那个以除三害闻名的周处，年轻时凶暴强悍，争强好斗，被乡人认为是地方三害之首，后来因一念之变，又成为除暴安良的英雄。

事实上，汉代的流氓并不畏权力。他们敢于袭击官吏，甚至介入上层政治斗争："长安中奸猾浸多，闾里少年群辈杀吏，受赇报仇，相与探丸为弹，得赤丸者斫武吏，得黑丸者斫文吏，白者主治丧；城中薄暮尘起，剽劫行者，死伤横道，枹鼓不绝。"也就是说，长安城中的流氓少年们专替别人刺杀官吏，他们以三色泥丸为分工，摸到红丸的负责杀武官，摸到黑丸的负责杀文官，摸到白丸的负责治丧事。到了薄暮时分，他们就纷纷出动，劫掠行人，死伤不绝。这分明是介于强盗和流氓之间。

唐代流氓，亦如唐代其他事物一样，作风鲜明，明火执仗："或危帽散衣，击大球，尸官道，车马不敢前。"戴着高帽，散着衫袍，在街上或击球或横卧，行人车马不敢上前。他们大多绣着"文身"招摇过市："率髡而肤札，备众物形状，恃诸军张拳强劫，至有以蛇集酒家，捉羊胛击人者。"其中有一唤张干者，在左膊刺上"生不怕京兆尹"，在右膊刺上"死不畏阎罗王"。

随着宋代市民社会的兴起，流氓阶层迅速发展壮大，成为市井之中的重要角色。不过，从宋代开始，随着专制统治的细密化，流氓阶层的集体性格也发生了重大变化：他们很少再公然挑战国家权力，而是越来越倾向以欺诈手段生存。流氓文化中的豪气率性越来越少，流氓们变得越来越肮脏和油滑。在宋代，流氓的奸骗、讹诈、乞赖、放刁等各种巧取行为激增。史籍中有大量关于宋代流氓欺诈花样的记载：

"浩穰之区，人物盛夥，游手奸黠，实繁有徒。有所谓美人局（以娼优为姬妾，诱引少年为事）、柜坊赌局（以博戏、关扑结党手法骗钱）、水功德局（以求官、觅举、恩泽、迁转、讼事、交易等为名，假借声势，脱漏财物），不一而足。又有卖买物货，以伪易真，至以纸为衣、铜铅为金银、土木为香药，变换如神，谓之‘白日贼’。若阛阓之地，则有剪脱衣囊环佩者，谓之‘觅贴儿’。其他穿窬胠箧，各有称首。以至顽徒，如拦路虎、九条龙之徒，尤为市井之害。”

（宋·周密《武林旧事》卷六“游手”条）

元代流氓化最引人注目的特点是流氓进入了官场。越来越多的汉人走不了正路就走邪路。既然无法抗争，他们就选择了攀附。按照规定，汉人和南人不能充任怯薛（**禁卫军**），但因为怯薛享有种种特权，汉人千方百计钻营其间：一些人“但挟重资有梯援投门下，便可报名字，请粮草，获赏赐，皆名曰怯薛歹”。“屠沽、下隶、市井小人，及商贾之流，军卒之末，甚而倡优、奴贱之辈，皆得以涉迹宫禁。又有一等流官胥吏，经断不叙，无所容身，则夤缘（**攀附巴结**）投入，以图升转。趋者既多，岁增一岁，久而不戢，何有穷已。”

有些汉人假冒成蒙古、色目人，来猎取一官半职。他们起蒙古、色目名字，效仿蒙古、色目人生活习惯。元时有人说：“精铨选之本，在于严族属之分；以尊吾国人……今之女真、河西，明有著令，而自混色目；北庭族属邻于近似，而均视蒙古，乘坚驱良，并列通显。盖我国人天性浑厚，不自标榜，愚恐数百年之后，求麟趾之公姓，不可复别异矣。”也就是说，元代政治本来是以严格的种族区分为原则的。但北方的女真人和汉人却经常冒充色目人，更有许多北方部族也被视为蒙古人，得以混入上流社会。如果这样下去，数百年之后，就分不清真蒙古人和假蒙古人了。

汉人冒充蒙古人充当达鲁花赤（**地方、军队和官衙的最大监治长官**）的现象，成了元朝政治中一个难以处理的痼疾。元代统治者三令五申，严禁和革罢汉人、南人、女真、契丹人充达鲁花赤者，反复多次，也没什么明显效果。那些冒充怯薛、达鲁花赤的汉人，大多是市井无赖，本身素质低下，一旦当官，则明目张胆，颠倒黑白，不顾廉耻，拼命捞钱，官场风气更加腐败。

元代流氓化的另一个重要特点是，流氓阶层与专制权力高度结合，变成了专制权力的打手和工具。能当上官的绝顶聪明之人毕竟是少数，更多的人，选择攀附于官员和权贵，为他们所驱使，替他们办事，于是出现了一个特殊的土豪恶棍阶层。在他们之下，则是以捞点残渣剩饭为生的充当打手的无赖流氓。《元典章》说："一等骤富豪霸之家，内有曾充官吏者，亦有曾充军役杂职者，亦有泼皮凶顽，皆非良善。以强凌弱，以众害寡，妄兴横事，罗摭平民，骗其家货，夺占妻女，甚则伤害性命，不可胜言，交结官府，视同一家，小民既受其欺，有司亦为所侮。非理害民，纵其奸恶……"就是说，那些最有权势的大户，家里都养着当过官吏或者做过军人的帮闲，还有泼皮凶顽之人。这些人专门以强凌弱，骗人家财，夺人妻女，做尽坏事。

元代权豪势要驱使流氓为非作歹的记录比比皆是。"至元二十年（1283年）十一月二十日，中书省奏：哈剌章富强官豪势要人每根底放利钱呵，限满时将媳妇孩儿、女孩儿儿女拖将去，面皮上刺着印子做奴婢……"就是说，权贵们以流氓打手为帮手，放高利贷，到期还不上，就将人家的媳妇儿女面上刺字，充作奴婢。"红贴粮者，成宗大德五年（1301年）始行。初，赈粜粮多为豪强嗜利之徒，用计巧取，弗能周及贫民……"朝廷本来制定了周济贫民的政策，结果这些粮食都被豪强流氓们用歪门邪道弄走了。"诸豪横辄诬平人为盗，捕其夫妇男女，于私家拷讯监禁，非理陵虐者……"他们诬良为盗，私设公堂，严刑逼供，恣意凌虐。因此社会混乱，民不聊生，怨声载道。元代的泼皮无赖是如此之多，以至元朝皇帝不得不专门命人研究对泼皮无赖横行的处理意见。

五

中国文明发展到元代，出现了一个前所未有的局面：上层文化遭遇到了毁灭性打击，下层文化或者说俗文化首次取代雅文化，成为主流。徐子方在《元代文化转型与古典文学》中说："翻开一部中国文学史，即不难感受到，一直处于正宗主流地位的诗歌散文，到了元代即一下子失掉了无可争议的优势，其黄金时代是一去不复返了……而且不仅在元代，即使这以后的明清两朝，尽管还有不少作家作品产生，但诗歌、散文的衰落已是无可挽回，作为文学发展中的主流地位它是永远地丧失了，取代它的古代戏曲一下子由过去被鄙视、一直处于非正统世俗地位而跃居传统诗文之上，成为时代文学之主流。"

元代是中国历史上绝无仅有的上层文化遭遇彻底破坏的时代。在以前的中国历史上，即使在目不识丁的武人统治时代，将军们也都承认文字是需要敬畏的。而马背上的异族根本不能了解汉文化的价值。忽必烈就曾发出疑问："汉人惟务课赋吟诗，将何用焉？"虽然后来忽必烈决定以汉法治汉人，但是对汉人的礼法传统，始终不予重视："（世祖）忽必烈篡江南后，一应渐习，僭行大宋制度……终非其本心。故辫发囚首，地坐无别，逆心恶行，灭裂礼法，卒不能改也。"

蒙古统治者能理解的是工匠、大夫甚至算卦先生的重要性。从成吉思汗到忽必烈，蒙古大汗在屠城时，无一例外地要求保存工匠们的生命。但是他们从来没有要求保证读书人的性命。在征服中国的战争中，大量的文化典籍已经毁于战火，那些名臣儒士也被残杀大半。在元朝建立后，出于对汉族文化的畏惧心理，统治者切断了汉族士大夫的人生前途，政府明确规定，各级政府的主官（达鲁花赤）必须由蒙古人充任。科举制一度被取消，部分恢复后也形同虚设，有元一代，由科举入仕者一共也不过千余人，当了官也不过是政治摆设。汉族知识分子的地位在历史上头一次从

"四民之首"跌落到了"十丐九儒"的地步。

汉族精致高雅的上层文化对蒙古人没有吸引力。来到汉地之后，蒙古人所能理解和欣赏的，只能是汉人的俗文化。最能吸引蒙古人的是戏台，即使是在汉语不纯熟的时候，蒙古人也能大致看懂戏的内容，更何况以后文人们刻意逢迎蒙古人的喜好，编写了许多适合他们口味的作品。因此，戏曲业在元代获得空前的繁荣，就在情理之中了。"在元朝这一民族文化交融广泛展开的大背景下，蒙古民族作为统治民族，其审美观势必对作为俗文学的元杂剧产生影响……元杂剧的审美趣味是汉族下层人民和以蒙古族为主的少数民族人民的审美趣味的有机结合，以酣畅、本色、拙野为主要审美特征。"成为"老九"之后的读书人只能与戏子娼妓等打成一片，成为戏曲创作的主力，以此换碗饭吃。因此，元曲成为元代文化最辉煌的成就。

宋代底层文化和上层文化的交融是健康可喜的，它并不是一种文化革命式取代另一种文化的过程，而是相互吸取，相互激发。而元代却是俗文化压倒雅文化的时代。扎拉嘎说："在元代以后，中国古代文学结构进入到俗文学为主体的时代。"从雅文化到俗文化的转变，是中国文明发展的一个至关重要的转折。

俗文化包含着人性解放等许多平民社会的健康要求，有它清新、自然的一面，但是也传承了底层文化的大量负面因素。我们仅以产生于元代的《水浒传》为例。底层文化对暴力有一种病态崇拜，《水浒传》那些好汉中有许多人热衷于过度使用暴力。在梁山泊好汉中，被誉为"革命性最彻底、反抗性最坚强的一个"的李逵，在劫法场的过程中，"火杂杂地抡起大斧"，只顾砍看热闹的百姓。从城内直杀到江边，血溅满身，兀自不休。晁盖叫道："不干百姓事，休只管伤人。"结果"那汉哪里来听叫唤，一斧一个，排头儿砍将去"。这种反人类的罪行，在这部书里却被当成英雄行为刻意渲染。

梁山好汉们从不掩饰他们对财富的向往。因为对底层人来说，生存、温饱、发财永远是他们最迫切的欲求。许多好汉上梁山的动机很简单，就是“论秤分金银，异样穿绸缎，成瓮吃酒，大块吃肉”。连整部《水浒传》中最为正面的人物之一鲁智深，在桃花山不辞而别时也没有忘记把金银酒器踏扁了裹在包袱里顺走。这种行为在上层文化中是不被认同的，但对最底层的人来说，却天经地义。

梁山好汉们的义气，在今天看来，其实不过是一种帮派意识。这种义气所施的范围只是自己的兄弟。只要是兄弟，干什么都是对的。戴宗在江州做狱吏，欺压犯人，逼勒财物，作威作福；张青孙二娘开人肉包子铺，专取过往客商性命。这在任何主流文化中都是不能容忍的犯罪行为，在《水浒传》中，却被称为是好汉的作为。原因很简单，因为他们后来上了梁山。

水浒英雄们的妇女观更令人绝望。《水浒传》中提到某人喜爱习武，肯定要附上一句“不爱女色”。如晁盖“最爱刺枪使棒，亦自身强体壮，不娶妻室，终日只是打熬筋骨”。卢俊义“平昔只顾打熬气力，不亲女色”……《水浒传》中的年轻妇女很少有好下场，连女英雄扈三娘也被指婚。拥有海棠容貌的她被许配给矮小丑陋又好色的王英，她的反应是“低首伏心，了无一语”，木然处之，这种描写显然反映了底层民众对女性的要求。

通俗文学因其巨大的影响力，对整个民族素质的影响是不可忽视的。《水浒传》一出现便拥有了大量读者，上自皇帝，下至贩夫走卒都不乏“水浒迷”，到今天为止，仍然是影响最大的俗文学作品之一。正如鲁迅所说：“我们国民的学问，大多数却实在靠着小说，甚至于还靠着从小说编出来的戏文。”对于文化水平不高的普通民众，他们的价值观念、是非判断，都受到从小接触的俗文学、俗文化的强力塑造。因此，俗文学取代雅文学，成为中国文化的主流，无疑是中国人国民性演变史中的一个关键转折点。

第二节　承上启下

一

宋朝和明朝相隔仅八十九年。朱元璋建立明朝的时候，打的是“日月重开大宋天”的旗号，宣传他要恢复宋代的开明统治。然而这两个紧邻朝代事后却被证明处于中国汉人王朝发展史上的两个极端：一个登上了文明的顶峰，一个则沉沦到野蛮的谷底。

按照我们大部分人对历史的理解，历史是“进化”的，至少是“螺旋式上升”的。然而对比明代和宋代的历史，我们发现完全不是如此。

如前所述，宋代中国基本已经废除了奴隶制，改为雇佣制。然而读《金瓶梅》等明代文学作品，我们可以发现，到了明代社会，野蛮的奴隶制再度盛行。

明代的罪犯可以被官府发卖为奴。《金瓶梅》中，西门庆的四妾孙雪娥和仆人私奔被捉，就被“当官发卖”为奴。后来被周家花了八两银子买到家里，成为“烧火做饭”的使女。明代主人可以像财产一样，把奴婢随意送人或出卖。比如苗员外就把自家的两个歌童送给了西门庆。西门庆家里的春梅原来是花“十六两银子买的”，西门庆死后，吴月娘叫薛嫂仍以十六两银子卖出去。明代主人可以随意打骂、体罚奴婢，而奴婢却不得反抗，《金瓶梅》中奴婢被虐待的情节出现多次，潘金莲尤其精于此道。

抛开小说，考诸史实，明代奴隶制复活的记载更是随处可见。明律规定，官吏犯有“十恶”，不分首从，凡年满十六岁以上男性均处以死刑，十五岁以下以及女性均籍没为奴。朱元璋兴胡、蓝之狱，连坐族诛功臣及其亲属四万余人，其妻女大都罚没为奴。比做普通奴隶更可悲的是做性奴。朱棣诛杀建文帝余党，齐泰、黄子澄、方孝孺等被株连九族、十族。女性家属大多籍没为性奴，发入教坊。《国朝典故》记载："铁铉妻杨氏，年三十五，送教坊司，茅大方妻张氏，年五十六，送教坊司。张氏旋故，教坊司安政于奉天门奏，奉圣旨：分付上元县抬出门去，著狗吃了，钦此。"《南京法司记》记载："永乐二年十二月，教坊司题卓敬女杨奴、牛景妻刘氏，合无照依谢升妻韩氏例，送淇国公转营奸宿。"清章学诚评论说："前朝虐政，凡缙绅籍没波及妻孥，以致诗礼大家，多沦北里。"

为什么会出现这样断崖式的文明倒退呢？很显然，这是元代承上启下的结果。

按蒙古军制，战争俘掠的人口，多为军人私有财产。因此有大量平民在元代征服战争中被掳为奴隶。翻开元史，这类记载在史籍中到处可以见到。比如镇海攻西北诸国，俘生口万计。塔思攻金，俘生口数万。杨大渊攻合州，"俘男女八万余"。阿术入南郡，"俘生口五万"。刘整"钞略沿江诸郡"，"俘人民八万"。阿里海牙在长江沿岸俘虏十万，等等。

元太祖十年，木华黎初次攻取东京路（治今辽宁辽阳市）时，该地有"户十万八千"，到了宪宗二年，此地入籍户数仅三千多人，只占原有户数的百分之三。除了死亡逃离等因素，更主要的是大部分民户都变成蒙古勋贵的"私属"了。

因此元代是中国历史上奴隶制大面积复活而且极为兴盛的时代。元代奴婢数量极大，"元代奴婢之数已不可确考，最保守的估计，也不会少于百万户"。"隐占佃客未纳入户部版籍者，其数约当于奴婢，亦在百万户左右。"

除了战争中的掳掠以外，元代奴隶还有很多其他来源。比如犯罪者可被罚为奴隶。蒙古人偷盗他人牲畜，被抓后可以用自己的女儿或者"驱人”顶替。欠高利贷还不上也可以被罚为奴隶。至元二十年，中书省奏折说，有势力者放利钱，借款人还不上，就将其妻子儿女拖走，在脸上强行刺字做奴婢：“限满时，将媳妇、孩儿、女孩儿拖将去，面皮上刺着印子做奴婢有。”元代奴隶可以自由买卖，所以一遇水旱灾害，卖身为奴的现象极为普遍。武宗至大元年，“江浙饥荒之余，疫疠大作，死者相枕籍。父卖其子，夫鬻其妻，哭声震野，有不忍闻。”（《元史·武宗纪》）

元代主奴关系的法定性质是十分明确的，驱奴“与财物同”，是属于主人的财产。元代初期规定，“奴有罪者，主得专杀”（《元史·列传第十二》），就是随便打杀。后来又规定，“诸奴殴詈其主，主殴伤奴致死者，免罪”（《元史·刑法志》），其实也可以理解为格杀勿论。主人有过或犯罪，奴婢如果跑到官府去告发，则被视为犯上：“禁父子骨肉、奴婢相告讦者。”（《元史·列传第五十一》）

元代奴隶是世袭的。《南村辍耕录》卷十七载：“盖国初平定诸国日，以俘到男女匹配为夫妻，而所生子孙永为奴婢。……又奴婢所生子，亦曰家生孩儿。”“家生孩儿”到了清代，叫法演变成了红楼梦中的“家生子”。元代“诸良家女愿与人奴为婚者，即为奴婢”（《元史·刑法志》）。就是说，良家女子要是爱上了奴隶，愿意和他结婚，那完全可以，但是前提是你从此也就变成了奴隶，子子孙孙世代为奴。

这些原则都被明代继承下来，明代主人也可以随意虐杀奴婢。比如《金瓶梅》中描写男仆周义“盗了些金银细软”逃走，被主人的兄弟周宣抓住，“拿到前厅，不备分说，打了四十大棍，即时打死”，也没被追究。明代奴婢同样“世袭”，明代社会存在大量的家生奴婢，畜养奴婢之家，将婢女配与男仆者不少，而他们的子孙亦为主家的奴婢。《明律》规定：奴婢不能控告主人，奴婢不能随意结婚。因此明代奴隶现象复活，基本上是继承了元代的政治遗产。

二

从汉代到宋代，中国专制政治制度一直在进行着自我调整，逐渐形成了皇帝与高级官员共治天下的观念。汉代就已经有了与文臣共治天下的思想萌芽。“汉宣有言，与我共治者，惟良二千石。”魏晋时代，强大的士族力量更是对皇权形成巨大的约束。唐代的封驳制度正是在门阀传统下形成的。唐制规定，皇帝下发诏敕，必须首先经过门下省审核，门下省如果认为有失宜之处，可以封还不发，有错误者则由给事中驳正。

宋代是君主集权制发展的高峰。但是与此同时，文臣对君权的制衡也达到前所未有的高峰。姚大力认为，唐宋两朝皇帝制度中，存在着“专制君权持续强化”和“限制君权的制衡程序同样在增强”两种趋势，彼此构成一种“张力”，保证了宋代政治文明向前发展。

而到了元代，这种“张力”却遭到破坏，元代君臣关系出现了重大倒退。

元朝建立之前，蒙古社会基本上还处于马克思主义史学所谓的“奴隶制时代”。草原贵族，无论地位多高，功劳多大，在黄金家族面前，地位都是奴隶而已。成吉思汗把手下功绩最著的几名战将称为 “四马”和“四狗”，说他们是“我的能干的、尽心竭力的奴仆，是我的神箭手，我的快马，我的手上的伶俐的鸟儿，我的拴到马鞍上的猎狗”（《史集》）。而蒙古贵族们对待大汗，也完全如同奴隶伺候主人一样，认为自己与草原上的“孛斡勒”（蒙语含义是“会说话的工具”）并没有本质上的不同，甚至还以此为荣。所以到了元朝，那些朝廷上的高官显贵，都以自己出身于皇帝的“老奴婢根脚”自豪，说自己因此才“不比别个的有”。元仁宗在加封答剌罕的圣旨中也特意说：“他是老奴婢根脚有，台里在意行来。”这一点和后来清代满洲官员把在皇帝面前自称“奴才”视为特权是一个心理动因。

大蒙古国大汗无论对贵族还是对奴隶，拥有同样的至高无上、生杀予夺的权力。大蒙古国人对此也视为天经地义，习以为常，但是外来的观察者却通常会感到惊讶不已。出使蒙古的欧洲传教士加宾尼记载说："鞑靼人比世界上任何别的人更服从他们的主人，他们对主人们表现极大的尊敬，并且不对他们说一点谎话"；"鞑靼皇帝对于每一个人具有一种惊人的权力。……一切东西都掌握在皇帝手中，达到这样一种程度，因此没有一个人胆敢说这是我的或是他的，而是任何东西都是属于皇帝的。……不管他给予他们什么命令，不管什么时间，什么地点，不管这命令是要他们去作战、去生或去死，他们都绝对服从，没有一个字的反对。即使他要求他们的未婚的女儿或姐妹，他们也把她奉献给他，不出一句怨言"。时代稍晚一些的波斯人志费尼也评价大蒙古国臣民的"服从和恭顺，达到如此地步：一个统帅十万人马的将军，离汗的距离在日出和日没之间，犯了些过错，汗只需派一名骑兵，按规定的方式处罚他。如要他的头，就割下他的头，如要金子，就从他的身上取走金子"。

元朝建立之后，这种草原上的森严的主奴关系自然就转化为朝廷上的君臣关系。"当皇帝宣布了他的决定之后，任何人要对任何事情提出任何意见，是不可能的，也是风俗所不许可的。"元朝皇帝有时会将贵族径自称为奴婢，而大臣们在主人面前也公然自称奴婢。正如郑思肖所说："诸酋称虏主曰'郎主'，在郎主傍素不识'臣'，唯称曰'觧奴婢'。'觧'者至微至贱之谓。"

我们可以在文献中看到，南宋降将范文虎在至元十七年廷奏中自称"奴婢"：

伯安歹、李占哥招收已前做罪过私投亡宋蒙古、回回、汉儿诸色人等圣旨有来。如今出来底也有，不出来底多有。乞降圣旨，委付奴婢并李拔都儿再行招收，尽数出来底一般。

至元三十一年(1294年)五月，御史台蒙古官员们在给新即位的成宗皇帝的上奏中称自己为“歹奴婢每”：

如今皇帝新即位，歹奴婢每比之在前更索向前用心出气力。

至正四年(1364年)，御史台首席大夫伯撒里改任太保，原御史台第二大夫也先帖木儿递补为首席大夫。他上奏谦让云：

奴婢年幼事上，不省得上位可怜见着，自从台里第二大夫名分委付的其间，“自己不能”的意思奏么道，想着有来。

这种叫法一直保持到元末。元末权臣脱脱第一次辞相位后赴甘州侍亲，父亲马札儿台死后他回到京师。召对之际，他称顺帝“郎主”，说：“郎主使奴婢侍亲，今日幸亲终服阕，故来尔。”（《庚申外史》）

在君臣地位如此悬殊的情况下，元王朝对以前中原王朝已经发展出来的那些制衡君权的有效制度自然不可能加以采用，元代没有恢复具有封驳权的门下省，不设谏官，重要政策多用蒙古文直接发出，不必经由中书省。因此元代成为一个皇权单方面膨胀的朝代。

这一趋势被明代继承下来，并且青出于蓝而胜于蓝。朱元璋不但没有恢复唐宋制度中那些对君权的约束因素，甚至还进一步直接废掉宰相和相权，仅保留“内朝”御用秘书班子，这与元朝“家臣治国”的习俗出自一体。明代皇帝多恣意妄为，非常任性，处处流露着“我家天下任我为之”的蛮横心理，也与元朝“家产制国家”的皇权观念一脉相承。

唐宋两朝对大臣基本不用污辱性刑罚，宋代更是“待士大夫有礼，莫如本朝”（《孔氏杂说》）。而来自北方草原的蒙古统治者，头脑中并没有“刑不上大夫”的儒家教条，在蒙古人眼中，不论官职大小，无非“皇帝之怯怜口”，因此元代宫廷中有随意鞭打大臣的习俗。元代皇帝可以下令在朝堂上公然对大臣行“批颊”之罚。有人评论说：“受虏爵人，甲可挞乙，乙可挞丙，以次相制，至为伪丞相亦然。挞毕，仍坐同治事，例不为辱。”（《郑思肖集·大义略叙》）吴晗则说，在蒙古人统治下，“朝官一有过错，一顿棍子板子鞭子，挨不了被打死，侥幸活着照样做官”。元代著名书法家赵孟頫任兵部郎中时，就因为上班迟到，被断事官拉去受笞。

这种制度到了明代，被发扬光大成了著名的“廷杖”。明代“果于戮辱，视士大夫若仆隶”。廷杖作为明代的“国粹”和法外刑，“杀人至惨，而不丽于法”（《明史·刑法志》），从明初一直打到明末亡国，形成明代政治的一大特色。

三

从汉到宋，中国政治制度的另一大进步是解决了藩王之患。从刘邦、汉武开始，历代皇帝为了解决分封制对政治稳定的威胁，想尽了办法。付出了“七国之乱”“八王之乱”等巨大代价之后，终于在制度上取得了有效成就。唐朝“自中叶以来，皇子弟之封王者不出閤，诸臣之封公侯者不世袭，封建之制已尽废矣”。到了宋朝，更进一步，“皇子之为王者，封爵仅止其身，而子孙无问嫡庶，不过承荫入仕为环卫官，廉车节钺，以序而迁，如庶姓贵官荫子人仕之例。必须历任年深，齿德稍尊，方特封以王爵，而其祖、父所受之爵则不袭也”。北宋中期甚至出现“宗姓几无一王”的局面。因此唐宋两朝没有出现藩王之乱。

但是到了明朝，这一政治演进成果得而复失。朱元璋对历代藩王之乱的前车之鉴视而不见，固执地让他的孩子们分享皇帝的权力。他的孩子都被封为亲王，拥有雄厚的兵力，“带甲八万，革车六千”，以此防止帝国大权落入外姓之手。大臣们指出他封建诸王之策的严重弊端，他却认为这是离间他的骨肉，把谏言者抓来囚死狱中。这一决策终于酿成了靖难之乱。有明一代出现多次藩王造反，造成巨大政治动荡。

朱元璋对任何人都刻薄寡恩，唯对自己的亲人奉之唯恐不厚。他规定了历代以来最薄的官俸，同时又规定了历代最厚的皇族俸禄。他规定他的亲属和后代们都要世世代代安享富贵，不必从事任何职业，以至皇族的供应成了明中期之后帝国最沉重的财政负担，成为导致明帝国崩溃的一个重要原因。

这些做法其实也深受元代影响。元代“太祖皇帝初起北方时节，哥哥弟弟每商量定，取天下了呵，各分地土，共享富贵”（《元典章》）。成吉思汗建国后，将大蒙古国这份庞大的家产在家族内部进行了分配并世代承袭。诸王的草原分封实体又称为“兀鲁思”（汉译“人众”或“国家”），他们对兀鲁思属民有绝对支配权，可以在兀鲁思领地内将属民再行分封给自己的子弟。

元代还实行对亲贵厚赐制度。蒙古大汗以厚赐换取亲人们对自己的支持。其中最慷慨的要数窝阔台，他每次军事征伐所得，或者是十路课税收入，只要遇到忽里台开会，就下令打开国库，让宗王贵族尽情领取，无甚限制。元朝“宗王驸马，通称诸王，岁赐之颁，分地之入，所以尽夫展亲之义者，亦优且渥”（《元史·诸王表》），“有分地人民赐与之厚，有车服官府符信封谥之贵，有使命往来之礼，有奉命征讨之事，有训敕防闲之禁”（《经世大典》）。宗亲贵族的特权地位远高于唐宋。这些都被朱元璋无意识地继承下来。

除此之外，元朝从制度上对明朝潜移默化的影响还所在多有。比如元代实行怯薛宿卫并组成“内朝”，协助皇帝实施最高决策并处理机务。明代也存在宦官组成的“内朝”，对朝政影响极大。元代怯薛近侍与大汗之间，本质上是草原贵族君主与那可儿（伴当）的主从隶属关系。而明代万历皇帝也直称太监冯保为“大伴”，意即“大伴当”。明代宦官内部“各家私臣”和层层奴化的秩序，也明显受到元宫廷怯薛组织内的“门户奴隶”主尊奴卑及“重台”、“人奴之奴”等习俗的影响。

四

唐宋时期中国已经形成“农民脱离贵族或国家的束缚”的趋势。宋代以前，中国很长时期内实行土地国有，国家实行均田制，对人的身份做出明确规定和限制。而到了宋代，中国社会“士、农、工、商”的四民秩序已经出现很大松动，宋代均田制被废除，土地可以自由买卖，成为私有财产。佃户与地主是契约关系，佃户可以自由更换地主，任意徙居。这在以前的中国社会是少有的现象。因此宋代城市之繁荣，全国乃至国际贸易的发达，社会财富的增加，都是以前不可比拟的。

而元代统治的另一大特色是将被征服的百姓强制分成不同户籍。蒙古早期国家是单一的游牧制，随着军事征服不断扩大，为了便于管理，他们把被征服民族按职业划分类型，并且要求世袭罔替。如种田的称为民户，充军役的称为军户，充站役的称为站户，煮盐的称为盐户或灶户，充工匠的称匠户。其他还有打捕鹰房、也里可温（景教徒）、和尚（僧人）、先生（道士）、答失蛮（穆斯林）、儒户、医户等分类，“各务本业”，“各有定籍”，按照职业户计名色为官府提供劳役。

全民服役，无疑意味着百姓对官府的人身依附关系的再度恶化。因此何兹全说：“从社会发展史的角度来看，元代社会是中国社会发展史中的一个变局。……蒙古人……把人身隶属关系和奴役制普遍地披在汉人社会上面。他们把全社会的人民都看作皇帝、贵族吃粮当差的被役使的人户。”萧启庆说，元代的户籍制度“妨碍各阶层的自然流动与发展”，是“一股逆流”。

虽然朱元璋赶走蒙古人，在中国历史上被称为“汉族的光复”，然而他却全面继承了蒙古的户口世袭制。他把全国人口分为农民、军人、工匠三大类，在三大类中再分若干小类，比如工匠之中，还分为厨子、裁缝、船夫等。职业先天决定，代代世袭，任何人没有选择的自由。比如，如果你是军人，那么你的子子孙孙世世都是军人，除非做官做到兵部尚书一职，否则不许脱离军籍。同理，如果你爸爸是裁缝，那么你和你的后代永远都得以裁缝为生，不管你是六指还是残疾。

周良霄先生在他的《元代史》一书序言中说：

“元朝还有它的消极方面。……在我们看来，更主要的问题还在于在政治社会领域中由蒙古统治者所带来的某些落后的影响，它们对宋代而言，实质上是一种逆转。这种逆转不单在元朝一代起作用，并且还作为一种历史的因袭，为后来的明朝所继承。它们对于中国封建社会后期的发展进程，影响更为持久和巨大。……明代的政治制度，基本上承袭元朝，而元朝的这一套制度则是蒙古与金制的拼凑。从严格的角度讲，以北宋为代表的中原汉族王朝的政治制度，到南宋灭亡，即陷于中断。”明末思想家黄宗羲也说：“夫古今之变，至秦而一尽，至元而又一尽。经此二尽之后，古圣王之所恻隐爱人而经营者荡然无具。”

第十一章
“流氓化”的大明王朝

一

提到明代的国民性，我首先想到的三个字就是“流氓气”。

明代社会的最大特点是很多社会阶层都呈现出“流氓”面貌。

首先是皇帝们。开国皇帝朱元璋出身流氓，这是尽人皆知之事。朱元璋最喜欢的肖子朱棣，表面上慷慨仁慈，处处以唐太宗为法，骨子里其实也是一个彻头彻尾的流氓。正史记载，当大臣汇报说他的政敌的女儿们“平均每天被二十条汉子轮奸。年小的都怀身，节除（夕）夜生了个小龟子，又有个三岁的女儿”时，朱棣哈哈大笑，说道：“依由他，小的长到大，便是摇钱的树儿。”

明武宗朱厚照更是著名的“流氓皇帝”，他不爱读书，不认识多少字。在位短短的十几年间，曾收有百余名流氓做义子。他在出巡路上，和大臣抓阄比酒，自己输了却不认账。在扬州城到处追逐处女和寡妇，在清江浦把自己钓的鱼卖给臣下，要价奇高，弄得有的大臣几乎破产……

他的继承者明世宗则是性变态，公开命大臣们进献春药，有时一天临幸多达数十人。他派人到民间强抢了一千零八十个八岁至十四岁的幼女，来炼制“元性纯红丹”。为了采得足够的炼丹原料，他强迫宫女们服食催经下血的药物，许多人因失血过多甚至血崩而死……

我们再来看王公贵族。朱元璋的儿子们大半都有流氓性格。洪武初年，封在山西不久的晋王，威逼民间女子入宫，不中意者打死烧成灰送出宫外；将七至十岁的幼男阉割一百五十多名，伤痕尚未痊愈，就令人送到府内，致使多名幼童死亡。朱元璋十三子代王，“早年作了许多蠢事不必说了，到了头发花白的年纪，还带着几个肖子，窄衣秃帽，游行市中，袖锤斧杀伤人，尽干些犯法害理的勾当”。末子伊王“封在洛阳，喜欢使棒弄刀，成天挟弹露剑，怒马驰逐郊外，人民逃避不及的亲手斫击。又喜欢把平民男女剥光衣服，看人家的窘样子，以为笑乐”。（吴晗《朱元璋传》）

到明代中后期，朱氏后人这种流氓气愈演愈烈。伊王传了六代到了六世孙朱典模时，有一次忽然把洛阳城门关闭，派人在城中大抢民女。共抢得七百多人，留下九十人供他玩乐，其余的则叫其家人用银子来赎。代王朱桂的后代也绍承家风。他的孙子辅国将军朱仕则，强占寺庙财产，被僧人告到地方官那里，巡按御史因此上疏参了他一本。朱仕则闻听此事，怀里藏了一把小刀，直奔巡按御史衙门，要求御史为他平反。御史不准，他从怀中抽出小刀，麻利地割下自己的右耳，扔到御史怀里，然后一个“撞羊头”把御史老爷撞个倒仰，把这位御史老爷弄得狼狈不堪，无法招架。最后还是衙门里人多，连推带劝，总算把这位瘟神弄走了。

明代其他勋戚贵族大半都在地方上胡作非为。贵族阶层流行的发财方式是收养大批黑社会成员，把持行市，霸占渡口，强行收税。翊国公郭勋即以黑吃黑而闻名史册。甚至于孔圣人的后代，历代衍圣公中，也出现了很多流氓成性的人物，比如孔弘绪贪淫暴虐，奸淫乐妇四十余人，还无故勒杀一人……

二

看了以上数例，你也许会说皇帝王公们荒淫贪婪，历代皆然，明代不过是特别突出罢了。那么以下现象，则是历朝历代很少出现的风景，那就是连官员阶层、和尚道士以及知识分子，也呈现出流氓化面貌。

我们先来看官员。

明代正统以后，从朝廷首辅到普通官员，争相向皇帝献房中术以邀宠，成为中国历史上从来没有过的一道奇景。为了投皇帝所好，搜集各种房事秘方、炮制各式房中药的风气流行于官场之中。甚至一代名将胡宗宪因贪污被指控后，也不得不“献秘术十四，帝大悦”。（《明史》卷二百五《胡宗宪传》）

中国历史上虽然屡有太监之祸，但士大夫们总还保持着表面上的尊严，不至于在太监面前卑躬屈膝。但在魏忠贤时期，很多三甲出身的资深文臣，都甘心拜倒在大字不识一个的魏忠贤脚下。进士翰林出身的顾秉谦以内阁首脑的身份，竟然在一次家宴中对魏忠贤叩首说：“本欲拜依膝下，恐不喜此白须儿，故令稚子认孙。”拐弯抹角地硬要给魏忠贤当干儿子。另一位曾以兵部侍郎衔总督川贵的张我续更有高明的办法，他因为有一个婢女是魏忠贤的本家，于是“加于嫡妻之上，进京八抬，称‘魏太太’”，公然以魏家姑爷自居。

魏忠贤“阉党”成员大部分都是进士出身，饱读四书五经，这些人居然都各有诨号，其形式如同一个黑社会团体：“当此之时，内外大权一归忠贤……外廷文臣则崔呈秀、田吉、吴淳夫、李夔龙、倪文焕主谋议，号‘五虎’。武臣则田尔耕、许显纯、孙云鹤、杨寰、崔应元主杀戮，号‘五彪’。又吏部尚书周应秋、太仆少卿曹钦程等，号‘十狗’。又有‘十孩儿’‘四十孙’之号。而为呈秀辈门下者，又不可数计。自内阁、六部至四方总督、巡抚，遍置死党。”

再来看僧道集团。明代的和尚道士们结交衙门、吃酒赌钱、靠诈骗为生，形成了一股风气。有打油诗说：“三件僧家亦是常，赌钱吃酒养婆娘。近来交结衙门熟，篾片行中又惯强。”嘉靖年间的陶仲文、段朝用等人，以长生之术为名，骗取皇帝的无数金银，师徒之间因为分赃等原因相互揭发，甚至杀死对方的家人。（《明史》卷三百七《陶仲文传》，同卷《段朝用传》）龙虎山张真人张元吉，经常强夺民间妇女，榨取百姓财物。一有小愤，张真人就“指以伪造符录，棰之至死”，前后杀死四十余人……

明代士人的无赖化更是普遍。管志道评论说，秀才们“一呼则数十成群，强府县以理处法外不可从之事。稍拂其意，则攘臂奋袂，哄然而起，提调官莫可谁何。于是‘蓝袍大王’之号兴，而贤者却为不肖者所累矣”。所谓“蓝袍大王”，是因为秀才穿的是青衿。很多秀才替人包打官司，有了“讼癖”，而所讼者均无中生有，只不过是敲诈钱财而已。秀才们“尊访行为父母，结衙蠹为前辈”，结为一体，“终年以讼为疗贫之药”。秀才们流氓化倾向如此严重，以致明代一则笑话说，凡市井之人相争斗，则曰，我雇秀才打汝！（以上参考陈宝良《中国流氓史》）

至于底层政权，其流氓化程度当然更深。明代小说中最有名的人物西门庆，就是底层社会精英流氓化的典型代表。他虽然不过是破落商人之后，又“不甚读书”，但因为有流氓手段，因此在地方上十分吃得开：“只为这西门庆生来秉性刚强，作事机深诡谲，又放官吏债，就是那朝中高、杨、童、蔡四大奸臣，他也有门路与他浸润，所以专在县里管些公事，与人把揽说事过钱，因此满县人都惧怕他。”他通过行贿，买通当朝太师蔡京，就轻而易举地由一介流氓变成金吾副千户。

正如《金瓶梅》中所描写的，明代地方政府中，具体办事人员也大多是流氓。基层衙门吏胥的流氓化，达到了骇人听闻的程度。明代通俗文学中，出现了大量的专靠吃衙门饭谋生的流氓地痞形象。如《禅真逸史》第二十一回："何老妪有一兄弟姓曾名仙，是本县罢吏，也是个熝不烂的闲汉，他有三件事，人不能及。第一件，一张好口，能言善辩；第二件，一副呆胆，不怕生死；第三件，两只铁腿，不惧竹片、衙门，人取他一个浑名，叫做'曾三绝'。"

三

明代社会流氓化的根子，当然是大明王朝的开创者朱元璋。

流氓这一生存方式虽然令人不齿，然而一旦出现，即在社会中迅速蔓延，盖因它拥有强大的生命力。流氓精神的核心是十六个字：不讲规则，没有底线，欺软怕硬，不择手段。因为不择手段，它的身段异常柔软油滑。因为敢于泼胆使用暴力，所以它的威慑力非常强大。因为肮脏下作，所以它可以使正人君子主动退避，将生存空间让给它。它又因为狡诈机变，时刻可以披上"义气、豪爽"的外衣，所以如同变色龙一样可以适应不同的环境……

流氓这个物种出现之后，很快就获得了生存优势。流氓手段成为追逐权力必不可少的工具。

秦始皇之后的历代开国皇帝，除了北魏隋唐等有少数民族血统者之外，几乎都有着或浓或淡的流氓气：

汉高祖早年就是一个小流氓，就像司马迁那部文笔生动的《史记》中记载的那样：（高祖）从小游手好闲，不事家人生产作业。成年后，做了小吏，成天和那些衙役们勾肩搭背，"廷中吏无所不狎侮"，好酒及色，又没钱，便跑到酒铺赖酒喝。

刘邦的本家刘备是个织席小贩，没什么文化。"先主不甚乐读书，喜狗马音乐、美衣服……少语言，善下人，喜怒不形于色。好交结豪侠，年少争附之。"其素质作为颇类当今黑社会小头目，故能结识关、张，共同起事。

南朝的第一个开国皇帝刘裕“家本寒微，住在京口，一直以卖鞋为业。为人剽悍，仅识文字，因好赌而破家，落魄至极”。

五代时五个开国皇帝均为流氓兵痞出身。十国的开国之君也大半如此，比如前蜀皇帝王建“少无赖，以屠牛、盗驴、贩私盐为事，里人谓之‘贼王八’”；吴越王钱镠“及壮，无赖，不喜事生业，以贩盐为盗”。

正史对大宋开国皇帝赵匡胤出身多有掩饰，其实他亦出身游民，其父流浪于杜家庄，做了当时谁都瞧不起的倒插门女婿。匡胤少而流浪四方，从军后才渐渐发迹。

…………

而朱元璋则是他们中最杰出的代表。朱元璋出身赤贫，又做过游方和尚，在社会上游荡过三年。晚年他曾颇为得意地对自己的子孙们说：我“阅人既多，历事亦熟”，“人之情伪，亦颇知之”。（1959年，毛泽东谈论刘邦的成功时说：“刘邦能够打败项羽，是因为刘邦和贵族出身的项羽不同，比较熟悉社会生活，了解人民心理。”）三年的流浪生活毁灭了朱元璋的道德底线。“人不为己，天诛地灭”成了他的生命哲学。在个人奋斗和治理国家的过程中，朱元璋多次表现出他的流氓意识。

还从来没有哪个王朝，在开国之初的制度设计中，将自己的自私表现得如此不加遮掩。开国之初，百姓贫困，朱元璋为禁止官吏们过度剥削，在诏书中打了个生动的比方：“且如人家养个鸡狗及猪羊，也等长成然后用，未长成，怎么说道不喂食，不放？必要喂食看放有条理，这等禽兽畜牲方可用。”在朱元璋眼里，自己是天下的主人，普天下的人民都是他的所有物，是他可以计数的财富，可以由他任意处置。朱元璋制度设计的核心理念，就是打造一个坚固的笼子，把这些鸡狗及猪羊牢牢关在里面，没有一丝一毫逃逸作乱的可能。

朱元璋继承了元朝的户口世袭制后，又创立了中国历史上最严格的户籍管理制度。在大明王朝，每个人一生下来，就会被政府登记在户口簿上。长成之后，子承父业，一辈子不许随便迁移。“如今士农工商都要各守本业，医生和算卦的只能在本乡活动，不得远游。”如果你因为天灾人祸在出生地生活不下去逃往他乡了，那么“地方有关部门必然穷究你逃到何处，行文到那里，令当地官府捉拿你回原籍，依大明律问你的罪，命令你依然老老实实在原地居住，从事原来的职业”。

如果大明天下的百姓迫不得已想到外地办事怎么办？朱元璋想出了一个好办法：开“介绍信”。如果需要出门，请你到官府登记，经过严格的审批手续后给你开“介绍信”，或者叫“通行证”，用当时的话来讲，叫作“路引”。朱元璋规定，全国人民，凡出门百里之外，就必须办理通行证。到每村每镇，吃饭投宿，都要检查通行证。

朱元璋尤其重视对知识分子大脑的控制。他规定：“一切军民利病，农工商贾皆可言之，惟生员不许建言。”这就杜绝了学生参与政治运动的可能。唐太宗通过科举制度，把全社会的智力资源集中到功名利禄这一个指向，限制了智力活动的多极多向发展。不过在唐宋两代，科举制毕竟还发挥了许多正面功能。而朱元璋的改革，将科举变成了一种灾难。他规定应试者只能写八股文，“专取《四子书》及《易》《书》《诗》《礼》《春秋》《礼记》命题。其文略仿宋经义，然代古人语气为之。体用排偶，谓之八股”。相对真知灼见，他更重视的是统一的规格，统一的口气，统一的思想，以此来造成格式化的知识分子。明清两代的读书人因此只能“以摘经拟题为志，其所切者，唯四子一经之笺，是窥是钻，余则漫不加省”，“自四书一经之外，咸束高阁，虽图史满前，皆不暇目”。

四

朱元璋治国措施的第二个核心，就是防止任何人觊觎他的权力。

为了便于管理，防止豪门巨户的出现威胁朱家天下的安全，在他统治的三十一年之内，朱元璋屡兴大狱，以种种借口，把全国的几万户豪门大户杀得所剩无几。到1397年，即他死前一年，户部向他报告，全国有七百亩以上土地的仅剩下一万四千三百四十一户，并且把其详细名单送呈这位多疑的皇帝御览。朱元璋松了一口气。

相对于富户，那些开国元勋的威胁当然更大。在朱元璋的统治后期，他精心策划了数次巨案，有效地清洗了当时上层社会几乎所有智商比较高、权力比较大的人。他们之所以头颅落地，原因很简单：他们的才智对朱元璋的家业稳固构成威胁。他杀人不眨眼，所杀的人从开国元勋到列侯大将、部院大臣、诸司官吏到州县胥役、进士监生、经生儒士、富人地主、僧道屠沽，以至亲侄儿、亲外甥，无人不杀，无人不可杀，一个个地杀，一家家地杀，有罪的杀，无罪的也杀，“大戮官民，不分臧否”。为了巩固权力，他对什么人都下得了手，甚至连自己的儿女亲家李善长也不放过。李善长是开国元勋，被杀时已经七十七岁，替朱元璋办了三十九年事，位极人臣，为人也老实本分，本以为能把尊荣富贵享到头，谁料朱元璋借口星象不吉，需要杀大臣应灾，李家及其妻女弟侄家七十余口被杀。由于需要杀的人太多，他也懒得编造像样的借口，后来就一律说他们“串通”“谋反”。

五

朱元璋以流氓手段治国的第三个表现就是大搞特务治国。因为出身卑贱又防范心重，朱元璋对治下的臣民表现出强烈的不信任心理。因此他对臣民们的一举一动一言一行包括私生活，表现出一种病态的关注。为了满足这种病态心理，朱元璋在中国历史上首创了类似秘密警察的特务组织——“锦衣卫”，用他们来监视全国臣民的一举一动，并且明目张胆，毫无顾忌。锦衣卫“检校”无事不查，无事不报，社会的每个层面都在他们的侦查范围内，人人惧怕，朱元璋却十分欣赏，说“有此数人，譬如恶犬，人则怕”。（《国初事迹》）

朱元璋生怕别人在背后议论自己，因此特别喜欢侦查臣下的私生活。“（宋濂）尝与客饮，帝密使人侦视。翌日，问濂昨饮酒否，坐客为谁，馔何物。濂具以实对。笑曰：‘诚然，卿不朕欺。’”老儒钱宰嫌政务太烦，作诗说：“四鼓冬冬起着衣，午门朝见尚嫌迟。何时得遂田园乐，睡到人间饭熟时？”特务侦知报告。第二天，朱元璋在朝廷上召见钱宰，说：“昨日好诗，然何尝嫌汝，何不用忧字？”遂遣钱宰回籍，说：“朕今放汝去，好放心熟睡。”国子监祭酒宋讷有一天独坐生气，特务偷偷给他画了张像，第二天朱元璋拿给宋讷看，询问他为什么生气。

朱元璋的子孙们更继承太祖遗风，将国家恐怖主义推展到极致。明成祖朱棣上台后，对锦衣卫一家独大还不放心，又设了“东厂”来与锦衣卫互相监督，后来又有“西厂”“内行厂”等陆续成立，以特务监视特务，让特务相互竞争。明朝皇帝治国，大都不把法律当回事，也就是说对自己建立的“明规则”并不尊重，而是随心所欲地法外施法，刑上加刑，国家在一定程度上实行黑社会式的治理方式。为了满足皇帝们的窥探心理，特务们刺探的范围无所不包，甚至一些张家长李家短、柴米油盐之类的俗事也要汇报给皇上，在宫中当作笑话流传。皇帝甚至派特务假冒仆役到大臣身边充当卧底，有时长达十几年之久。明末许多笔记小说都记载过一个类似的故事：一位提兵在外的大员，身边有个多年随侍的仆人，极受信任。一日，这仆人突然来辞行，因主人竭力挽留，才说明了自己的真实身份。原来他是东厂的探子，多年来一直负责监视主人的一切行动，由于主人长期以来行为端正，东厂当局认为无须再加以监视，所以召他回去另安排任务。主人得知这些情况，吓出了一身冷汗。

中国历代王朝的运转，总要套上一件文质彬彬的外衣，只有明代的皇帝们撕掉了这层外衣，赤裸裸表现出对他人的防范和贱视。

六

以流氓手段治国，自然就要依靠流氓，因此明代政治的另一大特点是流氓与权力的高度结合。明代的特务机关所用的人都是从各个角落搜罗来的流氓。因为皇帝对他们的高度信任，东厂和锦衣卫的秘密警察特权几乎不受限制，因此他们就充分利用手中的特权，把办案当成发财捷径，为非作歹，敲诈百姓。他们经常无中生有，凭空陷害那些富户，如果不给他们足够的贿赂，就将富户抓起来罗织罪名。有时有些素质特别低下的特务干脆直接闯到富裕人家索要钱物，要是不给，就立刻把户主拷打一番，然后将其全家甚至邻居家掳掠一空。也就是说，明代特务机关简直变成了一个公开的强盗组织。这样的组织对于流氓恶棍当然极具吸引力，于是“京师亡命，诓财挟仇，视干事者为窟穴”，聚集在厂卫的周围。

流氓们的大量涌入使这些特务机关呈现出明显的黑社会面貌。明代东厂、西厂、锦衣卫内部，广泛地使用黑话“切口”：他们把到各处打听臣民隐私、搜集情报称作“打事件”，“打事件”主要靠各地地痞流氓提供线索，特务因此要给地痞流氓一定报酬，这叫“买起数”。特务寻找无人之处私设审讯室审讯叫作“打桩”，用酷刑勒索钱财，叫作“干酢酒”或是“搬罾儿”，暗地里害人性命叫“壁挺”……

除了在特务组织中大量招聘流氓外，明代皇帝在某些临时事务中为了最大效率地榨取社会财物，也允许太监们任用流氓。比如万历皇帝通过太监网罗地方黑恶势力，充当税监，指使他们用流氓手段搜刮百姓。这些“税监”在各地到处“暴力执法”，收取“保护费”，而万历皇帝则成了这个黑社会组织的“老大”和保护伞。

七

贡斯当叙述专制权力如何摧残社会道德时说道："（专横的权力）毁灭道德，因为缺乏安全感就不会有道德。……德·彼夫说，在受到瘟疫袭击的城镇中，道德会出现突然的堕落：垂死的人掠夺垂死的人。专横权力对道德的影响，就像瘟疫对人的影响。每个人都会抛弃同命相连的受难伙伴。每个人都会公开放弃他们过去生活中的契约。"

明代特殊的制度设计和统治作风对民族性格产生了不可逆转的影响。通过强硬而残暴的政策，朱元璋把传统文化中的负面因素放大到影响整个国家的性格。他的强横残暴，使中华民族的整体性格又一次大幅度软化。

虽然在朱元璋活着的时候，用骇人听闻的严刑峻法压制住了官僚系统的腐败倾向，但一旦这种超常的高压消失，腐败必然报复性反弹，因为官僚体系已经丧失了道德支撑。用学者王毅的话说，明朝中后期官僚体系的日益堕落，使得流氓文化在官场中成为主流文化，具有了"国家行为方式"的典型特征。跑官买官、党同伐异、欺诈算计、营私舞弊，已经成了整部国家机器体内最为热衷的兴奋点，行贿受贿成了官僚机器必不可少的润滑剂。人们对官员贪污并不痛恨，只要你真的能为别人办事。嘉靖时两广提督殷正茂"性贪，岁受属吏金万计"，但举朝上下竟然都给他很高的评价，说他虽然"收钱"，但是也"办事"："大学士高拱曰：'吾捐百万金予（殷）正茂，纵乾没者半，然事可立办。'时以（高）拱为善用人。"（《明史》卷二百二十二《殷正茂传》）

随着社会日益腐败，几乎每个社会成员都从中学会了颠倒的社会规则："故夫饰变诈为奸轨者，自足乎一世之间；守道循理者，不免于饥寒之患。""上梁不正下梁歪"，底层百姓们无条件地接受了流氓规则，他们相信，"强中更有强中手，恶人须服恶人磨"。对待社会上的不合理，只能用另一种不合理来压服。"火到猪头烂，钱到公事办"，只要舍得敢于并善于用金钱去砸，一切事都可以办成。流氓文化已经侵入晚明社会的空气和水，谁都离不开它。“有钱就是爹，有奶就是娘”“量小非君子，无毒不丈夫”“私酒家家有，不犯是高手”“逢人只说三分话，未可全抛一片心”“爹死娘嫁人，各人顾各人”“要钱没有，要命一条”“虱多不痒，债多不愁”……这些我们耳熟能详的俗语，大多数都是在明代流行开来的。

因此，明代后期底层社会风气极为败坏，造假之风大兴。明代人以善于制造假银子闻名。假银子虽古已有之，可到了明代，其种类之繁，名目之多，手段之精，工艺之巧，都超越了历代，登峰造极。据史料记载，明代人在白银内添加或包藏铅、汞、铜、铁等金属；细丝制假，有“以手摇动而成丝”“以铁锥画丝”“口含吹筒即吹之以成丝”“以湿纸吸以成丝”等方法；调节剂有硝、白信石（砒霜）、盐、硼砂等材料；制作有倾煎、炒、煮、洗、擦、烧、嵌、焊、铗、铸等工艺。至于造出的假银名称更数不胜数了：银锭有摇丝、画丝、吹丝、吸丝、茶花、鼎银、吊铜、铁碎鐕、包销银、钞仔银、漂白鐕，等等；饼银也有九成饼、八成饼、七成饼、六成饼、梅白饼、盐烧饼、白盐烧、三铗饼、车壳、倒茅饼，等等，《杜骗新书》作者张应俞说“非言语笔舌所能形容”。在明代不少史料中，我们都可以感受到那个时代“伪银”的为害之烈。《明英宗实录·卷一百三十九》就有这样的记载：“京城内外，有造诸色伪银以给人者，贫民被绐，往往窘忿致死。”《明宪宗实录·卷二百一十》所收录的户部奏疏中更具体谈到当时北京“伪银盛行”的严重情形：“行使假银，民间大害，而莫如近年为甚。盖昔之假银不辨，今则不可辨矣。昔之行使者尚少，今则多有之矣。昔犹潜踪灭迹，今则肆然无忌矣。甚至投靠势豪，广开兑店，地方不敢举，官府不能禁，此万姓之所切齿也。”

卖假药在明代社会上也十分普遍。陈铎在《折桂令·生药铺》中写道：“助医人门面开张，杂类铺排，上品收藏。高价空青，值钱片脑，罕见牛黄。等盘上不依斤两，纸包中那辨炎凉。病至危亡，加倍还偿。以假充真，有药无方。”

当然，明代造假者花心思最多的还是伪造古董文物。明末的江南文人李日华说：“自士大夫搜古以供嗜好，纨绔子弟翕然成风，不吝金帛悬购，而猾贾市丁，任意穿凿，凿空凌虚，几于说梦。昔人所谓李斯狗枷、相如犊鼻，直可笑也。”

明中叶之后，江南地区还出现了专门伪造历史、胡编家谱的所谓“作家”。有个叫袁铉的人，“绩学多藏书”，为了发财，他在苏州专门给人编族谱，“穷汉唐宋元以来显者，为其所自出。凡多者家有一谱，其先莫不由侯王将相而来，历代封谥诰敕、名人序文具在。初见之甚信，徐考之，乃多赝作者”。

…………

流氓性格从明代开始，成为一些中国人性格中一个重要组成部分。

西方人刚开始与中国人接触的时候，惊讶于中国人身上的流氓性。孟德斯鸠说：“中国人的生活完全以礼为指南，但他们却是地球上最会骗人的民族。这特别表现在他们从事贸易的时候。虽然贸易会很自然地激起人们信实的感情，但它却从未激起中国人的信实。向他们买东西的人要自己带秤。每个商人有三种秤，一种是买进用的重秤，一种是卖出用的轻秤，一种是准确的秤，这是和那些对他有戒备的人们交易时用的……在拉栖第梦（即拉哥尼亚），偷窃是准许的；在中国，欺骗是准许的。”

二十世纪初，少年胡适到上海求学。在新式学堂中，他的历史课本是美国著名作家霍桑著的《世界通史》。他发现，厚厚的一本书中，只有后面的两页介绍中国，而这两页中，关于中国人的习俗，霍桑是这样写的：“中国人都是骗子，嗜于行骗……”

第十二章
清代：世人皆为奴隶

一

唐朝之后的一千年间，中国大地上政权不断更迭，外族屡次入侵，给中国人的心理和性格造成了巨大的影响。

“改朝换代”这个词在中国人心中的意义也许和其他任何民族都不同。中国道德的根基就是“忠”和“孝”。君存与存，君亡与亡，此乾坤之大义。一女不嫁二夫，一臣不事二主，改朝换代对每个人特别是每个士大夫来说都是一个考验，一次屈辱，一段尴尬。改朝换代就像一个巨大的刑具，每隔一二百年，中华民族就要被缚上去，生割活剥，从一个家族的权力骨架上剥下来，移植到另一具骨架上。虽然每一次都会有无数的人“投井”“堕城”“阖家自焚”，然而，大多数人最终还是得选择屈辱地活下来。这对大部分中国人来说，无疑是一个人格受挫和自我否定的过程。

不幸的是，中国的皇位实在太诱人了，历代皇帝都为保住皇位绞尽脑汁，然而改朝换代之频繁还是独一无二。不要说没有日本那样的万年一系，甚至也远不如朝鲜王朝那样稳定。自唐亡之后，朝鲜只经历了高丽和李朝两个王朝，而中国却历经五代十国北南宋元明清。仅仅唐宋之间短短的五十四年，中国北方就换了后梁、后唐、后晋、后汉、后周五个王朝。其中最短的后汉只存在了四年。

再好的钢材，你反复弯折它也会金属疲劳。再质朴的民族，在这样不断的尴尬面前也会变得冷漠。中国人的自尊和自信，本来是建立在忠孝为本的道德之上。然而每一次改朝换代，都是对“忠义”的摧残，都是对“投降”的奖励。“二十四史”就是二十四次摧折。走马灯式的攘夺皇位，使血性一次次被嘲讽，使越来越多的人不再像以前那样坚持、相信和认真。中国人的单纯和刚烈在这一次次弯折中渐渐改变，维系这个社会的道德纲常日渐被架空，很多人变得越来越油条。不管从哪个方向来的大兵进城，他们都熟练地摆上香案，跪在城门两边迎接。

然而更大的灾难还在后面。尽管皇帝轮流做，毕竟以前坐在皇位上的都是汉人。可是宋朝之后，跪迎大军的中国人两度发现马上的征服者居然是异族。蒙古人的百年统治已经让汉人吃尽了苦头，可是他们还是没法团结起来，抵挡住另一支野蛮民族的南下。

二

在蒙古人北逃之后二百七十六年，又一支异族的军队征服了全中国。人们发现，这些征服者们留着奇怪的发式：头发剃光，只留后脑铜钱大的一小片儿，梳成一根小辫儿。他们给这种发型起了个外号，叫“金钱鼠尾”式。在装出忠顺表情的同时，他们对这种古怪的发式暗笑。

然而，很快他们就笑不出来了。占领北京的第二天，满族人就发布了“剃发令”，要求汉人把以前“受之父母不敢毁伤”的头发剃去，也梳成“金钱鼠尾”。

满族人只允许汉族人有一种选择的权利：可以在“头”与“头发”之间选择一样，“倘有故违，即行诛剿”。为了使这道命令贯彻下去，他们不惜动用在以前征服过程中很少使用的“屠城”手段。江阴、昆山、嘉定等均被“屠城”，其中嘉定三进三屠。

在进入北京的第九天，他们又下令，汉人必须搬出北京城，给新主子腾地方。“限期既迫，妇孺惊惶，扶老携幼，无可栖止，惨不忍言。”（《皇朝掌故汇编》）进京这年年底，他们又开始大量圈地，汉人无缘无故被从土地上赶走，从土地的主人变成满族人的奴隶。如果他们敢于不甘奴役而逃跑，便依“逃人法”治罪，第一次鞭一百，第二次则斩首……

三

不过满族和蒙古族之间也有巨大的不同。汉人很快就发现了这一点。

蒙古人不学习汉语，不穿汉族服装，甚至不娶汉族女子。元代诸帝，除最末二帝外，汉语水平都非常差。贵族之中，懂得汉文的，也是凤毛麟角。有的蒙古贵族到地方做官，写“七”字不从右转而从左转，而连续两个蒙古皇帝把自己的弟弟立为“太子”，还有一个皇帝把本来应该封为“皇太后”的母亲硬要封为“太皇太后”，都引来汉人的讪笑。

事实证明，在治理汉地的过程中，汉人积累了几千年的统治经验是不可或缺的。元帝国的统治者始终坚持草原本位和“蒙古旧制”，不能摆脱游牧贵族的行政传统。元帝国治理技术过于粗放，注定这个帝国享年不永。

而满族人则精明太多了。满族皇帝如饥似渴地学习汉文化，他们知道这是成功统治汉地的基础。他们孜孜不倦地阅读汉文史书。他们最大限度地调动了传统人治明君的所有技术资源，挖掘了中国传统体制的全部潜力。

清代是一个集大成的时代，是对中国历史积累大梳理大总结的时代。用史学家高翔的话来说，就是："如果把康乾朝代和三代以降号称盛世的其他各个时期相比，就会发现：无论是在繁荣的质上还是量上，它都远逾前代，具有集大成之势。""康乾盛世无论从政治上、经济上还是学术文化上，都显示出中国传统社会已经达到了登峰造极的鼎盛状态。"

清代皇帝们一方面有效解决了民生问题，另一方面也高效地推进了专制制度的严密、严酷。由于他们精力充沛、才华横溢，由于他们有实事求是的精神和完美主义的追求，他们把牢笼了中国两千年的专制政体修补、加固、完善得更加牢不可破。

四

熟读汉文史书的清代皇帝们总结中国历史，得出的结论是，威胁皇权的势力无非有以下几种：

第一类是皇族。因为身上流的都是开国皇帝的血，所以皇族后代理论上都有继承皇位的可能。这一点导致了历代王朝无休止的内斗。父子相屠，兄弟相残，成了几乎每个王朝都会演出的血腥剧目。

第二类是后妃和外戚。因为是皇帝的妻子和至亲，这些人深得皇帝信任，危难之际，往往被委以重任。

第三类是太监。这些原本地位卑贱的不幸者，由于与决策核心层太过接近，也容易染指最高权力。

第四是权臣。皇帝是生殖竞争的结果，有机会成为冲锋冠军、制造了皇长子的精子不一定就是遗传基因最出色的那一颗。但是那些经过层层斗争上来的大臣，却个个是人中龙凤，不好摆弄。遇到懦弱的皇帝或者特殊的历史时机，他们常常可以成为假皇帝，甚至夺取皇帝的天下。

第五当然就是农民起义和敌国外患了。这些往往是导致王朝灭亡的直接因素。

在清代皇帝的智力接力下，这些问题都得到了空前成功的解决。

在清代早期，皇族内部发生过很多权力斗争，以雍正兄弟相残为登峰造极。从乾隆时代起，皇帝彻底改变了清王朝的贵族政治传统，把任何皇族人物都排斥在权力核心之外，形成了亲王宗室不入军机处的制度，自此历经乾嘉道三朝，无宗室王公进入军机处者，直到慈禧时期才被打破。

清代前期的皇帝都较好地处理了后妃与外戚的关系，既让他们坐享尊荣，又成功地根绝了他们的干政企图，外戚后妃之祸的危险已经不复存在。

清代总结历代太监之祸的经验，管理太监非常成功。清朝初期，宫廷典制并不完备，为有效管理太监，乾隆总结积累了近百年的管理经验，下令编纂了“宫廷法典”——《钦定宫中现行则例》和《国朝宫史》，还对太监的管理及处分做了详细而严格的规定。太监一旦犯错，绝不宽假。对于太监干政的苗头，打击起来更是毫不手软。为了提醒自己要警惕太监，乾隆还将御前太监全都改姓为“秦”“赵”“高”。由于时刻提防，坚持不懈，清代太监们始终没有对皇权构成真正威胁，即使是晚清的李莲英、安德海，与以前的权监相比，其权势也不可同日而语。

在强化君权、防范权臣方面，清代有许多政治创新。第一条是密折制度。清代以前，大臣们言事，所上奏折都是公开的，皇帝的批复也是公布于天下。清代却规定，中高级官员可以给皇帝上密折，并且在密折中可以汇报其他官员的行为。这一制度，把天下主要官员都变成了皇帝的特务，各级官员被这道无形的绳索紧紧捆住了手脚，畏于别人的监督，只能服服帖帖，不敢越雷池一步。清代的另一个政治创造，就是军机处制度。在雍正以前，清朝实行的是继承自明代的内阁制度。大学士的权力比之以前的丞相之权，固然已经不可同日而语，但是相对君权来讲，仍然是极大的牵制力量。雍正七年（1729年），清廷设立了军机处。有关战争的一切事务，不再经过内阁先行审阅，也不经过议政王公大臣们讨论，而直接由皇帝自己处理，大大提高了决策效率。及至乾隆时期，军机处权力较以前大大扩展。军机大臣灵活任用，随进随退，实际上不过是皇帝的高级秘书，给皇帝跑腿打杂，手中不握有任何制度性权力。

出于千方百计防范权臣的需要，甚至连儒学人格追求，都成了皇帝打击的对象。原因很简单。儒学固然有维护“纲常”的一面，同时也有追求自我完善、要求人格独立的一面。儒学一方面要求其信徒尽力为皇帝服务，另一方面也要求他们不能放弃对自己人格尊严的坚持和对精神价值的追求。清代皇帝认为，一个大臣如果过于注重自身修养，过于在乎自身的名誉，也会妨碍他们全心全意地、不打折扣地为皇帝服务，妨碍他们成为绕指柔的奴才。为了彻底把大臣改造成奴才，雍正帝提出一个重要观点，那就是大臣们不但不能图利，也不能“好名”。他说：“为臣不惟不可好利，亦不可好名。名之与利，虽清浊不同，总是私心。”雍正乾隆朝，都有大臣因为“好名”而被皇帝严厉打击。比如雍正朝的杨名时，是一个有操守的政治家，在很多问题比如打击科甲朋党问题上与皇帝意见不同。他做了很多减轻农民负担的好事，却忘了推功于皇上，遂引起雍正帝的恶感，说他“性喜沽名钓誉”，“欲以君父成己之名”，被寻故抓入大牢。因此清代的内阁成员都周密小心，不图虚名，谨慎小心，缄默持重；坚持不做政治家，而只做大秘书；不做思想者，只做执行人，成为一个有才干、有风度、没思想、没坚守的奴才典型。在明主身边，他们是襄赞有功的能臣。在暴君身边，他们也会是一个避祸有术的“态臣”。

除此之外，对导致历代亡国的农民起义，清代皇帝应对也非常成功。

在清代皇帝眼中，皇帝、官员和百姓，是父亲、儿子和孙子的关系。不管父亲如何虐待儿子，儿子也不许有丝毫反抗。因此，老百姓无论被贪官污吏如何压榨剥削，走投无路，也只能听天由命，不得“越级上访”。对于群众聚众抗议，维护自己的权利，他们总是视如大敌，一再强调要

“严加处置”，甚至“不分首从，即行正法”。他们千方百计防止老百姓联合，严厉打击民间宗教，镇压任何聚众事件。清朝甚至不准汉族人异姓结拜，还曾“禁天下书院”，以杜绝东林遗风。乾隆朝规定，严禁罢市，聚众殴官，如果至四五十人，那么“不分首从，即行正法”。

乾隆十三年（1748年），苏州米商囤粮抬价，一介布衣顾尧年和平到官府请愿，请求官员控制粮价，保证贫民能活下去。为了表示自己对大清政府的恭顺，他特意“自缚双臂”，跪在地方官面前。然而秉承乾隆的旨意，不许对主动提出权利要求的百姓后退寸步的官府，竟然把顾尧年逮捕入狱。苏州百姓群情激愤，一起来到官府要求释放顾氏，官府却大加镇压，连续逮捕了三十九人。事情上报到乾隆，奏折中的“聚众”二字令乾隆大为警惕。他说：“因近日聚众之案甚多，特命刑部定议，照陕甘刁民聚众之例，立即正法。”顾尧年等人因此被苏州官员杖毙于大堂之上。

在思想文化领域，清氏皇帝更是取得了开创性成就。韩非子说得好：“太上禁其心，其次禁其言，其次禁其事。”统治者不仅需要有“硬实力”，还需要有“软实力”。经过康熙雍正两代“文字狱”，清王朝思想专制已经大大加强。乾隆皇帝又通过修《四库全书》，开展“消灭记忆”运动。史载乾隆销毁的书籍“将近三千余种，六七万卷以上，种数几与四库现收书相埒”。吴晗也说过：“清人纂修《四库全书》而古书亡矣！”文字狱最酷烈的乾隆朝，是一个异常恐怖的时期。在风声鹤唳之下，每个家庭都进行自我检查，刨地三尺，消灭所有不安全的文字。文人学士再也不敢吟风咏月，甚至不敢再写日记。朝廷的大臣们之间都不敢相互通信。胡中藻《坚磨生诗钞》案发后，内外臣工惊骇不已，乾隆担心下面或有非议，于新任浙江按察使富勒浑陛辞时，交代他一项特殊任务：到任后留心体察赋闲在钱塘（今杭州市）老家的协办大学士梁诗正的反应。梁诗正一见富勒浑，就大谈自己为官多年的诀窍：“笔墨招非，人心难测，凡在仕途者，遇有一切字迹，必须时刻留心，免贻后患。”在另一次谈话中，他又说："一切字迹最关紧要……在内廷时，惟与刘统勋二人从不以字迹与人交往，即偶有无用稿纸亦必焚毁。"梁诗正的话典型地反映了乾隆高压政策下臣民的心态。一百多年的文字狱运动，如同把整个社会放入一个高压锅里进行灭菌处理，完成了从外到里的全面清洁，消灭了一切异端思想萌芽，打造了一个清代皇帝自认为万代无虞的铁打江山。用乾隆皇帝的话来说，就是："前代所以亡国者，曰强藩，曰外患，曰权臣，曰外戚，曰女谒，曰宦寺，曰奸臣，曰佞幸，今皆无一仿佛者。"

清代皇帝们积三代百余年努力，建立了中国历史上最缜密、最完善、最牢固的专制统治，把民众关进了更严密的专制统治的笼子里。纵向对比中国历史，清代是中国历史上民众权利被剥夺得最干净，意志被压制得最靡弱的时代。康乾的盛世监狱精心塑造出来的国民，固然是驯服、听话、忍耐力极强，却无法挺起腰板，擦亮眼睛，迎接扑面而来的世界大潮。因此，才出现了本书开头，英国人来到中国所见到的那幅精神图景。

第二编

中国国民性探源

第十三章
先秦：专制的源头

尧舜禹时期无疑是中国人记忆中的“黄金时代”。“禅让制”一直被当成“原始民主”的一个证据。事实上，“禅让制”不过是一种“民主作风”，或者说是专制的一种“变态”。和希腊文明比起来，中国文明在发育过程中存在“先天不足”。

第一节　寻根溯源

《尚书》中的专制精神

把中国历史上的一切丑恶都归罪于秦始皇，很大程度上是因为后世对春秋战国过于美好的想象。秦始皇之前的漫长中国历史绝不是“不致影响大局”的。事实上，我们一再赞美的百家争鸣，正是君主专制制度的孵化器。或者说，秦帝国的一统天下，秦始皇的焚书坑儒，汉武帝的独尊儒术，乃至后世历代帝王不断强化君主专制，这一系列恶性演进，都依赖于百家争鸣提供的思想资源。如果说春秋战国是中国的思想启蒙时代，那么它启的不是民主之蒙、科学之蒙，而是专制之蒙、迷信之蒙。因此，春秋战国时代不可能是中国上升的开端，而正是中国历史猛烈下陷的开始。

不过，正如我们不能把专制主义的起源归因于秦始皇一样，我们也无法把它的“创造权”授予争鸣百家中的孔子、老子、韩非子或者其他任何一个人。无论儒家、法家还是老庄，作为相当成熟的思想流派，在春秋战国之前显然都经历了一个漫长的生长发育时期。比如，在儒教的圣人谱系里，孔子是排在尧、舜、禹、汤、文、武、周公之后，居第八位。孔子很明确地说，他所主张的，不过是复古而已。（《论语·述而》：“子曰：‘述而不作，信而好古，窃比于我老彭。’”）很显然，要追寻专制主义的起源，我们必须把目光投向春秋以前的一两千年幽暗模糊的时光，以寻找诞育诸子百家的思想子宫。

让我们首先翻开一本古籍，名叫《尚书》。这是中国现存的最早的一部“档案文件”。它记载的，是夏商周三代许多著名君主的“领导讲话”“会议记录”“政治通告”。耐着性子破解这些古奥晦涩的句子，你很快会发现，独断专行的专制精神已经遍布它的每一页。

读过初中历史课本的人都会知道，盘庚是中国商代最伟大的君主之一。他率领商朝人民迁都到殷（今河南安阳小屯村）。由于此地利于商民族的发展，衰落的商朝出现了光荣的复兴。应该说，盘庚是一个高瞻远瞩、审时度势的好领导。

不过，就是这样一个造福于民的英雄人物，实行其英明领导的手段却不是耐心说服，而是暴力威胁。我们读读他于公元前十四世纪发布的动员大家搬迁的《盘庚》中的几个片断：

盘庚计划迁都，臣民们都不愿意。于是他召集众人，训话说：“你们大家前来！我得告诉你们，让你们消灭私心，不得傲慢不服，不得只顾安乐而不顾我的命令！（“王若曰：‘格汝众。予告汝训汝，猷黜乃心；无傲从康。’”）

“我的威严就像火一样猛烈，只不过我没有显露出来，所以你们才敢这样放肆！乱叫乱嚷，制造危险言论，我不知道你们在争什么！（“予若观火，予亦拙谋，作乃逸。今汝聒聒，起信险肤，予弗知乃所讼！”）

“现在，我要告诉你们，迁都的计划是不会改变的。如果有人敢行奸作乱，不听我命，我就要割掉他的鼻子，灭绝他的后代，不让他的孽种在我的新都繁殖下去！”（“呜呼！今予告汝……不易乃有不吉不迪，颠越不恭，暂遇奸宄，我乃劓殄灭之，无遗育，无俾易种于兹新邑。”）

在中华民族最初的一批历史文献中，专制表情已经显露无遗。通过这篇会议记录，我们可以想象得出参加会议的部众俯首帖耳、屏息静气的样子，也可以想见文字背后盘庚大王那圆睁的眼睛和怒张的鼻孔。很显然，这种动辄举起鞭子暴力威胁的统治作风不是从此时开始的，商朝君主们久已习惯了威严赫赫、独断专行。其实，早在中国历史上第一个王朝建立之初，夏启就发布过类似的训令。夏启与扈氏大战于甘之野，向全军上下发布总动员令，其中就说：“弗用命戮于社，予则孥戮汝。”（《尚书·甘誓》）意思就是说，那些战争中不卖命的人，不但本人要被处决，连他的妻儿老小都要被处死。成汤讨伐夏桀时，也发布了类似的动员令，说：“尔不从誓言，予则孥戮汝，罔有攸赦。”（《尚书·汤誓》）凡是不听命令的人，都要被举家杀掉，决不宽赦。从这些血淋淋的命令推断，普通臣民沦为逆来顺受、唯命是从的“沉默的大多数”，显然不是一天两天了。

让我们从希腊文献中寻找一篇相似的记载进行一下对比阅读，看看上古时代这两个地方的政治气氛有什么区别。公元前十二世纪至公元前十一世纪间，希腊发生了著名的特洛伊战争，史诗《伊利昂纪》记载了战争发生前希腊联军的一次会议。和盘庚的迁都动员会议一样，在那次会议上，著名的阿伽门农王也做出了一项重要决定。虽然史诗不是历史，不过我们仍然可以相信荷马绘声绘色的描写为我们传达了上古希腊人的精神风貌。他描写会议开始时会场上的自由散漫情景说："……于是那个会场成了一片喧哗了。当他们坐到座位上去的时候，他们底下的大地都呻吟起来，而在这一切声音之上，是那九个传令官的叫喊声，他们直着喉咙叫大家不要吵闹，注意听着王爷们发言。好容易，大家都在那些长条凳上找到了座位，而且都安静下来停止闲谈了，阿伽门农王就站起身来，手里拿着一根杖……对阿耳戈斯的队伍演讲。"

古代希腊人的会议显然不像商代的政治会议那样纪律严明。受根深蒂固的原始社会民主作风的影响，希腊人在会场上没大没小，随便粗率。领导不那么威风凛凛，部下也不那么驯顺老实。阿伽门农王的讲话也不像盘庚那样充满霸气，而是使用商量的口吻："我的英勇的朋友们和达那俄斯的战士们，我必须对你们宣布，那克洛诺斯的伟大儿子宙斯给了我一下惨重的打击了……九个不幸的年头已经过去。我们的船舶木料腐烂了，索具也坏了。我们的妻子和小孩坐在家里等待着我们。而我们到这里来进行的这桩任务始终是毫无成就。所以，现在大家都看我的样儿吧。我的主意是，大家上了船，回到我们自己的本国去！那个街道广阔的特洛亚城永远不会落到我们手里了。"

请注意，他说的是"我的主意是"，而不是"我的命令是"。

两份或许不甚精确的记载，仍能鲜明地反映出三千多年前的中国与希腊社会在权力结构、国民性格、社会生活氛围上的巨大差异。可以说，在夏启建立国家的时候，"原始民主"在中华大地上的遗留就已经所剩无几。

可疑的"禅让制"

在每一个民族的古老传说中，人类社会都是每况愈下。据说，人类最初来到地球上时，处于黄金时代。那个时候，春天永在，大地遍布鲜花，河里流着蜜和奶。由于人类的自作自受，世界逐渐堕落到白银时代、青铜时代，最后是贪婪和暴虐横行的黑铁时代。

在夏商周三代的历史遗迹中，我们没有找到专制主义的发源地。如此遥远的历史上游就已经被专制毒素污染得一片乌黑，这不禁让人汗颜并绝望：难道我们这个民族一降临到地球上，体内就携带着专制基因吗？别急，再往上翻一两页史书，我们就会生出希望，因为我们来到了尧舜禹时代。

尧舜禹时期无疑就是中国人记忆中的“黄金时代”。几千年来，中国人无数次地缅怀、回想、向往那个灿烂的时代。据说，那个时候是“大同社会”，“人不独亲其亲，不独子其子”，路不拾遗，夜不闭户，人人团结互助，社会充满温暖。

更让我们骄傲的，是那个时候的“禅让制”。据说，尧年老时，自动让位给德才兼备的舜；舜统治了一段时间后，又把权力转交给深受人民爱戴的禹。《史记·五帝本纪》中提到，舜刚刚二十岁的时候，就以“孝顺”闻于天下。他三十那年，尧询问天下有无可用者，“四岳”都推荐舜，尧曰可。于是尧把两个女儿嫁给舜，以观察其在家庭内的表现，让九个儿子与舜朝夕相处，以观察其在社会上的行动。舜表现良好，治家有方，两个妻子在他的带领下都很有妇道，尧的九个儿子也和他处得很好……于是尧就让舜领导百官，效果不错……尧于是认识到舜之足以授天下。尧年老了，就使舜摄行天子之政，巡狩。舜摄政八年而尧崩。三年丧毕，让丹朱，天下归舜。

这就是所谓的“天下为公，选贤与能”。虽然由于年代久远，记忆模糊，我们几千年来仍对这一短暂的记忆感到温暖。在今天的历史教科书中，它被定义为恩格斯所说的“原始民主制”，或者说叫“军事民主制”，“即部落联盟的酋长和军事首领由联盟议事会选举产生”。从这个定义出发，历史学家们推定尧舜禹时期的中国社会形态是“部落联盟”，“四岳”推荐的过程被考证为“联盟议事会”。于是，中国历史被成功地归纳入“五阶段论”中。根据这些记载，人们宣称，中华民族的文化之根中储存着丰富的“民主”营养。

然而，如果抛开历史教科书直接进入原始史料的比较阅读，我们很容易发现，这是一个严重的“误读”。就像蝙蝠不能被归为鸟类一样，中国的“禅让制”与“原始民主制”完全是两个概念。为了说明这个问题，我们先要弄明白什么是“原始民主制”，什么是“部落联盟”，什么是“联盟议事会”。

在相当于中国黄帝时代到尧舜禹时代的古希腊土地上，生存着原始部落的部落联盟。部落联盟的最高权力机构是民众大会（Agora）。这个会议由全体男人参加，决定是否战争，以及推选战争领袖等重大事务。联盟的日常事务，由长老议事会（Bouli）决定。这个会议由各氏族派出长老组成。联盟的首领叫“巴西琉斯”（Basileus），即军事首领。有人把巴西琉斯翻译成“王”，其实他与后来出现的王（King）还不同，他不是一国之主，只是部落的军事首领。战时统率军队作战是他的主要权力。（*顾准《希腊城邦制度》*）

这种原始民主制被恩格斯称为“军事民主制”，并且一度被认为是早期人类发展中必经的阶段。比如塔西陀时代的日耳曼人就处于这个阶段。

不过，只要多翻翻摩尔根等人类学家的著作，我们就会发现这种“军事民主制”与中国的“禅让式民主”有着本质的不同。首先，西方的部落联盟各部落间的关系是完全平等的。涉及全联盟的大事，要各部落一致同意才能通过。也就是说，每个部落都拥有否决权。第二，巴西琉斯一般由各部落选举产生，轮流担任，他的地位与其他部落首领是平等的。他无权随意决定其他人的生死，无权剥夺他人的财产，如果不称职，也可以被长老们罢免。他可以说服别人，而不能强迫别人。塔西陀在描述日耳曼人的

"军事民主制"时说，人们之所以听从"王"或酋帅，"倒并非因为他有命令的权力，而是因为他有说服的作用。如果人们不满意他的意见，就报之以啧啧的叹息声"。（塔西佗《日耳曼尼亚志》）

而中国式"原始民主"与此大不相同。首先，中国的部落联合体中，部落地位并不平等，存在着一个高于其他部落的统治部落。统治部落首领凌驾于其他首领之上，权力巨大。从古典文献的描述来看，尧舜禹三"帝"的地位高高在上，甚至可以对参加联合会议的其他首领生杀予夺。《舜典》说："（舜）流共工于幽州，放兜于崇山，窜三苗于三危，殛鲧于羽山。"而禹的权力发展到这样的程度：仅仅因为召开部落会议时，一个部落首领迟到，就一怒之下把他杀掉。"禹致群神于会稽之山，防风氏后至，禹杀而戮之。"（《国语·鲁语下》）这在西方部落联盟中更是绝对不可能出现的情况。其次，在中国古史记载中，从来没有任何类似西方的"民众大会"这类"议会性质的会议"的记载，也从来没有出现过"选举""表决"或者与其意义相近的字样。中国部落联合体的"酋长会议"的议事程序也与西方不同。从《尚书·尧典》的记载来看，虽然各部落都有发言权，但决议并不需要各部落一致通过，而是由最高首领一言而决。

阅读《史记》的记载，我们可以清楚看到，在尧选择舜做接班人的过程中，部落首领们，也就是"四岳"，起的是推荐作用，而不是决策作用。他们的推荐在尧点头"曰可"之后，才能生效，否则就没有意义。也就是说，他们在尧的政府班子中，担任的是顾问、咨询的角色，而并非"议会议员"的角色。尧"从善如流"，采纳了他们的意见之后，又对舜进行了独立考察。尧的考察方式也是典型东方式的：他把两个女儿嫁给了模范青年舜，利用丈人对姑爷的便利条件对他进行观察。在经过二十年的考察之后，尧认为这个姑爷孝顺懂事，可当大业，一言而定其为接班人，把班交给了他，自己在幕后传帮带了八年，直到尧死，舜才掌握实权。从这个过程看，"禅让"不能称为是"民主制度"，而仅仅是一种"民主作风”。任何对政治概念稍有了解的人都知道，“制度”和“作风”是有着本质区别的：“民主制度”是一种规范人、大于人的硬性制度；而“民主作风”则是专制统治者偶尔表现出来的“善于纳谏”“虚怀若谷”或者“平易近人”的作风，它的本质是专制统治的一种变态方式。从这个意义上说，“禅让制”只能称为一种改良的“世袭”，一种“开明专制”。由于缺乏制度上的规定，这种基于统治者自我克制而形成的优良政治传统只是昙花一现，在进行了两次后，马上让位给了父死子继的夏代“家天下”。

暴力基础上的最初统一

那么，为什么同时代的希腊人建立起来的是民主基础上的部落联盟，而尧舜禹时代的部落联合体却带有浓厚的专制色彩呢？

这是因为中国的部落联合体是枪杆子造出来的。

中华民族的两大始祖黄帝和炎帝，都是职业军人。他们在历史舞台上一亮相，摆出的第一个pose就是战争，为后世子孙建立了“枪杆子里面出政权”的政治传统。

翻开《史记》，我们读到的中国历史上的第一件大事，就是“炎黄大战”。司马迁说，自从神农发明了农业之后，人们走出蒙昧。不过，由于天下没有共主，“诸侯相侵伐”，各部落相互征战，天下一片大乱。那时实力最强大的两个部落，是炎帝部落和黄帝部落。为了争夺霸权，黄帝部落与炎帝部落大战于阪泉之野，“三战，然后得其志”。炎帝战败，俯首称臣，遂与黄帝组成炎黄部落联合。

炎黄部落联合到一起后，实力更加强大，就开始征讨其他不服者。黄帝发现南方的九黎族桀骜不驯，于是联合炎帝，共同征服了九黎族的首领蚩尤。这场战争发生在涿鹿之野。相传这场恶仗规模巨大，惨烈异常，以至“流血百里”“血流飘杵”，最后杀得“九隅无遗”。

纵观黄帝的一生，就是战斗和征服的一生。只要发现有不服从自己的部落，黄帝就要领兵征伐。“天下有不顺者，黄帝从而征之，平者去之，披山通道，未尝宁居”，一辈子都是处于领兵打仗之中。在两次大胜之后，黄帝又先后征服了东方的太皞、西方的少昊、北方的颛顼，树立了自己的绝对权威。“五十二战而天下咸服”，通过枪杆子确立了自己最高领袖的地位。“诸侯咸尊轩辕为天子，代神农氏，是为黄帝。”即使在平定天下之后，黄帝仍然保持着军人的警惕，“迁徙往来无常处，以兵师为营卫”，身边总是带着巨大的扈从部队，以保卫自己的安全。（《史记·五帝本纪》）

战争的结果，是一部分部落被消灭，更多的部落则选择臣服。通过战争，黄帝把原来各自为政、混战累世的众部落联合成了一个以黄帝部落为首的部落联合体。中华民族的雏形由此形成。

除了炎帝和黄帝征杀一世外，后来以“禅让”树立自己文质彬彬形象的尧舜，其实也是在战争中树立了自己的权威。“尧乃使羿诛凿齿于畴华之野，杀九婴于凶水之上，缴大风于青丘之泽，上射十日而下杀猰貐，断修蛇于洞庭，禽封豨于桑林”。由于这一系列军事功勋，使得“万民皆喜，置尧以为天子”。（《淮南子·本经训》）舜则除了治水之功，更以征服“苗”族而服众。

战争中产生的权力必然是专制的。因为胜利者和失败者当然是不平等的。在战争之后，失败者向胜利者臣服，并被并入胜利者为主体的联合体。在这样的联合体中，胜利者和失败者享有的权利自然是不同的，不可能建立起平等的“联盟”关系。

投票产生的希腊式政权

与中国通过征服产生的部落联合体不同的是，希腊的部落联盟诞生过程没有暴力介入，而是自愿联合的结果。

与黄帝时代大致同时的早期希腊，生活着许多穿着兽皮衣，以渔猎和原始农业为生的原始部落。摩尔根说："凡属有亲属关系和领土毗邻的部落，极其自然地会有一种结成联盟以便于互相保卫的倾向。这种组织起初只是一种同盟，经过实际经验认识到联合起来的优越性以后，就会逐渐凝结为一个联合的整体。"（摩尔根《古代社会》）为了抵御海上入侵者，几个相邻部落在民主的基础上自愿联合成了部落联盟，在战时协同作战，在和平时期协商处理各部族的关系。

建立在自愿基础上的联盟，部落之间的彼此关系必然是平等的、民主的，因为一旦受到不公平的待遇，任何一个部落都可以选择退出。部落联盟的权力运作，也不需要暴力作为后盾。通过现存的历史材料，我们大致可以拼凑出希腊部落联盟的运作模式：部落联盟的最高权力属于民众大会。民众大会一般在需要解决重大问题如战争、媾和、迁徙或推举首领、裁决纠纷时才召开。部落首领或任何长老都可召集民众大会。嗓音洪亮的使者将人们召集到一起，并负责维持秩序。开会时将权杖交给发言者。在伊萨卡民众大会上，一个首先发言的贵族询问会议是什么内容时提到三点：是哪位有什么要求吗（即私人要求裁决的事务）？是敌军入侵吗？是有什么公共事务要解决吗？（《奥德修纪》）长老在会上表达自己的不满、批评执政者被视为他的"权利"。听众用叫喊、嘲笑、跺脚等方式"投票"。（《伊利昂记》）

日常事务由长老议事会处理。在长老议事会中，议事规则是一个部落一票，各部落完全平等。

巴西琉斯的标准形象是"英雄"而不是"国王"。他的权力基础不是法定的制度，而是个人的智慧、勇敢、力量，以及因此而赢得的属下的忠诚。关于巴西琉斯的地位，史诗的记载似乎有着难以弥合的矛盾。一方面，巴西琉斯地位显赫，权势很大。成为巴西琉斯“并不是一件坏事，他会得到很多财富，受到很高的尊敬”。（《奥德修纪》）但在另一方面，巴西琉斯与普通人民间的距离还不太大。他们没有任职报酬，他和他的家属还要参加劳动。

部落联盟的产生，为希腊民族奠定了“投票产生权力”的良好传统，使希腊民族在婴幼儿时期就学会了与人平等相处、协商和妥协。他们认识到，通过民主的权力运作方式，每个人都可以获得更好的生存质量和更多的精神自由。这使他们对“枪杆子里面出政权”的恶性权力运作方式产生了天然的免疫力，对希腊社会和整个人类社会的发展都产生了深远的影响。希腊的原始民主成了人类民主制度的最初源泉。随着历史的发展，天然的原始民主基因不断成长发育。在后来的岁月中，雅典的“王”，也就是“巴西琉斯”，演变成了“执政官”，“长老议事会”演变成了“议院”，“民众大会”演变成了直接选举制。“原始民主”演变成了“奴隶主之间的民主”，后来又扩大成为“所有雅典公民的民主”。可以说，到今天为止的现代民主制度，都没有脱离部落联盟时代的原始希腊人建立的基本模式。

第二节　中西文化差异的第一推动力

蒙昧时代

为什么希腊人走到一起能够平等协商，而我们的祖先则只能像大猩猩一样彼此厮杀？难道是上帝在制造中国人和希腊人时使用了不同材料吗？

这样的猜测无疑是荒谬的，作为宇宙共主，上帝不会如此不公平。虽然传统中国人自认为是世界上最优秀的，但是在创世之初，上帝并没有赐予我们什么独一无二的特殊品性。事实上，人类学家可以确证，在遥远的母系社会，不论东方还是西方，人类氏族内部的关系都是民主的。直到跨入父系社会之初，人类还没有发明专制技术。专制与民主的分歧，出现在父系社会晚期。

在遥远的母系社会，由于地广人稀，资源无限，那时的人们生活是无忧无虑的。他们在一个老祖母的带领下，三五十人组成一个氏族。白天外出采摘或者狩猎，黄昏时则回到住地，共同烧煮食物。吃过饭，大家讲述自己一天的所见所闻，或者围绕在长者身边，听她讲那些古老的传说和故事，在苍老的声音中沉沉睡去。

“民主”这个东西，虽然在后世变得那么高尚、昂贵、危险、遥不可及，被判定为地球上某些特定区域的人不配或者暂时不配享受，其实一开始它并不那么神奇。猿进化成人之后，茹毛饮血的不识字的原始人一直把“民主”作为处理集体内部关系的天然形式。母系时代人际关系相当简单，没有发展出后世那些复杂的礼仪禁忌。这情形，正如同《吕氏春秋》所说：太古时候，没有君主。人们群聚而居，只认识自己的母亲，不知道父亲是谁。没有复杂亲戚关系的讲究，没有上下长幼的分别，不知道进退揖让的礼节。（“昔太古尝无君矣，其民聚生群处，知母不知父，无亲戚兄弟夫妻男女之别，无上下长幼之道，无进退揖让之礼。”）他们不懂得什么叫“你的”和“我的”，不懂得什么叫自私、压迫、不平等，更不懂得什么叫欺骗、占有、巧取豪夺。每个人都很自然地把自己找到的食物和别人共享。一旦遇到什么大事，大家围坐在一起，七嘴八舌，择善而从。没有谁试图把自己的意志强加给别人，也没有谁刻意想证明自己比他人高明。甚至男人们之间也没有动物式的竞争和决斗，因为母系社会女人的怀抱是向所有男人敞开的。斯塔夫里阿诺斯描述这种情形说："由于亲属关系所具有的温暖的结合力渗透并决定了整个社会关系，所以人与人之间的关系完全平等。每个人都有明确的为大家所公认的义务和报酬。虽然谁也不能确定或者预测自己的前景，但他们并不因此而感到担忧或者彼此疏远。"（《全球通史》）

第一个专制细胞

在历史的放大镜下细细寻找，在母系社会和父系社会的交接点上，我们终于发现了第一个发生基因突变的细胞。

专制总是以不平等为基础。而父子关系的诞生，是人类不平等的起源。

我表叔有点懦弱。他是一个普通工人，文化水平不高，对领导、对同事、对邻居甚至对商店售货员总是点头哈腰，满面笑容。可是一进家门，他的表情马上就会发生戏剧性的变化。特别是一见到他的儿子、我的表弟，他脸上的温度立刻下降二十度。他和别人说话很"唐僧"，然而对我的表弟，却总是惜字如金。一不顺眼，甚至伸手就打，抬脚就踹。

唯一的原因就是，那是他的儿子。在传统中国，"家长"两个字不但意味着责任，更意味着等级、权力和距离。所以在《红楼梦》中，贾政从来不会和贾宝玉好好说话。

我曾经劝过表叔。我说，父子关系从根本上来说，也是人与人的关系。人和人应该是平等的。我表叔听了睁大眼睛，说，他是我做（方言，读"揍"，制造的意思）出来的，你让他和我平等？

不要小看我表叔这句话。这是父权文化的理论起源。

在母系社会，"父亲"这个词还没有被发明。女人们的居所里轮流住着不同的男人，人们只知其母，不知其父。事实上，那个时候，人们还不懂生殖的奥秘，总以为是自己的老祖母当初吞吃了一个红果，或者踩了巨兽的一个脚印，才导致家族的诞生。原始的图腾崇拜说明了人类对生命起源的困惑。秦始皇家族的起源传说，就是一个典型：据说女修织布的时候，一只黑色的鸟在她的窗外产下了一只卵。女修好奇地吃掉了这个卵，遂生子大业，成为秦人的祖先。

随着农业的出现，男人在社会生活中的地位越来越重要。他们结实的臂膀和小腿被证明比女人更适合开荒辟地，带来收获。处于支配地位的男人不再满足于和别人共享一个女人，他们把女人们当成自己的私有物，不许他人染指。一夫一妻制的婚姻使人类弄明白了男人在生殖中的作用，使孩子的父系血缘头一次得到了确认。这一发现使男人们骄傲万分，一知半解的人类很自然地以种子和土地的关系理解男人和女人在生育中的作用。男人是决定性的，是种子。女人不过是水分和养料。所以，男人是新生命的创造者。知识总是导致罪恶，正如同伊甸园中的智慧果一样，基于这一理论，“父亲”诞生了。

在这种幼稚的伦理逻辑之上，人类进入了“父权制”社会。在两性之中，男人无疑更为狭隘、自私、残暴。在母系社会的传说中，女娲同时造出了男人和女人。而在父系社会的传说中，女人却是由男人的一根肋骨造成的。在母系社会，男人和女人的关系，以及男人与孩子们的关系都是模糊的和不固定的，因此男人的专横和攻击冲动无所附着。而进入父系社会后，女人和孩子都明确地归属于某一个男子，这导致家庭氛围出现了明显变化。男人是家庭绝对的主宰，女人和孩子都成了他的附属物。他的专横来源于三个方面：第一，他体力上占优，也就是说，他的专横气质由他的暴力资本做后盾。第二，他用自己强健的肩膀提供了家庭所需要的大部分物质来源：他养活了他们。第三，也就是更重要的是，他创造了新生命。每一个男人都认为自己是一个小小的造物主。因此，他与家庭的其他成员是不平等的。

不平等必然导致专制。进入父系社会后，那些原本天生地养的孩子们头顶上出现了一个巨大的权威："父亲"。《说文解字》中对"父"字的解释是："矩也，家长率教者，从又举杖。"就是说，"父"这个字，不仅仅表示一种血缘关系，更昭示着权力。在中国的早期家族之中，父亲是至高无上的权威，即所谓"家无二主，尊无二上"（《礼记·坊记》）。对于家中的其他成员，他拥有完全的权力。历史学家说："父权相对母权有根本意义的不同。母权制下，大家族的所有成员都是平等的。母系家长仅有分配食物权，而所有成员的食物都是相同的。而父系家长对妻子、子女及家族内的非自由人拥有生杀之权。父系家长过着多妻的生活，为了保证子女出自一定的父亲，他们要求女子的贞操。一旦女子越轨，男子即使打死妻子，也不过是行使他的权利。女子落在丈夫的绝对权力之下。"（李玉洁《中国早期国家性质——中国古代王权和专制主义研究》）在发掘甘肃秦魏家墓地时，考古学家们发现，在父系社会初期的十六座男女合葬墓中，男人们都是仰身正卧在墓穴正中，而女人则是侧身屈膝，伏附于男子之一旁。在中国龙山时代遗址中，经常可以看到杀人奠基的现象。也就是说，在建筑房屋时，杀一个人放到地基里，以保佑房屋建筑顺利吉祥。令人吃惊的是被杀者常常是这个家庭的亲生儿子。考古学家们推测，这可能是因为孩子过多，人口压力过大所导致的。这种做法毫无疑问表明，在那个时代，孩子被认为是家长的所有物，如同牛马一样，可以任意处置。既然连生命都属于他，自然没有任何个人权利。（徐良高《中国民族文化源新探》）

应该说，父权制曾经是世界历史范围内一个普遍的现象。希腊早期社会认为"父亲"是家庭的核心，只有他才能代表整个家庭。在古罗马帝国时期，父权制的发展和中国一样登峰造极。父亲不但可以杀死自己的孩子，还可以把他们当成财产一样抵押和出卖。

父权是人类社会最早的专制权力。它具备专制权力的几乎一切特征：

单向性、绝对性、残暴性。

弑父与杀子

从专制诞生的那一刻，对专制的反抗就随之而来。

在希腊神话中一个十分常见的主题是“弑父”。其中最有名的当然是俄狄浦斯的故事，他在命运的捉弄下，杀掉了父亲，娶了自己的母亲。这个故事因为弗洛伊德释读为父子冲突的经典隐喻而闻名。除此之外，“弑父”的神话其实还有许多。在希腊神话中，神界多次发生父子冲突，神界的统治权正是通过父子间的剧烈冲突而不断易手：老一辈的神王生下儿子后对他们百般提防，乌拉诺斯甚至把子女们囚禁于地下，克洛诺斯干脆把子女吞入腹中。而侥幸不死的儿子在母亲的帮助下坚决地对抗父亲，并最终把他推翻，取代他的权威。正是通过禁忌—放逐—反叛—取代的途径，希腊神族完成了一代代的传承。叛逆者并不因为反叛父亲而被舆论斥为邪恶，反而往往因为敢于反叛而变得更加强大和富有魅力。神的统治也通过这种连续的叛逆行径而日趋完美。（郑德青《中、希神话的比较及其所体现民族精神》）

神话是现实社会的隐喻。在父权诞生之后，希腊的儿子们就不断地反抗父亲：离家出走甚至拔刃相向。希腊神话中屡屡出现的代际间互相杀戮，说明了这种反抗的血腥性。弗洛伊德在《文明及其不满》一书中，把西方民主制度的产生直接归因于儿子对父亲的反抗。他认为，文明的发展过程就是从“原始父亲”的专制向“兄弟联盟”的民主转变的过程。他认为，在文明时代的曙光期，部落中的“原始父亲”在性方面对其儿子们进行控制和压抑。当儿子们触犯禁忌时，他们就遭到放逐的惩罚。被放逐的儿子们联合起来杀死“原始父亲”。联合起来的儿子们不再重蹈覆辙，而是以一种民主形式的“兄弟联盟”取代“原始父亲”的权威，从而导致了新的文明统治形式的产生。

这种对文明的解释方式更多地信赖直觉和灵感。不过，“弑父精神”确实是推动西方社会不断发展的一个基本精神动力。人们对家庭权威的态度，决定了他们长大之后对社会权威的态度。建立在“弑父文化”基础上的西方文化的一个突出特征是敢于反抗权威，在代际冲突中完成新陈代谢和自我更新，从而完成代际断裂，使社会永葆创造力和活力。

而遍观中国上古神话，我们绝对看不到这类“大逆不道”的故事。与此相反，我们看到了许多“杀子”的传说。据说，舜很有才干，为人称道，却招致了他的父亲瞽叟的妒恨，无缘无故经常毒打他。面对残暴的父亲，舜从来也不反抗。打得轻，他就乖乖忍受；打得重，他就逃到荒野中痛哭。尧听说了这些事情，认为他品德高尚，就准备重用他。这更使瞽叟嫉妒得发疯，他联合自己的另一个儿子象，一再谋杀舜。舜依然谨守孝道，知道他们要杀他，依然乖乖听任摆布，毫不反抗，只是在上天的帮助下才逃脱了死亡。因为这种“百忍成家”的精神，他成了那个时代最伟大的圣贤，被万人歌颂。（《史记·五帝本纪》）

这个今天读起来相当变态的传说，在1911年以前，一直被作为教育中国人的最经典的故事之一，列为二十四孝之首。与此相类似的一个故事是，在一个大灾之年，一名叫郭巨的孝子为了省下一口粮食以确保母亲不挨饿，把自己的儿子活埋了。他的理论是儿子死了可以再生，母亲死了就不能复生了。这就是二十四孝中著名的“郭巨埋儿”。从这个意义上，我们也许可以把中国文化解读为“杀子文化”。基于人类本性，我们可以想象，在父权诞生之初，中国的儿子们自然也曾对父亲进行了无畏的挑战。但不幸的是，这些挑战无一例外全部都失败。在中国的上古神话传说中，那些犯上作乱的神灵无一例外都被描绘成邪恶者，比如铜头铁额的蚩尤和人首蛇身的共工，他们的最终命运都是被严厉镇压。传统的中国人认为，下一代对上一代的任何挑战都是绝对不允许的。“悖逆”是最大的罪恶。

与西方人相反，中国人缓解代际紧张的方式是要求下一代无条件地“顺从”，抹杀下一代的个性，使他们全面认同上一代的价值观念，从而使古老的传统得以继继绳绳，万世不变。正是在中国儿子们的俯首帖耳、百依百顺下，中国式父权获得迅速扩张，成长为笼罩整个社会的专制权力。

一个是肯定冲突，一个是强调和谐。对待父亲的态度，从另一个角度决定了中西两大文化的分野。

大陆与海洋

那么，是什么使得希腊的孩子们胆大包天、犯上作乱，而使中国的儿子们唯唯诺诺、逆来顺受呢？

这最初的原因，还真得到上帝那儿去找。因为他把这两个民族，放置在了不同的陆地上。或者说，在创造地球时，他的手不经意间一抹一碰，造成了黄河中下游地区和爱琴海岸天然的地理差别。

中国地理环境的第一个特点是天然适于农耕。远古时代的黄河中下游地区，是一片得天独厚的土地。那个时候的黄河两岸并非现在这样贫瘠荒凉，而是森林与草原相间，气候湿润温和，犀牛和大象漫步其间。更为优越的是，黄土结构疏松，使得人们仅仅利用原始的石刀木犁，就可以开辟大面积耕地。黄土的垂直纹理，有利于毛细现象的形成，具有良好的自肥能力。这两大特点决定了黄河中下游成了养育我们远祖的无比丰满的乳房。

从新石器时代晚期开始，我们的祖先就在那些肥沃的河谷地带开始了定居生活。他们凭石刀木斧，就可以获得远高于同时期地球上其他大部分地区的产量。随着时间的流逝，几个窝棚演变成了村庄，一个村庄演变成了村庄群。在黄河中下游地区，很快形成了大面积的、单纯的定居农业，这在同时期的世界其他地方是少见的。

考古学家在陕西发现了一个距离今天近七千年的村落遗址——姜寨。他们发现，这个村子里有一百座左右的房子，这些房子分成五片，都围绕着村子中间一个巨大的广场而建，房门都开向广场。这说明，这个村子由一个先祖分下来的五个大家庭组成。每个大家庭由建在一起的二十座左右的房子组成。这五个大家庭又组成了一个团结在一起的家族。中间的广场，就是家族集会和祭祀先祖的地方。

房屋围绕着一个圆心，房门都朝着中心方向，无疑会使村庄中的相当一部分房屋采光不好。这种建筑布局说明了原始村庄的集体主义精神：为了全族的团结，相当一部分人不得不放弃生活的舒适。从他们拥有共同的仓库和共同墓地这一事实推断，这个村庄的生活方式是高度集体主义的。他们在族长的指挥下共同劳动，共同祭祀，收获的粮食放进公仓。特别能说明这个原始村庄集体大于个人的价值取向的事实是，在他们的公共墓地里，没有夫妻合葬墓，每个人都是单独地按辈分的高低和血缘关系的远近以及死亡的先后顺序埋在墓地里。也就是说，个体小家庭显然没有独立性。

姜寨古村庄体现着典型的中国精神：家长制、祖先崇拜、集体主义。血缘网络使一百多个小家庭被紧密地编织成了一个有着严明纪律的大家族。在这个村子里，一切由辈分最高的男性家长说了算。村子中间的广场上，每年都要举行祭祀祖先的盛大仪式。全村人的生活整齐划一，个人的自由在集体需要下被压制到很低的水平。（严文明《史前聚落考古的重要成果——姜寨评述》）

定居农业把人们牢牢束缚在血缘网中。人们世世代代按照古老的方式生活，终生是庞大家族的一分子，永远没有机会脱离。家族是人们唯一可以依靠的对象，父亲是永恒的权威，他的力量远远大于儿子。即使在年老体衰之后，他仍然比年轻人更受人尊重。因为在定居农业中，人们的生活方式不过是上一代的毫不走样的重复，老年人的经验和智慧被一再证明是至关重要的，因为他们记得历次洪水的时间，知道什么时候播种最合适。那些对老年人的不敬会立刻受到惩罚：“不听老人言，吃亏在眼前。”

定居限制了人们的视野，使人容易产生惰性和依赖性，产生对习惯和传统的屈从。正像黑格尔所说：“大江流域上的种族，因为它的天边永远显出一个不变的形态，因此习于单调，激不起什么变化。”“平凡的土地，平凡的平原流域把人们束缚在土壤上，把他卷入无边的依赖性里边。”（《历史哲学》）

正因如此，从一开始，中国社会就是“尚老社会”。与老有关的一切都是好的。“老实”“老练”“少年老成”“老板”“老总”……都有成熟、稳重、德高望重的意思。一切社会资源都被掌握在老年人手里，老年人对家族的支配是终生的，年龄越大、辈分越高，发言权就越大。父亲权威的强大，使中国式的儿子根本没有机会反抗。只要父亲在世，儿子就永远是长不大的孩子，不能拥有自己的独立身份和财产。“父母在，不敢言老”“父母在，不远游”“父母在，不敢有其身，不敢私其财”。由此才出现了“老莱子七十娱亲”的尴尬故事：老莱子很孝顺，已经七十高龄了，在父母面前还身穿五色彩衣，装作小孩玩耍，让父母开心。有一次拿茶水上堂，不小心跌倒了，怕父母担心，就趴在地上学小孩子哭叫不起来。

而早期希腊人的生活却没有中国人那样单纯稳定。

以希腊地图看，希腊半岛给人的第一印象是开放性。除了北部外，这个半岛的其他任何地方距海边都不过五十公里，海岸线极长，天然良港密布，海上又多岛屿，成为天然的航标，航海条件得天独厚。用顾准的话来说：“这种条件几乎是世界上任何其他地区都不具备的。”

如果有机会到希腊去旅游，你会马上发现希腊地理的另一个重要特点，就是内陆交通不便，土地十分贫瘠。希腊境内多山，山脉把半岛分割成几乎相互隔绝的几个部分，平原不足五分之一。即使在如此稀少的平原上，地上也到处是露出的岩石，地里有很多石块、沙砾，不利于农业耕作。夏季炎热少雨，大部分河流干涸，不适宜农业生产，以至于希罗多德说希腊“一生下来就是由贫穷哺育的”。诞生雅典文化的阿提卡地区，土壤尤其贫瘠单薄，出产的食物只有橄榄、葡萄、大麦和少许小麦。

一切文明皆是人类应对环境挑战的产物。“西方由于普遍缺乏农业长足发展的条件，所以，便无可选择地采取了其共同始祖米诺斯文明所开创的贸易、掠夺、殖民三位一体的文明发展模式，并在打破原始氏族公社制度的基础上，建立起西方文明社会所特有的、货币经济与私有制相结合的经济基础。”（汪兵《论血缘与拟血缘群体共有制》）事实正是如此。希腊的地理环境使人们很难单纯凭借农业谋生。由于很多地方粮食不能自给，要用橄榄油、葡萄酒和羊毛来向其他地方交换，这使得贸易一开始就在希腊社会中占有重要位置。由于陆上交通不便，希腊的贸易基本上依赖于大海。“大海邀请人类从事征服，从事掠夺，但是同时也鼓励人类追求利润，从事商业。”在希腊早期的每一个部落中，都有相当多的人从事贸易或者做海盗；生活在这个半岛上的每个人，一生中几乎不可避免地会与大海有亲密接触。海上贸易扩大了人们的眼界，激起了人们的勇气，也形成了人们“渺渺无限的观念”，形成世界是开放的、变动的、充满无限可能性的观念。这种观念不利于权威主义人格的培养。

无论是做海盗还是进行为时数月的远航贸易，都不是老年人的体力所能承受的。充满危险的大海显然是年轻人的天下。那些在海上飘荡多年的年轻人回到家乡，不但带回了浪漫的传说、惊险的故事，更带来了令人眼红的巨大财富。这令更多的小伙子宁愿丧命于大海的怀抱中，也不想老死田园。俄底修斯说：“我善于作战，但田园劳动我就不高兴，我也不喜欢那养儿育女的家庭生活，可是多桨的大船却永远使我醉心……我留在家中仅仅一个月，享受儿女、发妻、家财的幸福，但我的内心，不教我安静，驱使我到埃及去远行……”（斯威布《希腊神话和传说》）一旦长到成年，希腊的父亲们就不得不收敛他们的专横，因为他们的儿子很有可能在某一个早晨不声不吭地离家出走，直到多年后才携带着财富和妻子重新出现。希腊社会不是尚老社会。在希腊传说中，我们读到的更多是对青春、活力的赞美。在希腊雕塑中，我们看到的更多是对青春、健美人体的歌颂。

希腊早期社会的父权，其强度和范围都是受到严格限制的。一般来讲，儿子成年后，父亲就会承认他的平等地位。这一传统后来演变成了一条法律："雅典男性成年后（十七、十八周岁）即完全摆脱父亲的控制，在通过由父亲或监护人及立法大会主持的市民资格考察以后，即可获得独立权利而登记造册。"

从家庭到酋邦

自从"父亲"诞生后，中国和希腊就开始正式分道扬镳，背道而驰：在中国，父权呈现压倒性优势，它不断扩张，从父亲、祖父演变成族长、酋长直至国王。血缘群体也不断扩大，从家庭、家族扩大到部落、部落联合体、酋邦，直至国家。

随着人口的增长，越来越多的事需要更多的人团结协作，比如建设大型水利工程或者其他公共建筑，特别是在大规模的战争中共同抵御外来侵略。父系社会的血缘关系有利于人类组织的迅速扩大，有亲缘关系的村寨很自然地联合成为部落，在联合过程中，中央集权所需要的纵向的金字塔形组织结构由"祖父—父亲—儿子"这种天然血缘关系提供了出来。人们自然而然地推举辈分最高的长老做部落的首领，并按长幼亲疏，确定彼此的尊卑关系。于是，血缘网络编织起来的人类群体从一个村庄扩大成了部落。女性服从男性，晚辈服从长辈，弟弟服从哥哥这个天然的组织原则给刚刚诞生的部落提供了有力的纪律，使早期部落能够有力地抵御洪水、兴修水利、进行战争，保证了部族的繁衍发展。

任何事物都存在两面性。得天独厚的生活条件，一方面为中国早期文明的发育提供了充足的养分，另一方面也使人口问题在中国出现的时间比世界其他地方要早很多。据人口学家考证，在公元2年，也就是汉朝的时候，黄河中下游五省的人口密度已经达到了四十二点八人每平方公里。这一人口密度看起来不太起眼，然而，意大利是在1700年，法国、英格兰和威尔士则是在1750年后，才达到了这一密度。事实上，有史以来，中国的人口增长速度一直远远领先于世界大部分地区。

虽然我们无法考证原始社会末期黄河中下游地区的确切人口密度，但我们可以确信的是此地的人口增长率一开始就遥遥领先世界。考古学家在发掘黄河中下游一带文化遗迹时，不约而同地发现了一个非常明显的规律，那就是在六千年前左右的新石器时代，中国早期村庄的规模已经显著增大，原来互不接触的各个文化起源地，随着文化圈的不断扩大，已经开始剧烈碰撞，这在世界其他地方，是没有出现的。据估计，公元前4000年至前3000年期间，黄河中下游的人口增长了三到四倍。

中国地理环境的另一个特点是封闭性。与地中海沿岸相比，中国大陆是个内向的闭合体。中国西北部是青藏高原和蒙古草原，东南部则是浩瀚的大海，它们把中国与世界的其他部分分隔开来，难通消息。这种阻隔是如此有效，以至玄奘要去一次印度，得走上十来年；甘英出使罗马帝国，也是无功而返。因此，有人把中国文化称为“墙文化”。

与中国的总体环境相似，上古时代的黄河中下游一带也处于相对封闭的环境当中。往北，是无法耕种的草原；往南，是难于开垦的森林；往东，是无法跨越的大海；向西，则是不利农耕的高原。只有中原，是一马平川的黄土。没有出海口，也没有任人迁徙的新的“流着蜜和奶的土地”。在这样封闭的环境之中，人们很容易形成世界大同、资源有限的观念，从而导致“墙文化”中的竞争通常是内向的、互相消耗式的。

黄河中下游各个部落在相互碰撞前都过着自给自足的小国寡民生活，交往很少，形成了“非我族类，其心必异”的强烈排外心理。在人口的压力下，对土地、水源、财富这些稀缺资源的争夺必然导致早期中国部落像争食的野兽一样，展开战争。中国上古时代的生存战争，比之世界其他地方，都要激烈而持久。为了捍卫自己的基本生存资源，每一方都没有退路，因为逃到不适农耕之地，就相当于选择了灭亡。形势往往不是你死，就是我活。一山不容二虎，卧榻之侧不容他人鼾睡。各个原始部落交战起来，都是全力以赴，不给对方留活路。那些被征服和掠夺的部落、方国往往“人夷其宗庙，而火焚其彝器，子孙为隶”。

从黄帝到夏禹的国家形成时期，中华大地干戈四起，出现了一个血雨腥风的战争时期。从史前的仰韶时代到邦国林立的龙山时代，战争连绵不绝，规模宏大，天下一片混乱。这就是《史记》开篇所说的“诸侯相侵伐”“暴虐百姓”。阅读《史记》等记载，我们往往会惊异于那时战争的频繁。考古学家们发现，在这一时期，先民墓地中无头墓、无尸墓、身首分离墓以及身带刀伤箭伤的尸体大量出现。大量的防御性城池遗址也是在这一时期首次出现。

激烈的生存竞争不断地推动着部落朝着自我膨胀和集权化的方向发展。可以说，中国早期国家就是战争直接催生出来的。决定战争胜负的关键因素之一是部落人口的多少，在战争的压力下，越来越多的亲族部落联合起来一致对外，导致部落的规模越来越大。决定部落战斗力的另一个关键因素则是部落的管理水平。众所周知，战争需要纪律，需要统一指挥，集中权力，绝对服从。而东方式的“不是鱼死，就是网破”的毁灭性战争更需要残酷的纪律。只有建立起军事等级制的赏罚分明的部落，战斗力才能强大，于是，在残酷的生存竞争中，部落内部的组织纪律性不断提高，等级制不断强化，部落对人的控制越来越严密，部落成员的集体主义精神也日益强烈，“牺牲”与“服从”成为整个部落推崇的品质。部落首领被赋予越来越大的权力，那些临阵脱逃者甚至可以被他处死。夏启发布于甘之野和夏桀发布于鸣条之野的血腥的动员令正说明了这一点。而连续不断的胜利又一次次地强化首领的权力和权威，给了那些领袖以巨大的“克里斯玛”魅力，使人们更乐于跪拜在他脚下，把希望寄托在他身上，服从他的权威。部落内部残余的平等关系被彻底毁坏，部落首领很快脱离其他部落成员，成为高高在上、对自己的部属可以生杀予夺的专制领袖。

随着部落规模越来越大，祖先崇拜也愈演愈烈地发展起来，因为它是部落凝聚力的基础。血缘关系是部落内部人们保持相互信任和亲近感的唯一原因。随着时间的不断推移，部落人口的不断增长，成员间的血缘关系越来越远，强化祖先崇拜，就成了把全部落人紧紧维系在一起的唯一手段。各个部落都耗费巨大的人力物力，兴建起规模巨大的祭祀祖先的宗庙建筑。祖先崇拜不但为部落提供了统一的意识形态，提供了强大的精神凝聚力，而且还为部落内部的伦理等级制度的合法性提供了解释。它教育全部落的人，部落首领的权力来自祖先的赐予，因此是天经地义的，不可抗拒的。它教育全部落的人，晚辈要永远服从长辈，女人要永远服从男人，伦理规范丝毫不容挑战。

在这种趋势的推动下，公元前3000年左右，黄河中下游一带的部落纷纷转化为“邦族”。它们是一个个巨大的血缘联合体，有史学家称之为“酋邦”。考古学家发现，邦族的共同特点是都以巨大的宗庙为中心，建立起一个防御性的中心城镇，“君主”或者说“酋长”居住在这个城市里。这些酋邦规模巨大，人口数万、数十万，控制的土地往往达数万平方公里。邦族完全是按血缘原则建立起来的，其“君主”是这个部族先祖的嫡系后代，部落里的其他人都是“邦人”，血缘上与“君主”都是同一个宗族。与“君主”血缘关系近的人，处于社会的上层；距离远的人，处于社会下层。和平时期，他们共同劳动，以自己收获的物产奉养“君主”，祭祀祖先。战争时期，每一个男人都成为战士，在“君主”的带领下全族出战。红山文化、良渚文化时代的部落组织都属于这种社会类型。

不同的希腊

与中国不同的是，希腊原始部落间虽然也经常发生冲突和龃龉，但却没有最终演变成中国从黄帝到尧舜禹时期“诸侯相侵伐”的连绵不绝、规模巨大的统一战争。

交通不便、土地贫瘠，一方面使希腊的人口增长率远远低于中国同时期，人口压力也相对较小；另一方面，崎岖的山路也阻挡了人们建立大一统政权的雄心。希腊早期历史上部落间大规模的兼并和征服战争很少。面对人口压力、物资贫乏，希腊人首先想到的是把眼光投向大海。他们的通常做法是泛舟出海，寻找更适合居住的肥沃土地，而不是向山岭那边土地同样贫瘠的另一个部落发动战争。即使有战争，在开放的环境下，结果也远不如东方式战争那样绝望。失败的一方也会逃往海外，矛盾和冲突随着一方的退却结束，所以很难形成征服与屈服的专制关系。“希腊文明在一定程度上与地理因素密切相关，海上文明的特点是它交通流动的方便性，不同政见者可以通过海上逃跑，独裁专制者无法实现他对不同政见者的消灭。因此，希腊文明流传着‘海上逃亡之门’说”，所以“希腊混合型的海上文明具有更大的政治宽容性、契约共享性与文化流动性”。

开放的生存空间，使希腊人天然产生出世界多元化的观念，他们的性格中多了一份通达，少了一份偏执；多了一份从容，少了一份焦虑。希腊人很早就认识到，彼此妥协，各退一步，换位思考，是达成和平共处的途径。受这一传统的影响，后来希腊早期国家也是诞生在部落的自愿联合基础之上。史学家把雅典国家的形成描述成“合作运动”。在传说中，是一个叫提秀斯的聪明人创建了国家。据说，提秀斯认识到，如果把阿提卡的各部落联合起来组织成一个统一的雅典国家，将有利于每一个人。于是他就开始行动了。他并不像黄帝那样运用武力的方式来完成这一事业，而是一村一家地去访问和劝说，使他的计划得到同意。他宣布将给他们一种可以保障自由的宪法。他说，“（我自己）在战时是你们的领袖，在平时则是法律的维护者，除此以外一切权利都与公民平等。”（斯威布《希腊神话和传说》）仅仅通过一张嘴，没有任何暴力做后盾，提秀斯就建立起了一个国家。这在中国历史上是不可想象的。

恩格斯说，雅典的产生过程非常纯粹，没有受任何外来的或内部的暴力干涉。这在整个人类的历史上是十分罕见的。

第三节　王的出现

从酋邦到国家

人类社会中的专制基因，就如同人体内的癌细胞。癌细胞的生命力比普通细胞要强几十倍。它的意志不可阻挡，一旦在人体内形成气候，就会疯狂地自我复制，百折不挠地冲破重重阻碍，不完成对生命的完全控制，不把生命彻底破坏就决不罢休。专制基因也是这样，它一旦在人类社会起源，就会顽强地向周围渗透，试图把专制精神扩散到整个人类社会。

在控制了部落之后，专制基因的下一个目标就是要冲破部落这一限制。实现这一目标的手段就是兼并战争。事实上，推动兼并战争大规模进行的心理动力之一正是专制心态。怀有专制心态的个人和组织是拒绝平等的，他们认为，天下的事物只有分出上下大小来，才能相安，平等是混乱和不稳定的根源。对于所有酋邦来说，战争是带来和平的唯一手段。只有通过较量实力，定出等级次序，建立了征服—臣服关系，两个部落之间才能实现关系的稳定。

在邦族的不断混战、联合、兼并中，以黄帝部落为核心的部落联合体滚雪球式地不断扩大。它以血缘的亲疏远近、归附的早晚或效忠的程度为分层标准，把黄河中下游广大地区内的不同部落统一为一个金字塔式的政治联合体。

不过，虽然兼并与联合是专制冲动造成的，但是兼并与联合的结果，却在部落联合体间首次制造出一定程度的民主因素。在部落联合体刚刚建立起来的时候，还没有发明后世的分封制度和官僚系统，统治技术还相当粗糙幼稚，不足以把最高统治者的专制意图有力地贯彻下去。统治部落对其他部落的控制是不成熟、不稳定、不严密的，大部分时候仅仅建立在其他部落名义上的臣服之上。因此联合体的权力结构非常脆弱，经常发生动荡。在黄帝之后，还出现过多次其他部落的首领与黄帝部落的继承人“争为帝”的记载，比如共工与颛顼，就曾经多次与黄帝及黄帝后人展开大战。

一个部落即使力量再强，相对于其他所有部落的总和，毕竟也是弱小的。在这种情况下，为了维持联合体的团结，黄帝不得不给予“四岳”等其他部落首领以一定发言权。为了维护统治部落不稳固的权力优势，统治部落首领的选择必须慎而又慎，才能服众。因为一旦众部落不服，联合体就会分崩离析。因此部落间相互制衡的结果是，中国政治史出现了唯一最接近民主的阶段：禅让制时期。在中国历史上第一个大一统政治结构刚刚诞生的时候，它的专制程度是最低的。不过，这种“禅让民主”，是专制政治建立的过程中必要的退却和前奏，而不可能是“民主制度”的温床。一旦统治者的统治技术成熟起来，他就会毫不犹豫地选择专制之路，后世的历史证明了这一点。

到了尧舜禹时期，黄河中下游的大一统政治结构日趋稳定，对部落联合体首领的约束因素也越来越弱化。统治部落自然而然产生了“化家为国”，把在部落内部的专制统治扩大到整个天下的冲动。

我们可以大致确定，大禹通过禅让登上权力之巅的时候，他领导的仍然是由于治水等需要联合在一起的部落联合体，“四岳”“十二牧”组成的部族会议仍然如尧舜时代一样发挥着作用。不过，由于前无古人的“拯民于水火之中”的巨大治水功劳，禹的威望是尧舜所不能比拟的。各个部族都对他感激涕零，既崇拜他的功绩，也被他“劳身焦思，居外十三年，过家门不敢入”的道德力量所征服。

而在治水之后，他又成功地领导部落联合体，彻底战胜了一直与中原部族为敌的三苗部落，获得了更大的权威。通过大规模战争，他在联合体之内建立了更严格、更有效的纪律与集权。在禹的统治后期，他已经在部落联合体内建立起了相当高的专制权威。《左传》记载：大禹在征服各部之后，“合诸侯于涂山，执玉帛者万国”。就是说，他命各地首领到涂山来朝拜他，并且要携带方物，以示服从。《史记·夏本纪》云：“自虞、夏时，贡赋备矣。”也就是说，在大禹之时，已经确立了贡赋制度，各地部落须向联盟中央交纳什一之税，以供治水及军事之用。而财政、军事大权牢牢掌握在强人禹之手。通过这种方式，禹聚敛了大量财富，他的部落很快成了诸部落中军事和财富实力最强的一个。在这种情况下，禹产生传位于子的想法是很正常的，因为他十分清楚权力能给人带来什么。不过，他不会明目张胆地冒破坏禅让制之罪名，他采取的手段很巧妙，那就是大力培植自己的儿子启的势力。《史记·燕召公世家》说：“禹荐益，已而以启人为吏。及老，而以启人为不足任乎天下，传之于益。已而启与交党攻益，夺之。天下谓禹名传天下于益，已而实令启自取之。”也就是说，大禹当初虽然推荐益为接班人，却任命启为官员。到了老年，大禹认为启的势力还不足以名正言顺地统治天下，于是传给了益。不过，由于多年经营和培植，“势重尽在启也”，启马上就联合众人攻打益，夺取了权力。因此，天下人说禹名义上传位于益，实际上却令自己的儿子启取代之。

破坏禅让制当然会引起部落联合体的分裂。西方的有扈氏（位于陕西省户县）马上起兵反对。有扈氏一叛变，启马上进行镇压。他召集的是自己部族人组成的军队。在向全军发布总动员令时，他说：“左不攻于左，汝不恭命；右不攻于右，汝不恭命；御非其马之政，汝不恭命。用命，赏于祖；弗用命，戮于社，予则孥戮汝。”意思是说一切不为战争卖命冲杀的人，不仅本人要被处死，而且他的妻妇和孩子都要一同被处死。而卖命的人，则可以被“赏于祖”，在祖先神位面前获得赏赐，以表彰他对夏族的贡献。由此可以看出，夏启夺取最高权力，主要依靠的就是宗族的力量。他的君权很大程度上是直接从族权演变而来的。从夏代国家的产生过程，我们可以清晰看出，中国国家的产生，是一个直接化国为家的过程。

从此，权力由天下公器而成为一族之私有，启也就由一族之族长而成为全国之元首。“大道之行也，天下为公，选贤与能，讲信修睦”的民主时代一去不复返了，人性中的自私与恶最终战胜了公平和正义，从此“大道既隐，天下为家。各亲其亲，各子其子，货力为己，大人世及以为礼，城郭沟池以为固”。人们把权力当成私有物，传给自己的后代，同时建立起高大的城墙来保护自己通过军事剥削而获得的财货。

不过，虽然实现了形式上的家天下，中国历史上首个国家——夏朝的专制主义统治是十分软弱和幼稚的。这是因为专制技术的发育需要一个过程。在夏代，各部落对中央政权的出现并不习惯，中央政权对地方的控制也缺乏经验。它没有发明分封制度，无法实现对其他部落的直接控制。因此夏代虽然已经是国家，但是仍然保留了部落联合体的诸多特征：夏的天下共主地位主要是名义上的，它只对夏族部落的地域有绝对的控制权，其他部落只要承认夏政权的正统性，并向中央政权定期缴纳贡物，就可以基本不受干涉地进行自我管理。因此，夏王朝和尧舜禹时代最根本的区别只在于帝系的传递由选贤立能变成了父死子继而已。夏代中央政权所依靠的主要是自己原来部落的支持，一直不甚强大，甚至建立不久，启的儿子太康就被后羿赶下了王位，经过数代混乱，直到少康之时才复国。经此一变，夏代的国王对天下“万国”的统治更是只剩下名义上的意义。

夏代传十六帝而亡。继承夏代的商代中央政权更为强大。这是因为夏朝建立过程中，启只灭掉了一个有扈氏。而商灭夏的过程中，却消灭了更多的国家：商的枪杆子更有威力。《孟子》说：“汤十一征而无敌于天下。”在攻灭夏王的过程中，商先后灭掉了葛、韦、顾、昆吾等许多国家。

在朝代更替之际，专制技术往往会有飞跃式的进步，从而帮助专制基因更彻底地实现其意图。夏商周三代都没有发明官僚系统，国王的统治是直接建立在血缘基础上的，他的亲人们按血缘远近享有不同的政治权力，并世袭这些权力。国王居住在祖庙之侧，全国大事，由他召集近支贵族讨论解决，或者通过在祖先面前占卜解决。日常事务则由国王的叔伯兄弟协助。商王朝与夏王朝统治的一个重大区别是它找到了更有效地依靠血缘力量的途径。在征夏的过程中征灭了十一邦国之后，商王把自己的兄弟叔伯分封到这些国家，从而使商王族直接控制的地区比夏王族大大扩展，在其他邦国叛变的时候，它能够有力地调动自己的王族力量，迅速攻灭之。同时，商王还利用自己分封的亲人对异姓地方诸国进行监督，从而使商代的统治较夏代有力而稳定。分封制是血缘统治的有力扩展，商王创立的分封制的等级名称显明地表现了这一特点：“公”“侯”“伯”“子”“男”，都起源于亲属的称谓。

西周是先秦时代中国文明的最高峰。这个起源于西部的小国在成功地推翻了商代的统治后，深刻总结了有史以来的统治经验，创造了系统化、体制化的分封制。商代虽然发明了分封，但商王所封的同姓诸国只占商代三千多封国中的少数。而周王朝建立之时，乘自己兵威天下之际，把黄河中下游主要的邦国故地全部分封给了周王族的近支亲人，形成了周王族对天下各地牢不可破的直接统治。《荀子·儒效》载：周公“兼制天下，立七十一国，姬姓独居五十三人焉。周之子孙苟不狂惑者，莫不为天下之显诸侯”。就是说，在西周建立之时，天下主要的七十一个邦国中，周王族拥有的多达五十三个。周王的近支叔伯子侄，只要智力正常的，都成了显赫的诸侯。

周王朝建立系统的分封制，目的十分明确，那就是确保周王族对天下的统治千秋万代。这在“封建”二字的起源上表现得很清楚：“封建亲戚，以蕃屏周。”也就是说，把亲人们分封到各地，是为了护卫周王。富辰对周襄王说得好：“周之有懿德也，犹曰‘莫如兄弟’，故封建之。其怀柔天下也，犹惧有外侮。捍御侮者莫如亲亲，故以亲屏周。”（《左传·僖公二十四年》）也就是说，打仗亲兄弟，上阵父子兵。一旦有外族入侵，还得靠自己的亲人。所以要把亲人分封出去。

因为建立在宗法关系的基础之上，所以西周天子与诸侯的关系带有明显的家长制因素。也就是说，天子对诸侯的权力关系主要是单向的、绝对的、不可以讨价还价的。保证周天子权力的相对集中和绝对正统地位，是这一制度建立之初的核心考虑。通过分封，西周在中国历史上首次把父权直接扩展到全天下。

周天子对受封的诸侯享有绝对的权威。西周分封制的理论前提是土地王有制，即“溥天之下，莫非王土；率土之滨，莫非王臣”。也就是说，天下土地的产权，根据宗法原则，都属于周王族的族长，也就是周王一人。诸侯仅仅是因为与族长的血缘关系而获得的土地，因此，“授民”“授疆土”的权力牢牢地把握在周王手中，诸侯的权力完全来自周王的赐予，没有任何条件与周王讨价还价。

通过分封，西周初步形成了大一统的政治模式。周王通过“朝聘”“征伐”“会盟”等形式严格控制着诸侯。周王规定，诸侯必须定期朝见天子，亲自去叫“朝”，派大夫去叫“聘”。一般而言，“每年一小聘，三年一大聘，五年一朝”。若不能按期朝聘，“一不朝则贬其爵，再不朝则削其池，三不朝则六师移之”。除了定期朝聘以外，诸侯还要为天子服劳役服兵役，天子随时征调要随时应征，不得有误。

更为重要的是，周王还可以处罚甚至征伐那些不听话的诸侯。如果诸侯不服从周王的命令，就会受到惩罚。或削地或贬爵，甚至“毁其家”“灭其国”。《国语·鲁语上》云：“大刑用甲兵，其次用斧钺，中刑用刀锯，其次用钻笮，薄刑用鞭扑，以威民也。故大者陈之原野，小者致之市朝。”也就是说，诸侯如有大罪，周王则以甲兵讨伐；小罪，则在市朝处死，或者用钻笮、鞭扑等轻刑处之。这并不是理论上的规定，而是实际的法律。《竹书纪年》载：“（夷王）三年致诸侯，翦齐哀公昴。”就是说，周夷王三年的时候，夷王召集诸侯大会，当众杀死了齐哀公。由此可见，周王凭借自己族长的地位，对诸侯要杀即杀。可以说，周王的权力已经达到了时代所许可的专制的顶峰。

通过系统化的分封制，周朝使中国早期政治实现了空前的稳定。依托分封制，专制体制达到了当时历史条件下最充分、最深入的实现。在皇帝制度出现前，西周社会就已经建立了真正意义上的大一统统治，实现了中央对地方的严密控制，实现了国王对所有臣民有效的高度专制。这不能不说是一个惊人的成就。在政治稳定的基础上，这个时代在经济、文化上都创造了空前的辉煌，成为孔子等人怀念不已的尽善尽美的历史时期。

王

经常有人把西周的封建制度与西方的封建制度相提并论。其实，这在很大程度上又是一种“误读”。这两种“封建”有着本质上的不同：西周的封建制是直接建立在血缘的基础之上，而西方中世纪的封建制度却不依赖血缘关系。事实上，欧洲领主与封臣的关系主要是军事领袖与他的战友、下属的关系，分封按照军功大小而不是血缘关系的远近。欧洲的封建关系是建立在契约基础上的：西欧的封建领主除给予附庸封地作为其武器、衣食等费用的来源外，还有保护附庸不受任何伤害的责任，而附庸则必须宣誓效忠于领主并向领主履行诸种义务。所以这种关系是双向的，相对的，可以讨价还价的。如果领主不能尽到保护附庸的责任，或对附庸不公平，附庸就可宣布解除对领主效忠的誓言。阿拉贡王国贵族向国王效忠的传统誓言是最好的佐证："与您一样优秀的我们，向并不比我们更优秀的您起誓，承认您为我们的国王和最高领主，只要您遵从我们的地位和法律；如果您不如此，上述誓言即无效。"

正如同阿拉贡贵族的誓言所体现出来的那样，汉语里的"王"和英语里的"王"也有本质区别。英语里的"king"，除了"国王"之意外，还表示"大的""主要的"。事实上，英国的贵族一直认为国王是自己队伍中的一员，"贵族中的第一人"。十二世纪末，一位学者把国王与贵族的这种关系解释得非常清楚："主公与臣属之间应该有一种相互的忠诚义务，除敬重之外，封臣对主公应尽的臣服并不比主公对封臣所持的领主权更多。"也就是说，国王与其他贵族之间的权利和义务是相互的。（钱乘旦《英国王权的发展及文化与社会内涵》）

而汉语中的"王"则远比英语威严煊赫。在甲骨文直至金文中，"王"是一个象形字，象征"斧钺之形"。而"斧钺"则是杀戮的象征，它对外代表军事征服，对内代表刑罚。事实上，直到周代，王宫里最重要的陈设物还是斧钺，《仪礼·觐礼》中就说："天子设斧，依于户牖之间。"在上古国王贵族的大墓中，玉钺作为权力的象征，是不可缺少的陪葬品。"王"字的出现，证明王的权力是建立在暴力的基础之上的。所以，《韩非子》直截了当地说："王者，能攻人者也。"

通过斧钺这个形象，"王"字又与"父"字建立了微妙的联系。"父"乃"斧"之初字，"斧"最初曾是父权的象征。通过斧钺之形，王权与父权接通了。事实上，“王”这个字在诞生不久就被用于尊崇先祖。“父之考为王父。加王者尊也。”

为了给权力的暴力内核穿上一层华贵的外衣，中国的最高统治者无不把自己的地位与上天联系起来。夏启发布讨伐令时，就打着上天的幌子，他说：“予誓告汝：有扈氏威侮五行，怠弃三正，天用剿绝其命。今予惟恭行天之罚。”就是说，有扈氏不遵天命，反抗王权，上天命我剿灭他们，我今天要代天行罚。商汤攻灭夏桀的时候，也宣称是遵循天命而为：“非台小子，敢行称乱，有夏多罪，天命殛之。”不是我敢于犯上作乱，而是因为夏王多罪，上天命我杀掉他。

到了周朝，国王们终于建立了和上天的血缘联系，周王径直宣称自己是上天的儿子，并且是长子（元子）。《周书·召告》：“皇天上帝，改厥元子，兹大国殷之命。”周人之王认为受着上帝的特殊保护，受命于天，因而才打败了殷人，君临天下。

宣称自己是上天的儿子，这不仅仅是虚荣心作怪，更重要的是，它是中国政治的现实需要。通过这种形式，王实现了对一切权力的垄断：不仅是世俗权力，而且包括神权。“国之大事，在祀与戎。”（《左传·成公十三年》）把自己打扮成天子，垄断与上天交流的权力，是王控制天下人精神的重要手段：唯一可以令中国天子俯首的是上天，然而上天是虚幻的，所以中国专制者的权力实际上没有任何限制和禁忌。

集体主义的生活方式

自从开天辟地以来，中国人一直生活在集体当中。从氏族、部落到邦族，再到国家，随着集体规模的不断扩大，个人被维系集体的血缘绳索捆绑得越来越紧。到西周时期，这种控制达到了顶峰。

西周社会是一个完全建立在血缘基础上的宗族社会，在分封制的组织下，西周社会就是一个大宗族套小宗族的连环套组织。每个宗族其实就是一个小小的“国家”，在内部实行“高度自治”。在宗族之内，祖先的嫡系长子世袭“宗子”之位，《礼记·大传》说：“尊祖故敬宗。”宗子是全体族人敬奉的对象，在家族之中，他就如同皇帝在帝国之中，或者国王在王国之中，拥有至高无上的、说一不二的权力。正是因此，在铜器铭文中他干脆被尊称为“宗君”。

“宗君”的权力具体来说有这样几种：一是有权主持祭祀。祭祀祖先是一种神圣的仪式，只有身为嫡长的宗子才能主祭，正如同只有“天子”才能祭天一样。第二，有权掌管本宗的财产。在西周社会，宗族内部是实行“血缘共产主义”的。每一个宗族都是土地公有，公有的具体表现形式是“井田制”。同宗兄弟“异居而同财，有余则归之宗，不足则资之宗”（《仪礼·丧服》），就是说，宗族之内财产公有，谁家有富余，就缴公，谁家不够用，就从公家领取。负责收其有余，资其不足，以通有无的，正是宗子。《礼记·内则》说：旁系子孙“虽然贵富，不敢以贵富之态进入宗子之家。虽然拥有众多车徒，也要舍之于门外，以寡约之态进门。子弟拥有上好的衣服、裘衾、车马，则必贡献最好的部分给族长，而后才敢服用其次也。若非所献，则不敢以入于宗子之门，不敢以贵富加于父兄宗族”。可见宗族成员中有的人即使实际上比宗子更为富有，但是他们在衣服、器用、车马的享受上都不得超过宗子。这导致了富有特色的聚敛方式，即“先贵而后富”：越是嫡长，在血缘谱系上地位越尊贵，支配的财富就越多，就越容易富有。所以，宗族社会中的上层人物都是既得利益者，他们必然倾向于强化宗法制度，获得更多攫取财富和权力的机会。这就奠定了中国政治权力的“超经济强制”的传统。第三，宗子对宗族成员有惩罚权甚至生杀之权。《左传·成公三年》记载，在邲之战中被楚军俘虏的晋国贵族知，被释归国前对楚共王说自己回国后如被晋君处死，死了也光荣，如得到晋君的赦免，而由自己的父亲荀首“以戮于宗”，死了也很光荣。这说明宗子有权处死宗族成员。《左传・定公十三年》载，晋国贵族赵孟有一次与其小宗邯郸午发生矛盾，于是“赵孟怒，召午，而囚诸晋阳……遂杀午”。可见那个时候，大宗宗子一怒，确可对小宗之人要召就召，要杀就杀。

可以说，在三代以前，中国人是完全生活在宗族之中的。历史学家说：“在春秋中期以前的中国社会中，没有具有自我意识的独立的人，有的只是许许多多以贵族为长的家族。”家族中的一切事情，都由家长一个人说了算，其他人都只有唯唯听命的份。历史学家张荫麟先生描述春秋以前的家族中家长的作用时说：“他作乱的时候领着整族作乱，他和另一个大夫作对就是两族作对。他出走的时候，或者领着整族出走，他失败的时候，或者累得整族被灭。”

宗族的稳定，是以抹杀个体的自主性和个性、强化宗族整体的虚幻性、导致宗族首领的全面独裁为代价的。随着集体不断扩大，与集体生活相适应的伦理规范就越来越严格。集体大于个人，集体重于个人，集体先于个人的观念被不断培养壮大，最终导致了个人的彻底消亡。在宗族社会内，个人的权利、义务、命运，都由自己全族的命运所决定，个人隐没于全族之内，无独立的人格、人权可言。（徐良高《中国民族文化源新探》）秦代中国虽然大规模打击宗族组织以提高国家控制力，可只在短期收到成效。到汉唐时期，宗族势力又强劲恢复，政府也乐于把宗族作为控制和稳定社会的一个工具，从而使宗族制度一直持续下来，对中国文化中的重人伦、重团体而轻个人、轻自由的特征产生了深刻影响。

孝

任何一种社会形态都需要与之配套的意识形态。家长制的本质是“不平等”，它管理的窍门是破坏人群的平等关系，区分出人的长幼尊卑，以此来建立秩序。在两性之间，它明确男大于女；在两代之间，它明确长辈大于晚辈；在同辈之间，它也强行规定，兄长大于弟弟，后者必须无条件服从前者。父权家长制不能容忍“平等”。家长制思维认为，平等是秩序的最大威胁。当家长制权力结构高度成熟时，“孝顺”理念就被创造出来了。

“孝”的全部理论依据，是父亲创造了新的生命。

这是中国人全部伦理思考的起源。《孝经》说：“身体发肤，受之父母，不敢毁伤，孝之始也。”我们的身体、我们的生命、我们的幸福都是父亲赐予的。父亲是我们的恩人，我们一生下来就欠下了感情上的巨额债务。这是每一个中国人的“原罪”。事实上，这个“原罪”是永远无法赎清的。因为我们没法像哪吒那样剔肉还母，剔骨还父，然后再以平等之身对父亲“讲经说法”。所以，我们和父亲之间，永远是不平等的。所以，“孝始，身不属己；孝终，身不为己”。《礼记》说：“父母在不敢有其身。”

偿还这个“原罪”的途径有两个。一个是在父亲生时，听从他的支配，永远不违逆他。另一个是在他死后，对他进行供奉，让他在另一个世界仍然能够温饱。

随着部落内部集权程度不断提高，部落和家族内部的伦理规范也日益严密地发育起来，在这种伦理规范中，尊者、长者永远处于主导地位，卑者、幼者永远处于服从地位。小宗要绝对服从大宗，晚辈要绝对服从长辈。尊长的权力不受任何约束，晚辈、幼者则只有义务，没有任何权利。宋人袁采在《袁氏世范》中论述中国式伦理的严密时说：“子之于父，弟之于兄，犹卒伍之于将帅，胥吏之于官曹，奴婢之于雇主，不可相视如朋辈，事事欲论曲直。”戴震也说：“尊者以理责卑，长者以理责幼，贵者以理责贱，虽失，谓之顺。卑者、幼者、贱者以理争之，虽得，谓之逆。”（《孟子字义疏证》卷上）

为了维系这种伦理原则，周人创造了系统成熟的礼乐制度。古人谓大礼有三百，小礼有三千，从大型活动到日常起居，莫不讲究礼仪。《礼记·坊记》说：“夫礼者，所以章疑别微，以为民坊者也。故贵贱有等，衣服有别，朝廷有位，则民有所让。”《礼记·曲礼》又说：“道德仁义，非礼不成；教训正俗，非礼不备；分争辩讼，非礼不决；君臣、上下、父子、兄弟，非礼不定。”礼乐制度的核心精神是等级制，某一等级的人，才能享用这一等级的礼乐。一切社会关系，都不能逃脱礼法的控制。就乐而言，等级的内容包含有对乐舞名目、乐器品种和数量、乐工人数等等的绝对限定，超出规格就是严重违法。比如所谓“天子八佾，诸公六佾，诸侯四佾”。这是一种寓教于乐的专制教育，通过这种潜移默化的熏陶，使人们达到分别贵贱、君臣和敬、长幼和顺、父子兄弟和亲的社会和谐的目的。考察西周两百七十多年的历史，多有因异族入侵而造成的政治危机，却鲜有王朝卿士大夫犯上作乱之举，可以说礼法制度发挥了重要作用。

祖先崇拜

随着以“孝”为核心的意识形态日益高扬，祖先崇拜在这一时期愈演愈烈。

从原始社会末期到西周时期的人类遗址的演变，表现出两大特点。一个是村寨和城镇的中心都是祭祀用的广场或者祠庙，二是随着生产的发展和社会的演进，普通居民的民居没有多大变化，而中心的公共建筑却越来越宏伟，越来越巨大，也越来越精美。一开始是广场，后来是面积大于普通民居的大型建筑，再后来是有夯土地基的高台建筑，并且间数越来越多，规模越来越壮阔，到了夏代，终于演变成了高九尺的天子之堂。而普通民居从原始社会末期到西周时期，虽然时间过去了几千年，却还是那么卑污狭小四处漏风，“与这些高大夯土台基上的巍峨建筑相对照的是狭小、昏暗、进步不大的居民建筑”。

夏商周三代，宗庙都位于国都的中心。兴建都城时，宗庙是第一位的考虑。或者换句话说，建都，首先是为了祭祀祖先的需要。《礼记·曲礼》说：“君子将营宫室，宗庙为先，厩库为次，居室为后。”从考古发现看，三代之时，宗庙确实是都城中最中心、规模最大、建筑等级最高的建筑，甚至在王宫之上。

随着社会的发展，中国祖先崇拜的规模越来越盛大，礼仪越来越繁复，也越来越劳民伤财。据考古学家考证，中国上古辉煌灿烂的青铜文化和玉文化，都是祖先崇拜的产物。在安阳殷墟发掘中，出土了大量精美的青铜器，但是这些铜器明显是礼器和兵器，并且几乎没有使用过的痕迹。事实上，在中国的“青铜时代”，那些精美绝伦的青铜器被穷极物力制造出来，并不是为了欣赏或者实用，而是为了在祭祀祖先的时候作为礼器。老百姓平时用的，还都是简陋的石斧、石刀、石锹等。盖因铜器贵重，只有在最重要、最神圣的场合才可使用。那些巨大的青铜鼎，用来盛放献给祖先的牛和羊，而那些精美的觚和爵，则是祭祀典礼上盛酒的器具。古墓中大量出土的玉琮、玉璧，都是祭祀活动上的道具，只有父系最高家长才能使用。

希腊的反方向运动

与中国社会的发展方向截然相反，希腊文明的发展是一个血缘纽带不断松弛、父权不断弱化的过程。最终，血缘不再是维系社会的基本纽带，成年人以平等的方式组成社会，从而创造出了希腊的民主城邦。

破坏希腊社会血缘纽带的第一个因素是原始社会末期出现的贫富差距。

关于国家的起源，马克思主义的经典解释是，在原始社会末期，经济迅速发展，不可避免地出现了贫富差距。这种贫富差距破坏了氏族内部的平等关系，导致了部族成员的分裂、出走，从而割断了血缘的纽带。居民之间打破了血缘关系而按着地域和阶级重新进行组合。富有阶级为了压制和剥削贫困阶级，创建了国家。

正如上文所证明的，中国早期社会的发展规律并不符合马克思主义的经典定义。在氏族时代，人死后都是葬在氏族的公共墓地之中。在西方，随着贫富差距的出现，血缘关系被破坏，人们不再埋进公共墓地，而是按财富多少决定自己埋在哪里，这就出现了穷人墓地和富人墓地的分区。与之相反，原始社会末期中国氏族内部贫富分化和等级高低，不但没有破坏成员之间的血缘关系，反而加强和扩大了这种血缘联系。直到西周时代，人们死后都是按老规矩葬在部族的公共墓地中。虽然随葬品的多少出现了明显差异，但墓穴的排列仍完全按死者的血缘远近、辈分、长幼及死亡先后，而不按贫富程度。在这些墓地发掘中基本上见不到夫妻并葬墓，人们都是打破家庭关系单独埋葬，这说明在部族中，家庭没有独立性，人们是完全属于宗族的。墓葬中体现出的贫富差距与血缘关系密切相关。也就是说，嫡长和其近支随葬品多而且精美，而远支小支辈分低的支系，往往是贫困阶层的主要构成者，随葬品少而简陋。这从一个侧面证明了“先贵而后富”的原则：一个人在部族中的地位，完全是由他与祖先的血缘远近而定，而与他个人的贫富无关。

希腊并非如此。随着经济的发展，希腊社会很早就出现了两极分化，原来居住在一起的同一氏族成员们开始分裂，富人们不再承认自己的穷亲戚，甚至因为他们欠债过多而把他们罚做自己的奴隶。随着两极分化越来越剧烈，整个社会分成了奴隶主和奴隶两大阶层。由于贫富差距扩大，雅典地区的社会矛盾越来越复杂和激化，盗窃、抢劫、穷人起义层出不穷。原来建立在氏族之上的原始民主制因为氏族的解体不再有效，氏族也没法再控制自己原来的成员，社会陷入混乱之中。

不过，原始民主的基本形式如长老议事会等社会组织形式还是保留了下来，只不过参加者由原来的长老变成了拥有巨大影响力的富人们。长老议事会因此也就演变成了富人们把持的“贵族会议”。虽然原来的氏族民主变成了贵族寡头们的政治，但是这种政治还是遗留着浓厚的民主基因：贵族们在一起议事时，仍然遵守民主规则。虽然他们和平民之间地位不再平等，但是他们仍然相信所有的富人，即拥有一定财产之上的人之间的地位仍然是平等的。他们通过投票形式，选举出执政官来轮流执政。由于原来建立在氏族之上的习惯法已经不起作用了，于是，他们在协商的基础上，制定了新法律。因此，雅典国家的建立，是由部落联盟和平演变来的，是立法性的，而不是暴力性的。希腊人认为，国家的存在，就是为了建立统一的法律，以维护所有成员的利益，协调成员间的矛盾。

破坏希腊人血缘纽带的第二个因素，是多利安人的入侵。公元前1050年左右，希腊北方的多利安人大规模入侵希腊内陆。它使得大批希腊人背井离乡，流亡海外去建立殖民地，从而大大动摇了希腊社会的血缘基础。

海洋在希腊文明中一直起着重要作用。汤因比说，希腊的海外殖民对希腊文明的生长起到了决定性的刺激作用：“如果说……新地方比旧地方具有更大刺激力量的话，那么我们还发现，凡是在新旧两地之间隔了一段海洋的，刺激力就更大。这种远洋殖民的特别刺激性，在公元前1000年—500年的地中海历史上看得更为清楚。”

为什么如此呢？汤因比在《历史研究》中给出了原因。他说：“跨海迁徙的一个显著特点是不同种族体系的大混合，因为必须抛弃的第一个社会组织是原始社会里的血族关系。一个船只能装一船人，而为了安全的缘故，如果有许多船同时出发到异乡去建立新的家乡，很可能包括许多不同地方的人。”确实，因为跨海迁徙的风险显然比陆上要大，条件也更为苛刻，只有那些最强壮、最富于冒险精神的人才能做出这样的选择。身体条件差的老人和孩子在漫长的航海过程中只能是累赘，并且经不住海上的风浪，因此他们选择的是留在原地，那些年轻的、志同道合的人相约在一起上路了。这样，血缘的纽带就松弛了。

汤因比说：“这一点同陆地上的迁移不一样，在陆地上可能是整个的血族男女老幼家居杂物全装在牛车上一块儿出发，在大地上以蜗牛的速度缓缓前进。”正是因此，他认为，如果说迁徙会对一个民族形成新的刺激，促进其文明生长的话，那么海上殖民的刺激性较之陆上更大。

正是跨海迁徙，导致了希腊社会从以血缘为基础，转向了以契约为基础。这是人类社会一个质的变化。他说：“跨海迁移的苦难所产生的另一个成果……是在政治方面。这种新的政治不是以血族为基础，而是以契约为基础的……在希腊的这些海外殖民地上……他们在海洋上‘同舟共济’的合作关系，在他们登陆以后好不容易占据了一块地方要对付大陆上的敌人的时候，他们一定还同在船上的时候一样把那种关系保存下来。这时……同伙的感情会超过血族的感情，而选择一个可靠的领袖的办法也会代替习惯传统。”

历史学家们确信，多利安人的入侵导致的海外移民对希腊民主制度的发展成熟起到了巨大的推动作用。事实上，在多利安人入侵结束之后很久，已经独立的希腊人在城邦人口过剩的压力下，仍然长期地继续着他们变得轻车熟路的海外殖民活动。例如，公元前7世纪后期，希腊的铁拉岛大旱，七年无雨，居民被迫抽签从两兄弟中选出一人到今天北非利比亚的昔勒尼去殖民。在几百年的时间之内，爱琴海附近甚至更远一些的地中海沿岸地区，雨后春笋般建立了许多希腊移民的城邦。

这种海外殖民大大动摇了希腊社会的原有基础，促进了希腊人个人主义的觉醒。脱离了家族控制的自由人聚集到一起，每个人都不再有特权，每个人都认识到了自己的独立身份。人的自我意识、平等意识、独立意识发展起来了。人们认识到，人和人之间的关系是对等的、可逆的，人们要维护自己的权利，就必须尊重别人的权利。在新的海外殖民地，人们不再以氏族为划分，而是以财产为划分。氏族退化成了贵族标榜自己血统高贵的符号。“在早期社会中，要把自己和平民分离开来去追逐宗派利益的上等人，是一些大地主。最初的贵族就是由此形成的……大地产的所有主最终结合成为贵族阶级，于是氏族在根本上成了贵族的组织……氏族的重要性在于他们维护名门和豪富的世裔……”（格尔顿乃尔《早期雅典》）这些因财富而有势力的贵族意识到有必要共同约定一个大家遵守的条约，以保护每个人的权利，特别是财产权，有必要选举一个处理公共事务的机构。在这个逻辑基础上，海外城邦的“贵族民主制”产生了。

促使希腊人之间的关系从血缘向契约转变的另一个原因是商业的发展。我们前面说过，在文明之初，希腊的商业就很发达。随着经济的发展，特别是海外殖民的兴起，海上贸易越来越成为希腊经济的命脉。殖民地用船将谷物为主的各种原材料运到人口过剩的希腊，作为回报，得到酒、橄榄油和诸如布、陶器等制成品。这种贸易使希腊本国的经济急速发展，以葡萄树和橄榄树种植为主的商业性农业，使能够养活的人口比从前经营自然农业时增长二至三倍。此外，贸易对制造业的促进也很大，这可以从不仅在地中海周围，而且深入更远的内地，如在俄国中部、德国西南部和法国东北部，也挖掘出大量希腊陶器这一点上看出。与此同时，希腊商船队在往返运送货物方面也获得很大成功。那时的货物与奢侈品截然不同，体积庞大，以如此巨大的规模运销各地，是前所未有的。有位经济史学家断言：“公元前6至4世纪之间，希腊经济正飞速上升……若充分估计不同时代的具体情况，雅典经济给人的印象与19世纪的欧洲有点相似。”（斯塔夫里阿诺斯《全球通史》）

大规模的商业活动使人们远离血缘关系对人的控制。“商品生活和贸易首先要求人们有广泛的个人自由，摆脱了人们对血缘组织的人身依附，同时，贸易的流动性破坏了血缘组织存在所需的长期定居的稳定性。其次，商品生产和贸易最基本原则是公平交易，它导致了人与人之间的平等关系。最后，商品生产和贸易同个人的财产私有制是密不可分的，这是工商业社会所必需的。财产的私有破坏了血缘组织存在的经济基础。”（徐良高《中国民族文化源新探》）

被从氏族制度中解放出来的希腊人迅速焕发出难以想象的生机与活力。挣脱了血族脐带的人第一次发现了自己的力量与美。他们不再把自己的命运寄托给祖先和鬼神，不再把自己的权利让渡给那些暴虐的统治者，不再把自己的个性隐藏在集体主义的统一步伐之下。他们享受现世，享受人生，享受自己的活力、创造带来的乐趣。在希腊，诞生了其他地方没有的奥林匹克精神，这种精神就是对个人的体力成就的崇尚，对个人价值的发现与肯定，对个体英雄的崇拜。人们对传统的一切不再迷信，“旧的基石经过检验，其中多被推翻。否定的精神在国土上广泛传布”。该时代被学者定义为启蒙时代（Aufklarung）。在这里，“新生的精神状态自然会鼓舞个人主义的滋长。个人开始摆脱团体的权威，进行自我奋斗，想其所想，自求解脱，而不依赖旧的传统”。

早在三千年前，希腊人和中国人已经演变成了截然不同的种群，在社会结构、价值取向、思维方式上呈现出巨大的差异。这些差异，决定了两大文明以后相反的历史流向。

第四节　中国独特性的起源

早熟与停滞

在中国历史上，有无数个世界最早：中国是世界上最早进入农业文明的国家之一，农业文明的超前发展，使黄河中下游地区的人口密度在原始社会后期就达到了欧洲中世纪时的水平。中国是世界上最早因为人口压力展开大规模战争的地区，早在黄帝时代，中国就实现了初步的统一。中国是世界上最早发明分封制的国家，比西欧早两千多年建立了层层分封的“封建制度”，并且发展出一整套精美辉煌的青铜礼乐文明。及至秦朝，中国又率先在人类史上创立了最大和最强有力的君主专制国家，建立了当时国家对人民最严格、最精密的控制……可以毫不夸张地说，在文明之初，中国处处领先人类一步。

可是，从另一个角度看，中国又是世界上发展最慢的国家。

自从原始社会末期以姜寨古村为代表的父系大村庄出现后，中国社会的发展，不过是姜寨古村的扩大而已。直到明清时期，闽西一带客家人修建的巨大土楼，其结构形式仍然完全秉承姜寨古村的精神，毫不走样。这些土楼多为圆形，规模巨大，由上百间房间组成，可以容纳数百人，向心而居。中间立有祠堂。住在一座楼中的人一般都是由一个祖先传下来的大家族，五世、六世同楼，数百人有地同耕、有饭同吃，每次吃饭都像是大摆筵宴，每天早上出去下田都像大队人马开拔，很有点家族共产主义的意思。到了过年过节，全家族人集体祭祖，数百人行礼如仪，气势十分宏大。在新中国成立前，一个土楼家族往往拥有上千亩土地，算成大地主是绰绰有余了。可问题是土楼里的人生活水平大体平均，往人头上一分，就又都成了贫农，据说在土改时曾经给革命同志们出了不少难题。在这些客家村落中，直到1949年前，血缘原则仍然是处理一切社会关系的基本原则。

这种近乎停滞的超低速发展，使得在全球视角下，中国成为最独特的国家：世界几大古文明，都已经在发展变化中面目全非。只有中国文明，几千年里完整无损。从先秦到明清，中国社会几乎没有质的发展变化，成为一个“活化石”型的社会。

杜赫德在《中华帝国通志》中用惊讶的口吻说："……四千多年间，它（中国）自己的君主统治着自己的国民，从未间断。其居民的服装、道德、风俗与习惯始终不变，毫不偏离其古代立法者们创立的智慧的制度。"

麦都思则指出了这种数千年不变的可怕："语言与习俗千年不变，人民的才能与精神，还跟父系氏族时代差不多。"

中国社会是一个早熟的社会。构成中国传统社会的三大基本特征——血缘社会、祖先崇拜、大一统的专制精神，起源于原始社会早期，及至西周时代牢牢确立。中国社会的成熟与定型之早，远远超出我们的想象。也就是说，中国社会的独特性，早在三千多年前就已经形成了。

可是，早熟往往是一种有问题的成熟。在中国文化的发育过程中，存在着一个非常明显的现象，那就是"进化的不彻底性"。在传统文化中，处处体现出"进化受阻现象"：在意识形态上，停留在"祖先崇拜"阶段，没能进入到"一神崇拜"阶段；在经济形式上，停留在小农经济阶段，没能进入到商品经济阶段；在社会结构上，停留在政治权力决定一切的一盘散沙阶段，没能进入到社会分化和有效自我组织阶段；在人的素质上，停留在没有充分自我实现的"类人孩"阶段，没能达到有着充分自我意识的现代人阶段；在思维方式上，我们停留在直观思维、直线思维阶段，没能进入抽象思维、实证主义思维阶段，无法创造理论体系；在世界观上，我们这个民族停留在实用主义阶段，一切为了现世，一切为了生存，没有超越现实生活的彼岸信仰、理论思维、自由探索精神、扩张冒险精神。

中国文明的早熟是因为得天独厚的地理环境，中国文明的进化缓慢，也是由于地理环境的优越。封闭的、肥沃的黄土地带使中国早期文明遇到的挑战很小，从而使它丧失了探索农业文明以外其他文明形式的可能，也丧失了自我剧烈变革的压力和动力。中国社会进化的过程中，保留并积存了大量的原始特征。就像一个缠着脐带长大的孩子，或者说像是一只背着蛹飞翔的蝴蝶，它的起步比别人早，可是发育得不完全、不充分、不彻底。在此后的几千年间，中国文明一直没有机会再次发育，而是停留在较低的文明层次上。就像一个早熟的孩子，在别的孩子没有长起来的时候，鹤立鸡群了一段时间，然而，在青春期过后，他却终生低人一头。所以，在1840年打开国门之后，那些西方人惊讶地发现，那个传说中的文明古国，原来竟然是一个半开化、半野蛮的民族，保留着和非洲部落相类似的惊人落后的习惯：小脚、太监、姨太太、贞节牌坊、无处不在的迷信和恐惧……

中国与非洲

血缘纽带、祖先崇拜和专制精神是人类早期社会共同的特征，从欧洲到亚洲都是如此。不过，欧洲在氏族制度解体时，就已经打破了祖先崇拜观念，转求于与人类建立了契约的上帝这个新的精神支柱，而中国却一直没有突破血缘社会的瓶颈。因此，传统中国社会与如今南部非洲或者大洋洲的一些落后部落有许多相似之处：

祖先崇拜是传统中国社会和今天南部非洲许多部族共同的基本意识形态。C.邵耶说："非洲所有各个部落群体都有向祖先奉献祭品的习惯。"现存于黑非洲的祖先崇拜，其"理论依据"和"现实表现"与传统中国惊人一致。李保平在《论非洲黑人的祖先崇拜》一文中说，这些处于原始社会晚期或者奴隶社会早期的非洲黑人"尽管对祖先灵魂的居住地看法不尽相同，但黑人各族普遍认为，祖先的灵魂始终陪伴着生者，干预着尘世间的事情"。"与家族、部落共同体有关的每件事，如后代的健康和繁衍，祖先都感兴趣。祖先看管着家园，佑助着家族、部族成员，直接关心过问家庭和财产方面的一切事情；他们保佑着后代五谷丰登、六畜兴旺、人丁昌盛、福禄长寿。”

“祖先还能帮助本族人民赢得战争，因此战斗之前，要祭奠祖先，以求得到祖先的保佑。祖先可以托梦给人。祖先也可以降祸以惩罚后人。当祖先发怒时，人们必须设法抚慰使祖先的精灵安息。比如，用饮料、家禽或牲畜等进行祭奠。直到今天，非洲人还在互相叮嘱，不要忽略对祖先的祭奠。因为得不到祭奠的人在阴间是靠别人施舍过活的穷人。如果祖先的坟墓多年失修，那么不肖子孙就要内心愧疚，反映了各族黑人意识中对祖先敬爱与畏惧交织。”

相信每个中国人读了这段介绍，都会理解今天非洲黑人对祖先的那种虔信。其实，直到今天，中国大部分农民对祖先灵魂的看法与非洲黑人仍然毫无二致。每年节日，他们都绝不会忘记上坟，给祖先寄去纸钱。他们一边烧纸，会一边念叨：“爸、妈，给你们送钱来了，你们在阴间保佑你们的儿子和孙子们日子过得平平安安、旺旺香香的。”如果梦到死者，他们多会认为这是祖先因为缺钱或者在阴间境遇不好而“托梦”，立刻到坟上去烧纸，或者找“算卦”“看相”“跳神”的巫师“破解”。

在人类社会中，除了“中国式专制”闻名于世外，“非洲专制主义”也广为人知。在中国五千年文化积累起来的专制文明，其基本精神与今天非洲、大洋洲等处于奴隶社会的部落居然一脉相通。

秦国创立的君主专制是中国政治史上一个技术性飞跃，在出现之初，这个制度以残暴和严刑峻法而闻名。而非洲的祖鲁国家在其建立初期，也表现出同秦国一样突出的特点，即频繁和过分地采用暴力手段，以此确立和扩大统治者的权威。哈斯说：“祖鲁国家一经形成，随之而来的发展表现为：在最早的两个统治者的操纵下，大批地残杀民众和四处制造恐怖。民众只要有一点犯罪嫌疑，就要被公开处死，并且其罪行经常是随意加上的。”

商鞅等改革家的伟大发明其实并不是多么高明的智力成果，祖鲁国王穆盘德的理论和中国法家学者异曲而同工，他“曾断然对纳塔尔地方事务长官阿费勒勒·雪卜斯冬君主宣称：‘对祖鲁人唯一的统治办法就是杀。’”这个国王很明白暴力的必要性：“穆盘德的统治也说明了暴力威胁同暴力的有限使用相结合是如何成为其统治地位长期稳定的有效的因素的。”

在形式上，中国的皇帝专制制度与非洲、大洋洲一些奴隶制小国也有高度的一致性。在波利尼西亚的塔希提人中，对酋长和高等级的人的尊敬和畏惧被夸张到神秘的地步。塞尔维斯描写道：“最高等级阿里依是如此神圣，以至他用过的任何东西都成为禁忌的对象，而他触摸过的任何食物对低等级的人来说是有致命的毒性的。在有些波利尼西亚岛上，解决这个问题的方法是使最高酋长几乎完全保持不动。他出行坐轿、沐浴和进食由一个侍从服侍，而在西波利尼西亚他甚至不许当众说话——由一个酋长发言人（通常是他的弟弟）来代表他发言。还有一个常见的习俗是最高酋长使用一套对平民禁用的古典语汇来发言。”（谢维扬《中国早期国家》）

这种半人半神的状态，与中国的皇帝何等相似！当马嘎尔尼使团访问中国时，他们惊讶地发现，在中国人眼里，皇帝就和“神”一样：他在十六人抬的大轿中如同神一样降临，在场数千人都一起行三跪九叩礼。皇帝不和别人直接说话，也不直接与别人接触：当英国公使要与皇帝交谈时，他要先通过翻译把要说的话讲给礼部尚书，礼部尚书再跪到皇帝面前，向皇帝转达。皇帝要向贡使说话，同样如此。当贡使要把英国国王的信交到皇帝手中的时候，要经过这样的程序：他要先把信交到礼部尚书手中，礼部尚书到皇帝面前，叩头，把信放到垫子上，太监取过信，再放到皇帝面前……

建立起成熟、强大、严密的专制主义政治，并不能算成中国人的骄傲。因为归根结底，专制主义是一种十分低级的社会组织形式，连动物都会使用。

鸡就具有强烈的专制性格。任意的几只鸡关在一起，一开始会乱作一团，彼此啄食，直到形成稳定的暴力传递制度。最强壮暴虐的鸡可以随意地啄所有的鸡，第二强壮的除了被一只鸡来啄，可以啄剩下的所有的鸡，这么一级一级下去，直到最后一只，它被所有的鸡啄而不敢啄别人。

大猩猩的组织方式也是如此。几只陌生的大猩猩遇到一起，首先要做的事是“明上下，辨尊卑”。通过暴力角斗来确定彼此位置，直到决出一个最强横、最野蛮、最狡猾的猩猩王，“遂扫平群雄，使百姓息于田野”。而其他活下来的竞争失败者和那些胆怯的旁观者于是立刻匍匐在地，山呼万岁，从此成为王者统治下的顺民。

相比起专制，在较大的集体内建立起的民主无疑是更高级更复杂的组织方式。摩尔根说，在原始社会，能够建立民主制度，通常是这个民族拥有较高智力和优秀才能的证明，比如北美的易洛魁人。他说：“无论哪一种人组成了联盟，这件事本身即可证明他们具有高度的智力。易洛魁人部落能够完成这项事业，足证他们有着优秀的才能。而且，联盟既是美洲土著所达到的最高组织阶段，所以，只可能指望在最聪明的部落中才会有这种组织。”

挣不脱的血缘链

人类社会发展的一个重要关口是从血缘社会向契约社会转变。英国法律史学家梅因说：“所有进步社会的运动在有一点上是一致的。在运动发展的过程中，其特点是家族依附的逐步消灭以及代之而起的个人义务的增长……用以逐步代替源自‘家族’各种权利义务上那种相互关系形式的……关系就是‘契约’……可以说，所有进步社会的运动，到此处为止，是一个‘从身份到契约’的运动。”

而中国文化一直没有突破这个关口。直到1911年以前，每个中国人都不过是生生不息的生命洪流中的一滴水珠，是家族传宗接代链上的一个链条。“身体发肤，受之父母，不得毁伤”，对自己的身体都没有自主权。被束缚在家庭和家族网络里的传统中国人，根本没有为自己创设权利和义务的可能，因此也就没有机会进化成“现代人”。直至今日，大部分中国人还没法独立地“为自己而活”。如果一个从农村出来的人发达了，就必须“提携”自己的亲人，把自己的亲人像拔土豆一样一个一个从农村拔出来，是所谓“一人得道，鸡犬升天”，而“六亲不认”至今仍然是一个非常严厉的道德贬语。当然，如今的中国社会已经从血缘社会发展到了“熟人社会”。过去的“爱有等差”“亲亲尊尊”原则演变成了“有熟人好办事”规则。正如费孝通所说：“在这种社会中，一切普通的标准并不发生作用，一定要问清了，对象是谁，和自己是什么关系之后，才能决定拿出什么标准来。”在血缘纽带彻底瓦解了的城市里，人们千方百计构建种种“拟血缘”的关系网，以取代原先依赖其中的血缘网。人们认老乡，攀亲戚，找校友，找同学，定期聚会，“联络感情”，为的不过是办事方便。

集体主义的生活方式促进了“群体利益至上”观念的形成。对集体主义的偏好已经深入到中华民族的集体潜意识当中：在中文里，凡是包含“私”字的词汇几乎无一例外是贬义的，比如自私、私心、徇私舞弊、私通、私欲、私奔、私愤……一切与“私人”有关的似乎都是不正当的、邪恶的、见不得人的。相反，一切与“公”有关的词汇则都是褒义的：大公无私、天下为公、公开、公平、公正、公理、公愤……一旦与“公”字为邻，一切就都变得光明正大、大义凛然、压倒一切了。比如一个愤怒吧，“私愤”只能偷偷地、挟带私货式地“泄”掉，而“公愤”则可以用高音喇叭义正词严地喊喝出来。

确实，有史以来，我们充分发挥了集体主义的巨大威力，办成了治理黄河、修建长城、开凿大运河等无数大事，也催生了大禹、苏武、文天祥等无数舍身为国、为大家不顾小家的英雄模范。几千年来，我们一直热爱集体主义。直到今天，我们还歌唱“人多力量大”，喜欢“集中力量办大事”，提倡“一切行动听指挥”，相信“步调一致才能取得胜利”。

然而，与此同时，强大的集体主义精神也给民族心理的发展造成了一些负面影响：在“国家”“民族”“集体”的名义之下，个人权利有时会受到压抑，“天道”“民族”“家庭”有时成为压制个人欲望和价值的大帽子，提倡克制、牺牲、顺从、守时等顺民品质，会压缩个性、独立思考、主体意识的发育空间。

通过对中国上古文明的梳理，我们可以得出一个结论：当今中国社会的许多问题，其根源可以追溯到三千年前或者更远。认识到这一点，有利于我们对传统文化转型的难度进行更准确的评估。

第十四章

秦始皇：历史下的蛋

其实，君主专制制度并不是秦始皇发明的。统一中国，他起的也不是决定性作用。秦始皇的历史功绩一直被大大夸张了。

如果说春秋战国是中国的思想启蒙时代，那么它启的不是民主之蒙、科学之蒙，而是专制之蒙、迷信之蒙。因此，春秋战国时代不是中国上升的开端，而正是中国历史下陷的开始。

第一节　强悍的男人

一

公元前221年，三十九岁的嬴政端坐在高大幽深的咸阳宫前殿。他注视着面前竹简上的两个字“泰皇”，思维良久，举起笔，圈去“泰”字，在后面加上一个“帝”字，在旁边注道：“去‘泰’，著‘皇’，采上古‘帝’位号，号曰‘皇帝’。”（《史记·秦始皇本纪》）

这是一个伟大的发明。虽然嬴政后来被以暴君的形象载入史册，然而这一发明却被后来者珍爱不已。从公元前221年至宣统三年（1909年）的两千多年，数百名中国统治者袭用秦始皇发明的这个称号称呼自己。

这个称号确实与众不同。它的本质特征是“无以复加”。“皇”字，取自“三皇”，即开创宇宙人类的三位神人。“帝”的本义亦是神祇的名称，传说中以黄帝为代表的五位半人半神的领袖合称“五帝”。这两个字本都不属于凡间。除此而外，这两个字的字面意义也是最为盛大、崇高、辉煌：“皇者，大也，言其煌煌盛美。”“帝者，德象天地，言其能行天道，举措审谛，父天母地，为天下主。”（应劭《汉官仪》）

在秦始皇以前，再狂妄的人间君主也顶多僭用一个“帝”字，从来没有人想到可以把“皇”“帝”叠加起来使用。虽然仔细推敲，这种用法稍有同义反复之嫌，但确乎达到了给人以饱餍感、窒息感的极致性效果。不可能在汉字中创造出比它更加尊贵的词汇了。嬴政不愧是“万世帝王之祖”，他随手摘撷的这两个字，严严实实地封住了后世万代所有人从名号上超越他的一切可能。

二

对中国人来说，“秦始皇”这个人既熟悉又陌生。

说熟悉，这是中国家喻户晓的名字。不但因为孟姜女哭长城的传说，更因为他是“千古一帝”。

说陌生，是因为除了“残暴”二字之外，人们对他所知其实不多。在大部分人的脑海里，他更像一个符号式的人物，而不是一个活生生的、可触摸的、有血有肉的人。确实，这个人的所作所为，似乎离正常的人性人情太远：他专横强大，挥动巨剑，指挥铁血秦军在十年之内席卷宇内，完成了前无古人的统一大业；他冷血残暴，以鞭子和屠刀统治天下，把天下变成一个巨大的监狱和刑场；他穷奢极欲，把全国百姓征发一空，日夜不停为他修建模仿天宫和宇宙的宫殿与坟墓，终因暴虐无度轻易断送了秦王朝的江山；他狂妄贪婪，一心寻找能让他长生的仙药，当听说海中有巨鱼阻碍了他的求仙之路，遂亲自出海射杀之……

这个人更像一个行为艺术家而不是正常人，或者说他的举止更接近上古时代共工、颛顼等半人半神的传说意味，而没有多少后世俗人的烟火气息。

不知道是不是与这些后现代色彩浓郁的行为给人留下的印象太深刻了有关，秦始皇在中国历史上的地位和作用被严重夸大。中国的统一被归为他个人的功绩，皇帝制度也被当成了这个无所畏惧、异想天开的天才人物的“天才发明”。

前几天，一位电视人和我聊天时说：“中国人打秦始皇之后就一直没有再站起来过。要是没有秦始皇，中国人不会是现在这个样。”类似的话，我已经听过多次了。应该说，他的话代表了今天中国人的一种普遍看法：秦始皇是中华民族的千古罪人。如果没有秦始皇，也许中国不会统一，就会像欧洲那样，在持续的动荡不安中演变出一种全新的政治格局。或者说，如果没有秦始皇，至少不会发明皇帝制度，也就不会有“大成至上的专制主义”的两千年黑暗统治，中国历史的面貌因而也会迥然不同。似乎是秦始皇只手改变了中国历史之河的流向，使中华民族从生机勃勃改道流入万劫不复的深渊。似乎上帝本来许给我们这个民族一个美好的未来，被这个“性悍勇，豺声，少恩而虎狼心”的男人的冷酷自私破坏了。学术界也公认秦始皇是专制主义的始祖。李慎之先生的说法很有代表性：“中国专制主义是从什么时候开始的呢？我想避开一切可能的争议，截断众流，定为公元前221年秦始皇称帝时算起……中国的专制主义在秦始皇以前当然也有根子，然而只有到秦始皇的集中统一，才出现了大成至上的专制主义，以前的那一段算不算都不致影响大局。”（李慎之《中国文化

传统与现代化》）

事实真的如此吗?

三

确实，“秦王扫六合，虎视何雄哉”！秦始皇在统一战争中表现出来的才华是举世公认的。亲政之后，经过了七年的准备，嬴政于始皇十七年挥师东下。十七年，他灭了韩；十九年，他攻克赵国首都邯郸；二十一年，歼灭燕军主力；二十四年，灭亡楚国；二十五年，扫除燕赵残余；二十六年，齐国不战而降。东周五百年剪不断理还乱的纷争，秦始皇仅仅用了十年时间就彻底终结。整个过程如同一场干净利落的拳击赛，秦始皇一击猛过一击，没出过一手缓招；秦军横扫千军如卷席，没有给对手以任何喘息机会。

无论你喜不喜欢秦始皇，都应该会同意这样的判断：这是一个坚强的人，骨子里有着超人的强悍。

按理说，这有点不符合中国政治的规律。中国历代王朝的帝王，大抵是一蟹不如一蟹，深宫之中，妇人之手培养不出真正的男子汉。秦国传到嬴政，已经五百余年，数十代过去了。作为锦衣玉食中长大的天潢贵胄，能拥有如此坚韧强硬的性格，不能不说是历史的一个异数。

可是，从另一个角度来看，这又是历史的必然。

毛泽东曾说：“我们读历史时，都赞叹战国之时，刘邦项羽相争之时，汉武与匈奴竞争之时，事态百变；三国竞争之时，人才辈出，令人喜读。至若承平之代，则殊厌弃之。”

动荡的时代催生伟大的人物。狄更斯的那段名言用来描述战国时代十分合适：“这是最好的时代，这是最坏的时代；这是智慧的时代，这是愚蠢的时代；这是信仰的时期，这是怀疑的时期；这是光明的季节，这是黑暗的季节；这是希望之春，这是失望之冬；人们面前有着各种事务，人们面前一无所有；人们正在直登天堂，人们正在直下地狱。”（《双城记》）春秋战国时代，国家的边界线每天都在变动，烽火接连出现在各国的天空，处处充满危机和阴谋，每个人都生活在动荡不安之中。在天下大棋局中，每个国家都绞尽脑汁，全力以赴，因为一着不慎，就可能亡国灭族。而对每一个人来说，这是一个机会和危险都空前多的年代，如果不竭力奋斗，很可能会一步之间，从天堂堕入地狱。

作为吕不韦的一个惊天大策划的产物，嬴政一出生，就嗅到了阴谋和烽火的味道。其时他的父亲异人正作为秦国的人质，被抵押于赵国。虽然一出生就是天潢贵胄，嬴政的命运却和父亲一样，很长时间内命悬一线。那个时代，亲情对铁血政治家们来说是一个微不足道的砝码，秦昭襄王在做出政治决断时根本不考虑做人质的亲孙子的安危。在嬴政出生之时，秦赵两国刚刚经历过一场大战，史称长平之战。这场恶战历时三年，赵国主将赵括被击毙，四十五万赵军被消灭，赵国不得不割地求和。嬴政刚刚一岁，秦国以赵国不履行割地之约为由，再次大举伐赵，被赵军击退。嬴政三岁那年，形势更加紧张：秦军再次卷土重来，赵国国都邯郸岌岌可危。赵王恼羞成怒，决定不顾一切，杀掉异人以泄心头之恨。

作为一个襁褓中的婴儿，嬴政还不明白为什么父母如此张皇失措。经过吕不韦一番紧张活动，异人终于逃出了邯郸，回到了秦国。然而嬴政和他的母亲却不得不藏匿到外祖父家。秦军对邯郸的大围困，造成了邯郸城的大饥荒。由于长期营养不良，嬴政的发育状况不佳，以致“蜂准，长目，鸷鸟膺，豺声”，用郭沫若的话来说，这都是生理上的残缺。更让人难以承受的是，小嬴政和母亲数年之中不得不隐姓埋名，在赵国密探的搜索下生活得如同惊弓之鸟。周围的邻居都十分蔑视这个嫁给秦国人而今又被秦国人抛弃了的女人，并把战争带来的痛苦归罪于这对母子，投给他们的目光，除了鄙夷，就是仇恨。

苦难从来都是大人物的奶汁。生命早期的这段经历，给了嬴政一生以决定性的影响。从一方面看，身处敌国的嬴政命运岌岌可危，随时都可能被赵人抓去处死；从另一方面看，作为秦国继承人的长子，他的身份又无比尊贵，有朝一日还有可能独掌大权。王孙地位与囚徒身份合二而一，使得嬴政自小既自卑又自傲。身处绝境中的他很小就领略了人性的黑暗、人情的真伪，明白了只有异常坚强的人才能在这个复杂多变的冷酷世界成功生存下去。

果然，在挺过了寒冬般的童年之后，嬴政的命运发生了突然的转变：九岁成为王储，十二岁登上王位，二十一岁亲政。无数大事突然撞入了这个不爱说话的男孩子的生命中。特殊的经历使秦始皇过早地成为政治机器的一个重要零件，秦国宫廷中充满血腥的气氛培养了他冷静、冷血、冷酷的性格。在正式握住权柄的那一天，他已经是一个天资超群、性格强毅、头脑清楚的不世出的英主。

在无限夸大秦始皇的历史地位的同时，历史学家们又常常无情抹杀秦始皇性格和能力中光辉的一面。在大部分读者眼里，秦始皇的性格只有一面：他刚狠暴戾、野蛮冲动、深刻猜忌、冷血无情、咄咄逼人。《史记》中的一段话千百年来不断被人引用："始皇之为人，刚戾自用。兼并天下之后，志得意满，以为自古及今，无人可比。他治理天下，专门倚用狱吏，只有狱吏得到他的信任。虽然设置了七十名博士，只是做做样子，备而不用。丞相以下诸大臣，都是唯唯承命，一切都决策于上。皇帝喜欢用严刑峻法来杀人立威，天下人于是谨小慎微，明哲保身而已，不敢尽忠竭智。"（"始皇为人，天性刚戾自用，起诸侯，并天下，意得欲从，以为自古莫及己。专任狱吏，狱吏得亲幸。博士虽七十人，特备员弗用。丞相诸大臣皆受成事，倚辨于上。上乐以刑杀为威，天下畏罪持禄，莫敢尽忠。"）《史记》中的另一个小故事也经常被人提起：始皇帝临幸梁山宫，向山下一望，见丞相李斯车骑太众，甚为不满。太监把此事告诉李斯，李斯惶恐不已。下一次皇帝出行，李斯大幅度地减少了随从，皇帝见而大怒，说，一定是有人给李斯传递消息！于是审问亲从，无人承认，遂把当日在身边服侍的众人一起杀掉。这些记载在人们心中形成了这样一个印象：秦始皇是一个没有人情味儿的野蛮动物，自始至终，他都是用鞭子和刀剑在统治他的臣民，用权术和阴谋制御大臣。秦王朝的君臣关系完全是建立在暴力和算计的基础之上，是猫和老鼠的关系，没有一丝人情味儿。

其实，只要认真读一遍《秦始皇本纪》，我们就会发现，秦始皇时代，可以说是两千年来君臣关系最好的时期之一。秦始皇用人的眼光、气度和手段，只有唐太宗可比，而远过于汉唐宋明其他君主。

首先，从君臣关系的稳定性和亲密性上来说，秦始皇高人一筹。兔死狗烹被认为是专制政治下不可改变的政治规律，而这个规律并非秦始皇创立。在统一全国、马放南山之后，秦始皇没有像刘邦和朱元璋那样大开杀戒，甚至也没有像宋太祖那样玩什么“杯酒释兵权”的花招。他对那些功臣宿将，继续任以腹心。秦始皇政治生涯中唯一杀戮的重臣是吕不韦。除此之外，秦始皇对其他重要政治人物，比如李斯、王翦、蒙恬等著名将相，都善始善终，关系相当融洽亲密。秦始皇与李斯君臣三十年，有始有终，最为典型。李斯诸女皆嫁始皇诸子，诸子皆尚公主。秦始皇对李斯用人不疑，李斯也鞠躬尽瘁。刘备与诸葛亮的君臣际遇也不过如此。“能使才智过人而又心术不正的李斯尽忠竭智数十年，且功勋卓著，可见始皇帝驾驭大臣的能力非同寻常。”比一比汉武帝如何走马灯式地换相，如何不断诛杀宰辅公卿，就可以明白秦始皇的过人之处。在历代王朝中，秦始皇时代政治核心层的稳定性可以说是最高的。（张分田《秦始皇传》）

其次，秦始皇用人的眼光、胆识和手段都非同寻常。秦始皇用人求贤若渴，不拘一格。他与人相处，能屈能伸，有时候可以表现出相当浓的人情味儿。为了争取到尉缭，秦始皇不惜以帝王之尊，“与之亢礼”，“衣服食饮与之同”。（《史记·秦始皇本纪》）虽然尉缭对秦始皇的为人屡有微词，始皇帝也充耳不闻，继续大力笼络，其用人的胸襟气魄，远远超出一般庸主。郑国是敌国奸细，潜入秦国被发现后，秦始皇不但没有诛杀，反而予以重用，让他主持完成了著名水利工程——郑国渠，大大增强了秦国的经济实力。荆轲刺秦时的助手高渐离在荆轲失败后流亡民间，秦始皇爱惜他的音乐才华，“重赦之”，命他为宫廷乐师。如果不是高渐离再次刺杀秦始皇，始皇帝是不会杀他的。秦始皇还能知错就改，从不文过饰非。在发出逐客令后，经李斯提醒，他能立即收回成命，并且因此对李斯另眼相看，予以重用。

秦始皇用人的最大特点是能放手。他用人不疑，只考察结果，不干预过程，给手下的那些将军以极大自主权。他将二十万大军交于李信，将六十万大军交于王翦，将三十万大军交于蒙恬，并没有设置各种限制他们权力的障碍，也不干预他们的作战过程。李信年轻气盛，率二十万大军攻楚，为楚所败。但秦始皇并没有追究他的责任，而是继续信任他，使他与王贲一起攻燕，让他有机会立下俘虏燕王的功绩。

除了用人能力之外，秦始皇的自制能力同样突出。他是一个众所周知的工作狂，只以工作为乐，“以衡石量书，日夜有呈，不中呈不得休息”，每天不批阅完一百二十斤竹简绝不休息。他自律极严，为人行政处处守法，“不别亲疏，不殊贵贱，一断于法”，“事皆决于法”。（《史记·秦始皇本纪》）他坚持有功才能封爵的商鞅原则，就连自己的皇子皇孙也不例外，直到临终时，仍然“无诏封诸子”。与严待自己亲人一样，他也极少任情越法，任意处理下民。章太炎针对这一点说：“世以秦皇为严，而不妄诛一吏也。”正是因为“庆赏不遗匹夫，诛罚不避肺腑”，“明断自天启，大略驾群才”，所以秦始皇才能高速、高效地完成了统一全国的大业，并且开创了一系列惊人的治绩。

四

即使如此，秦始皇在中国历史上的地位仍然被夸大了。

秦始皇公认的第一个历史功绩是统一了中国。毛主席说："秦始皇是第一个把中国统一起来的人物。不但政治上统一了中国，而且统一了中国的文字、中国各种制度，如度量衡，有些制度后来一直沿用下来。中国过去的封建君主还没有第二个超过他的。"这是毫无疑问的事实。不过，如果因此把统一中国的功绩全部或者主要记到他的头上，是非常不公平的：中国的统一运动既不是出自秦始皇的意志，也不是由他亲手启动。在整个中国统一运动中，秦始皇个人所起的作用，远远不是决定性的。

秦始皇的另一大功绩或者说罪过是建立了君主专制制度。皇帝思想或者说皇帝制度的核心精神是"君尊臣卑"，竭尽全力扩张君主权势，压制其他社会成员权利，把所有权力归于君主一人之手，丝毫不与别人分享。这并非基于秦始皇的设想，而是春秋战国以来绝大部分思想家的共同愿望。其实，除发明了"皇帝"二字，以及"更民为黔首"，规定"命为'制'，令为'诏'，自称曰'朕'"等文字细节上的贡献外，秦始皇对于皇帝思想或者说皇帝制度再无任何思想性的建设。他的所作所为，不过是贯彻了前代思想家和政治家们的政治设计而已。

君主专制制度的具体措施比如郡县制、保甲连坐制、思想控制，都是由商鞅等战国时代的伟大改革家奠定的，秦始皇不过坐享其成，在统一全国之后，把这些制度由秦国一国推向天下，并没有进行什么制度上的创新。举一个简单的例子：秦始皇暴政的一个重要内容是"赋敛无度""徭役繁重"。可是，仔细阅读历史，我们却找不到任何秦始皇改革秦国赋役制度的证据。连绵的战争必须耗费巨额资源。重征厚敛本是秦国甚至是战国时期大部分国家的一贯政策。秦始皇继位后，完全继承了秦国历代君主定下的税收政策，没有进行政策性的改变。

甚至统一度量衡、"书同文""车同轨"，也是商鞅时期就开创的先例。商鞅改革的重要措施之一就是统一度量衡，即"平斗桶权衡量"。公元前344年颁布的"商鞅方升"就是这次改革的实物证据。

可以说，他是一个彻头彻尾的实践者而非思想者。

第二节　统一运动的最后一棒

一

秦始皇在中国统一运动中起的作用，不过是压倒骆驼的最后一根稻草。

事实上，在秦始皇出生之时，中国的统一运动已经进行了数百年。进入春秋战国时代以来，中国人一直在奔走呼号，要求出现一个强有力的政权，实现天下的大一统。

在现代人看来，春秋战国时期生机勃勃、绚丽多彩。这是一个上升时代，虽然战乱不休，社会仍然发展迅速，新鲜事物层出不穷。这是一个英雄时代，大政治家、大军事家、大外交家辈出，导演了一出出惊心动魄、威武雄壮的历史活剧。这是一个创造时代，人们思想解放，智慧勃发，创造了一个又一个大的学派。

可是，很多时候，身处历史当中的人的感受是完全不同的。一个奇怪的现象是，我们翻遍春秋战国时代留下的所有文章典籍，却很难见到当时的人对那个时代的赞语。相反，触目皆是哀叹、抱怨和诅咒。在老子眼里，春秋时代是一个充斥着“昏乱”“杀人”“甲兵”“盗贼”“食税”“民饥”的末世。他说：“失德而后仁，失仁而后义，失义而后礼。”（《道德经》）而到了春秋时代，连礼都不见了，社会已经无可救药。孔子同样为礼坏乐崩而痛心疾首。他认为这是一个“君不君，臣不臣，父不父，子不子”的不可容忍的混乱时代。庄子的社会批判更为犀利，他说，这是一个“窃钩者诛，窃国者为诸侯”的时代，所谓仁义道德知识智慧，都是大盗们用来盗取天下的工具。孟子对贫富悬殊的社会状况非常担忧，在他的笔下，春秋战国时代是一幅“庖有肥肉，厩有肥马，民有饥色，野有饿殍”“老羸转乎沟壑，壮者散之四方”的悲惨画面。

公元前593年，齐国和晋国的两位位高权重的大臣——晏子和叔向在一次宴会上相遇，他们在席间对天下形势掩涕太息，十分绝望：

叔向问：“齐国形势怎么样？”

晏子叹了口气说：“一派末世景象啊！国库里粮食堆积如山，都腐烂了，可是路上到处是饿死的人。齐国的国家大权不久就要旁落于大臣陈氏之手了。现在，齐国的国君掌握不了权力，陈氏说一不二。老百姓收入的三分之二，都被他们横征暴敛去了，只剩下三分之一勉强度日。社会上犯罪的人太多，被砍掉双脚的罪犯到处都是，现在，鞋价不断下跌，假肢却供不应求！你说这是什么世道！”

叔向听了，频频点头，说：“是啊，我们晋国虽然大权没有旁落，可一样是末世之象。社会上穷人越来越多，饥馑满目，可是贵族们却竞相奢侈，贪得无厌。军队没有战斗力，百姓对国家没有信心，国家一有命令，人们避如寇仇。”（《左传·昭公三年》）

那么，在春秋战国时代，到底发生了什么，使哲人智者们如此失望呢？

二

最让人不安的，是社会失去了秩序。

公元前1025年，周武王率军攻伐嗜酒好色、暴虐无道的殷商纣王。纣王兵败自焚而死，武王代有天下，开启了周朝的皇祚。

周王把天下土地分封给了自己的叔伯兄弟，让他们代代世袭，建立起了完备的分封制，形成了“溥天之下，莫非王土；率土之滨，莫非王臣”的一统局面。诸侯在国内，也同样把土地分封给自己的亲人。这样，就形成了“天子建国，诸侯立家，卿置侧室，大夫有贰宗，士有隶子弟”的局面。从上到下，建立起了层层分封的金字塔结构，实现了周王从上到下贯彻自己意志的权力传递链条。

分封制是完全建立在血缘基础上的，因此西周社会是一个典型的“宗法社会”。所谓宗法，一言以蔽之，就是以血缘关系为处理一切事情的原则。一个人的高低贵贱，完全由先天血统决定，人和人之间的关系，由血缘的亲疏远近来衡量。为了维系血缘伦理原则，周人创造了系统成熟的礼乐制度。古人谓大礼有三百，小礼有三千，煌煌盛美的礼仪体系，令孔子追慕不已，一再说“郁郁乎文哉，吾从周”。

西周初期，王朝纪律严明，统治有效，君君臣臣，纲纪整饬。由于秩序安定，周初社会曾经出现过全盛景象。《诗经·丰年》说：“丰年多黍多稌，亦有高廪，万亿及秭。”就是描绘仓廪丰实、妇孺欢欣的情形。《史记·周本纪》说：“故成康之际，天下安宁，刑错四十余年不用。”这就是史学家盛赞的成康之治。

然而，虽然制度完备、礼乐大兴，西周盛世却并没能像周王朝的开创者设想的那样一直持续下去。从第四代天子周昭王开始，西周就由盛转衰。各大诸侯国逐渐尾大不掉，朝拜的频率越来越少，进奉的财物也越来越少。中央政权的权威一再衰落，周天子的话越来越没有人听，各诸侯国越来越习惯各行其是。

终于，到了周幽王时代，周王朝衰弱到如此程度：周王不能有效地召集他的诸侯们帮助他抵抗异族入侵，以致在公元前771年，周王领地被犬戎攻灭，周平王不得不将都城从镐京迁往东都洛阳，宣告了西周灭亡，中国进入春秋战国时代。

迁都洛阳之后，周王室的地位就更加尴尬了，它的地盘大大缩水，入不敷出，穷困潦倒。各诸侯国也更不把周王放到眼里，许多国家干脆不再进贡。周天子遇到了严重的经济危机，连穿衣吃饭都成了问题。没有办法，他只好厚着脸皮，派出使者到周围各国去化缘。史书记载，周桓王、周顷王曾先后派人向鲁国“求赙（丧葬费）”“告饥”“求车”“求金”。这些本应由诸侯国对王室“礼贡”，而现在却由周王室出面去苦苦哀求了。虎落平阳被犬欺，眼看着天子如此落魄，诸侯们更不把他放在眼里。公元前714年，“宋公不王”，不再朝见周王；公元前713年，“蔡人、卫人、郕人不会王命”，不理会周王的命令。到了周桓王时代，为了一件小事，郑国公然与周王室大打出手。周桓王与郑国在河南长葛大战，结果桓王被打得一败涂地。在战斗中，周桓王的肩头中了郑国大夫的一箭，灰溜溜负伤而逃。（《左传》）

这一事件，彻底丢光了周王室最后一点威信。从此之后，王室的话再没有人听。

没有了“天下共主”，原来靠周王室的中央权威维系的大一统政治秩序当然就失效了。在权威主义的管理模式中，一切都由最高权威规定和裁决，被管理的各国横向间缺乏有效联系和沟通方式，缺乏协商共事能力。因此，一旦权威倒塌，天下立刻一片混乱。不再有共同的标准和原则，不再有有效的协调机制，整个春秋战国时代，各国遵守的都是弱肉强食的森林法则，相互你争我夺，大打出手。春秋时期弑君三十六位，亡国五十二次，大小征战不计其数。史家说“春秋无义战”。战国时代中，大小战争二百二十二次。“争地以战，杀人盈野；争城以战，杀人盈城。”周王室有记载的一百七十余国，大部分都被几个强大的封国吞并。原来尊尊亲亲的井然秩序已经荡然无存，各国国君和权臣根本不遵守神圣的礼仪制度，僭越礼法，滥用封号，尊卑上下一片混乱，甚至诸侯的陪臣居然也敢使用天子才能用的“八佾”仪仗，让孔子大呼是可忍孰不可忍。

伴随着礼坏乐崩而来的，是道德水平的大滑坡。

在春秋战国时代，英雄们以武力征伐来代替德治，以强权取代仁义，子弑父、臣弑君的越轨行为已成为普通的社会现象。这是一个无政府、无秩序的混乱时代，随着旧道德、旧秩序的解体，人们以无道德为道德，以无秩序为秩序，为了获得一己之利而不顾一切，作为人的社会，几乎丧失殆尽。与充满质朴天真的《尚书》《诗经》不同，《左传》和《战国策》则充斥着诡诈、阴谋和罪恶。甚至把《左传》与《战国策》做一对比，我们仍然会惊讶于道德崩溃的速度。春秋时期，外交家们折冲樽俎的武器往往是《诗》《书》，一篇大义凛然的礼义说辞足以遏止千乘雄师，但到了《战国策》中则一变而为赤裸裸的利害分析。为了权力，人们可以付出一切。齐桓公对易牙说："你做的饭太好吃了，只是还没有吃过你做的蒸婴儿肉。"第二天，易牙就把自己的小儿子蒸熟了，献给齐桓公。为了富贵，人们不再有任何原则和标准。苏秦先向秦王献上一霸天下的计策，未被接纳，立即掉头转向，去说服其他六国合纵灭秦。

在外部战争连绵的同时，各国内部的社会矛盾也空前激化。自西周后期开始，井田制就开始动摇。老百姓不肯尽力耕种公田，而是致力于自己的自留地，公田上野草丛生，"维莠骄骄""维莠桀桀"。（《诗经》）"泽不陂，川不梁，野有庾积，场功未毕，道无列树，垦田若蓺"（《国语》），一派破败景象。随着人口的迅速增长和土地国有的破坏，越来越多的土地兼并到少数人手里，社会贫富分化越来越剧烈。一方面是普通百姓越来越陷入贫困化，另一方面，新兴贵族和原有的封君却竞相掀起奢侈之风，起义作乱不绝，社会陷入持续的动荡之中。

三

春秋战国漫长的混乱，让所有人都苦不堪言。从西周灭亡那一天起，中国人迫切地呼唤，希望出现一个新的、更有力的权威，来取代周王朝，以恢复天下秩序，让人民重新安居乐业。

因此，中国的统一不是哪一个人灵机一动的设想，它是整个中华民族共同意志的结果。翻翻诸子百家的著作，我们就会发现，“大一统”是春秋战国时代诸派学者一致憧憬的政治目标。

春秋战国时代是一个充满活力的时代，思想活跃、智慧奔放、学说林立、英雄辈出。后世的知识分子每每把春秋战国时代比作西方的希腊时代。春秋时代和希腊时代确实有着那么多不约而同的相似之处。在这几百年中，中国大地和爱琴海岸都进入了蓬勃发展的青春期：当苏格拉底、柏拉图、亚里士多德出现在希腊半岛上时，以孔子、孟子、老子、庄子、墨子、韩非子为代表的思想巨人们也一个又一个接连出现在东方的土地上，每一个名字都惊天动地，流芳千古。他们争相著述，互相辩驳，形成了中国历史上唯一的绚烂夺目的思想井喷。他们留下的著作，被后世的中国人视为永恒的经典和永不枯竭的智慧之源。

不过，虽然先秦学派一直在相互攻讦，但在“国不堪贰”（《左传》）这一点上却达成了高度共识。“溥天之下，莫非王土；率土之滨，莫非王臣”是各家各派一致向往的政治局面。他们把视力所及的中国大地视为一个不可分割的整体，一致认为，天下没有一个统一的一元化领导，是不正常的、不能容忍的、让人心神不宁的，必然导致天下混乱，战争连绵，民不聊生。

孟子征引孔子的说法：“天无二日，民无二王。”（《孟子·万章上》）面对“天下恶乎定（天下怎么才能实现稳定）”这个问题，孟子说“定于一”，即统一是唯一的方法。（《孟子·梁惠王上》）

墨子则主张建立一个绝对君主专制的大一统国家。他的政治梦想是“尚同”，建立一个层级鲜明、纪律严厉、绝对整齐划一、消灭个性和多样性的社会。这样才能“集中力量办大事”，使国家富强安定。（《墨子·尚同》）

老子认为，宇宙的本质是“一”，“一”会解决一切问题。他说：“天得一以清，地得一以宁……侯王得一以为天下正。”（《老子》第三十九章）

法家则是对大一统政治制度贡献最多的一个思想流派。韩非子认为“一栖两雄”“一家两贵”“夫妻共政”是祸乱的原因。（《韩非子·扬权》）法家不但最有说服力地说明了统一的必要，还提供了强有力的统一手段：严刑峻法的军国主义。

其实，关于统一还是分裂，一元化还是多元化，并不是所有文化都持同一个态度。公元前十二世纪，来自北部的游牧民族多利安人入侵希腊，迈锡尼文化土崩瓦解，希腊版图分裂成无数小小碎块，逐步发展成林立的城邦，在数世纪中一直动荡不安。这种形势和春秋战国十分相似。不过，希腊人对“统一”从来没有热衷过。为了抵御共同的敌人，在希腊的历史上出现过微弱的联合呼声，也出现过“汉萨同盟”之类的联合体，不过建立大一统的政治统一却从未使他们动心。希腊人极为推崇城邦独立自治制度，小国寡民的城邦，是他们所能够想象的唯一的国家形式。

亚里士多德在批判柏拉图时指出：“城邦的本质就是许多分子的集合”，倘若过分“划一”，“就是城邦本质的消亡”。希腊人容忍并且享受分裂状态，因为在他们看来，过大的国家不利于公民民主的实行。城邦领土的过度扩张，便意味着公民集团的扩大，公民与国家间关系的疏远以及公共生活的松懈甚至完全丧失，这正是希腊人反对政治统一的根本原因。

古希腊人从不推崇一元化，相反，他们很早就意识到多元化的价值。中国人说“两贵之不能相事，两贱之不能相使”，“使天下两天子，天下不可治也。一国而两君，一国不可治也。一家而两父，一家不可治也。夫令不高不行，不专不听”。人和人之间必须分出你大我小来，才能建立秩序。而古希腊人偏要出两个太阳给我们看。比如斯巴达就设有并列的两个国王。在雅典，政权结构更为复杂，九名执政官轮流执政。他们之间是横向的相互制约的关系，而不是相互统属的纵向关系。他们习惯于使权力关系保持着一种犬牙交错、此消彼长的不稳定平衡。他们认为，只有这样才能防止专制的出现。

崇尚一元化与多元化，从上古时期就已经成为东西文明的本质区别。

四

正是在这个民族集体意志的驱动下，春秋以降，诸国之间开始了长达五百余年的不间断战争。每个国家都极力扩张自己的力量，吞并别的国家，以实现统一天下的梦想。其中，秦国的表现最为优异。

西周的衰落，正是秦国的起点。犬戎进攻周王室之际，大部分诸侯不管不问，独质朴的秦人积极勤王，“战甚力，有功”（《史记·秦本纪》），在战后又护送周平王东迁，因此被感激涕零的周王封为诸侯。秦国作为一个国家由此正式出现。

不过，和齐、晋、鲁等老牌诸侯国相比，秦的历史短了整整一个西周的时代，大约迟了三百年。因此，一开始，秦国一直受人歧视。“六国卑秦，不与之盟”，开会的时候都不叫秦国。不过，这个国家的历代君主大都有着其他国君罕有的强悍气质和进取心。因为被人瞧不起，秦孝公愤然喊出：“诸侯卑秦，丑莫大焉。”（《史记·秦本纪》）历史短，文化浅，礼制传统不完备，反而成了秦国发展壮大的优势。因为文化包袱轻，所以秦国在列国之中改革精神最强烈。那些老牌强国深受西周宗法制度的束缚，用人只凭血缘，只看门第。只有秦国君主敢冒天下之大不韪，不怕别国笑话，四处招揽人才，大胆起用出身卑贱的百里奚等人，大幅度改革内政外交，获得了巨大的发展。在秦穆公时代，它东服强晋，饮马黄河，又挥师西向，称霸戎狄，开拓疆土，秦穆公一跃成为春秋五霸之一，让原来瞧不起秦国的列国大跌眼镜。到了秦孝公时代，更是因为商鞅变法而使秦国的竞争力大幅提升，一举成为天下第一大国。秦国坚持连横政策，灭巴蜀，取汉中，大幅度地扩张了国势。到了秦昭襄王，也就是秦始皇的曾祖父时代，秦国在争霸战争中屡战屡胜，蚕食邻国，不断扩张，使相邻四国丧失了独立抗秦的实力。在秦始皇登基以前，秦国的统一战争已经取得了非凡的成就，历代秦国君主已经为他最后完成统一做好了充分的准备。

到他登基之际，秦国的国力已经超过其他各国之和，三晋已经势如累卵，楚、齐也处于战略守势。在秦始皇亲政之前的始皇六年，东方各国勉强拼凑的最后一次合纵攻秦，被秦国轻易粉碎，合纵彻底瓦解。当时，许多有识之士就已经估计出秦国将在二十年之内统一天下："当如今日山东之国弊而不振，三晋割地以求安，二周折节而入秦，燕、齐、宋、楚已屈服矣。以此观之，不出二十年，天下尽为秦乎？"（《孔从子》卷中）而在秦国君臣看来，取天下已如探囊取物。李斯对秦始皇分析形势说："今诸侯服秦，譬若郡县。夫以秦之强，大王之贤，由灶上骚除，足以灭诸侯，成帝业，为天下一统，此万世之一时也。"（《史记·李斯列传》）

事实上，不但是强国之势继承自祖先，秦始皇的统一战略也完全是遵守祖宗传下来的老方针：致力连横，破坏合纵，远交近攻，孤立对手。他继承祖先的一贯做法，大量起用间谍，用重金收买敌国大臣，实行反间之计，破坏了各国的联合。他充分利用齐国目光短浅，意在苟安，重点拉拢，使之无心合纵，保持中立，终于造成了"秦日夜攻三晋、燕、楚，五国各自救于秦"的局面，实现了对对手的各个击破。从这个意义上说，秦始皇只是秦国统一运动众多接力队员中的一个，是"六世之余烈"的继承者，比别人幸运的是轮到他撞线。

可以说，在秦始皇出现的这个历史时段，只要继任的君主才具中上，性格平衡，继续执行秦国行之有效的战略方针，而不出现重大差错，那么就会理所当然地完成统一大业。秦始皇幸运地赶上了这个"点"。如果换了另外一个人登上秦国王位，只要他能力不是太差，寿命不是太短，也会完成统一任务，只不过速度可能会稍慢一些。

退一步说，即使登上秦国王位的是一位荒淫无道之君，把秦国列祖列宗的基业败坏殆尽，使秦国由盛转衰，中国也不可能像欧洲那样一直分裂下去。不论如何，统一这个大方向是不会被扭转的。因为每个国家全力奋斗的结果都是一统天下，早晚会有别的国家取代秦国的位置，完成统一的大业。只不过可能会延后一二百年而已。

第三节　专制构想的执行者

一

人们另一个常见的误解是：秦始皇是皇帝制度，或者说君主专制制度的发明者。而事实上，皇帝制度是秦始皇以前无数哲人智慧的结晶。

春秋战国的混乱局势，宣告了西周政治制度的失败。虽然在孔子眼里，西周社会尽善尽美，但是作为专制精神的载体，分封制有它无法克服的先天缺陷。

首先，分封制下中央与地方的紧密关系，是建立在天子与诸侯血缘联系的基础之上。这种亲属间的亲近感把天下万国联合为一体。但随着时间的推移，各国诸侯与周天子的血缘关系越来越远，血缘纽带的维系作用就越来越弱。当各地诸侯实力增长起来后，就很容易不把周天子放在眼里，形成尾大不掉之势。

第二，分封制形成的天子对天下的控制是层层分权的间接控制。这样，和欧洲封建时代同样的问题出现了：“我附庸的附庸不是我的附庸。”《左传》中记载了这样一个故事：齐国的大夫崔杼要谋害自己的国君。他用计把国君骗到自己家里，然后命自己的家臣们去杀掉国君。按理说，齐君是齐国的最高领袖，崔杼的家臣一样是齐君的臣属，他们怎么敢动手弑君？齐君对他们大声呵斥，要求他们放了他。可是他们不但动手杀了他，杀之前还给他讲了一通大道理：“崔杼是您的大夫，归您直接领导，您有命令应该对他下，而不应该对我们下。我们作为崔杼的家臣，只能听从他一个人，‘不知二命’。”这个故事，典型地揭示了分封制的内在矛盾：周天子的权力受到地方权力的层层阻隔，无法直接抵达社会基层。各地百姓，只对自己的直接领主也就是宗族长唯命是从，对上一层领主则感情上淡漠了一层。在效忠对象之间出现矛盾时，他们只会选择忠于自己的直接领主，与上级领主对抗。因此，虽然周王朝建立之初，经历了一段秩序井然、纪律严明、社会安定、礼乐大兴的辉煌时期，但随着时间的推移，周王对地方的控制力越来越弱，社会不可避免地出现解体。

在春秋战国时代的大部分中国人看来，结束天下混乱无序的状态，就必须建立一个势高权重、大权独揽、直接控制天下的中央权威，以威势统御天下。他们说：“乱莫大于无天子。无天子，则强者胜弱，众者累寡，以兵相残，不得休息”。（《吕氏春秋》）他们认为，在政治设计上，必须吸取西周衰落的教训，竭力推崇君主，树立君主权威，尊君而卑臣，使本大而末小，天下有了重心，自然大定。在新的政治结构里，天子必须把最高权力握于自己一个人手中，绝不能授予臣下，否则就会导致祸乱。“无从下之政上，必从上之政下。”（《墨子·天志上》）“事在四方，要在中央，圣人执要，四方来效。”（《韩非子·扬权》）

因此，春秋战国时代的许多著名思想家都不约而同地提出了“尊君”理论。他们痛恨当世被各自的权臣把持国政的各国君主不够黑心，不够野蛮，不够霸气，没有侵略性，都是扶不起的阿斗。他们焦急地给这些君主出主意，告诉他们要挺起腰板，硬起心肠，克服妇人之仁，拿起鞭子和刀剑，重建纪律和秩序，制服自己的臣民，这样才有制服天下的可能。

墨子说，天子必须是人间极贵、极富、极智的人。在人间，他必须成为最高的绝对权威，由“贵且智”的人去治理“贱且愚”的普通百姓，在人群中建立绝对严明的秩序，不得丝毫僭越，这样天下才能大定。“国君者，国之仁人也。国君发政国之百姓，言曰：‘闻善而不善，必以告天子。天子之所是，皆是之；天子之所非，皆非之。去若不善言，学天子之善言；去若不善行，学天子之善行。则天下何说以乱哉。’察天下之所以治者何也？天子唯能壹同天下之义，是以天下治也。”（《墨子·尚同》）也就是说，天子，是国中的圣人。他发令于百姓说：“听到什么好的或者不好的事，一定要报告天子。天子认为对的，天下人都要颂扬；天子认为错的，天下人都要批判。改正你们错误的言行，学习天子正确的行为。”如果这样，天下就不会乱了。所以，天下怎么样才能大治？天子统一了天下的思想，天下就大治了。

法家对这一点的阐述最明晰。

《管子》的《明法》开篇就说：“所谓治国之道，一言以蔽之，君主大权独掌。乱国之道，一言以蔽之，大臣以术邀权。所以一定要高尊君主，压制臣下，这样才能以势御国。”

马王堆出土的《伊尹·九主》中则说：“专授，失道之君也。”就是说，把权柄授给臣下的，是失道之君。

《成法》中说：“吾闻天下成法，故曰不多，一言而止：循名复一，民无乱纪。”这个“一”，既指一个思想，更指不可分割的一个最高权力。《九主》篇在如此之早就指出朋党的危害：“主之臣成党于下，与主分权，是故臣获邦之半，主亦获其半，则……危。”

《韩非子》则指出：“明君高高在上，什么都不做，臣下就吓得战战兢兢。明君治国之道，是使大臣们不得不竭力贡献他们的智慧，君主依此做出决断，所以君主不乏智力资源。能干的人不得不全力为国，君主依此重用他们，所以君主才不乏治国之能。有功，则归功于君主，有过，则归过于大臣们，这样君主才会永远保持美名。”

余英时对韩非子这段话有一段精彩点评。他说：“‘尊君卑臣’论发展到韩非才真正鞭辟入里，深刻周至；反智论发展到韩非才圆满成熟，化腐朽为神奇。‘有功则君有其贤，有过则臣任其罪’，这就是后世所谓‘天王圣明，臣罪当诛’。尊卑之分还能过于此吗？……有知识有才能的人只要肯听‘明君’的话，规规矩矩地‘考虑’‘守职’，他们的知识、才能便都变成了‘明君’的知识、才能，‘富贵’是不在话下的。但是如果居然不识相，自高自大，兴风作浪，乱提意见，妄发议论。那么，不要忘了，‘明君’还有镇压的力量在后面。（世智，力可以胜之。）”

其实，后来真正在专制之世发挥着不断的教育作用的是后世儒家从孔子“君君臣臣”一句中总结出的尊君理论：“人主应该立于生杀万人之位，与上天共持宇宙变化之势。”“君主永远不应该有恶名，大臣永远不应在声誉上盖过君主。功绩善行，都应该归于君主，所有错误，都应该归于臣下。这样，大家才会对君主永远敬服。”“天为君而覆露之，地为臣而持载之。”

而在中国人竭尽全力抬高君主的权威的时候，希腊人却在思考怎么限制执政者的权力。公元前431年，即墨子的青年时代，伯里克利做了《论雅典之所以伟大》的演讲，从中我们可以领略那个时代希腊人对民主政治的自觉程度：

“我们为有这样的政体而感到喜悦……我们这个政体叫作民主政体。它不是为少数人，而是为全体人民。无论能力大小，人人都享有法律所保障的普遍平等，并在成绩卓著时得享功名，担任公职的权利不属于哪个家族，而是贤者方可为之。家境贫寒不成其为障碍。无论何人，只要为祖国效力，都可以不受阻碍地从默默无闻到步步荣升。”

希腊的分权制传统历史悠久。古希腊的执政官不仅任期有明确的限制，而且权力也受到各种民主议事机构的制约。在希腊神话中，宙斯神分给了每一个希腊人平等的政治权利和政治才能。随着希腊民主制度的成熟，希腊人对民主与专制的优缺点进行了更深入的思考。大约在秦始皇出生前一百年，柏拉图在《法律篇》中说，权力与智慧如果能集中在一个统治者的身上，当然是最好的。但实际上，这是很罕见或者根本做不到的，因为人总是自私的。所以必须用法律限制统治者的权力。由此得出结论：除非法律高于统治者，不然国家便不能安定，所以，应该以法治代替人治。

大约与孟子同时代的亚里士多德在《政治学》中进一步发挥了柏拉图晚年的政治思想。他说，法治优于人治基于以下理由：第一，实行人治，不论是由一个人还是少数人统治，必然会产生终身制甚至世袭制。他列举斯巴达的王位世袭制和克里特的贵族终身制经常引起纷争的例子，认为这是很危险的。第二，一个人或少数人无论怎样聪明贤良，但个人的能力总是有限的，而多数人中的每一个人可能没有什么能力，但当他们集合为一个集体的时候，他们的智慧和能力却可能超过那少数人。第三，个人容易受感情的支配，容易任用亲信，特别是涉及权力的问题。一个人一旦掌握了权力，不但不肯放弃，还会从别人的手中夺取更多的权力，必须有法律对他实行限制和监督。第四，政治上的统治者和被统治者之间的关系并不是主人和奴隶的关系，因为政治家所治理的人是自由人，他所执掌的权力乃是平等的自由人之间委托而来的权威。第五，全体公民都享有平等的政治权利，每一个人都应该是统治者，而不应该是只被别人统治的奴隶。但要让人人同时都是统治者在事实上不可能，只有轮流统治，便要采取选举甚至抽签的办法让人人都有执政的机会。

二

穷奢极欲是秦始皇，事实上也是以后历代君主的主要罪状之一。《汉书》说，“秦所以二世而亡者，养生大奢，奉终大厚”。

人们大多只知道秦始皇穷尽天下民力修建阿房宫，岂不知除此之外，他还建了梁山宫、曲台宫、长乐宫、兰池宫、宜春宫、望夷宫、南宫、北宫、兴乐宫、林光宫……据说，（秦始皇在）关中建宫殿计三百座，在关外建宫殿计四百余。还在东海上朐界中立巨石，作为秦帝国的东门。（见《史记·秦始皇本纪》）

如此手笔，确实为后世大部分君主所不及。他一举一动，一出行一巡游，耗费金钱如同泥沙，挥霍民力毫不心疼。这一方面固然是由于他天潢贵胄形成的大手大脚的习惯，另一方面，也是有“皇帝思想”的理论依据在背后支撑。

儒家是尊君思想的主要倡导者。荀子就坚决建议，君主必须享有各种特殊的物质享受。他宣称，做帝王必须在最大程度上满足自己的感官享受。在《王霸》一篇中，他这样渲染君主应该享有的权力：“夫贵为天子，富有天下，名为圣王，兼制人，人莫得而制也，是人情之所同欲也，而王者兼而有是者也。重色而衣之，重味而食之，重财物而制之，合天下而君之；饮食甚厚，声乐甚大，台榭甚高，园囿甚广，臣使诸侯，一天下，是又人情之所同欲也，而天子之礼制如是者也。制度以陈，政令以挟；官人失要则死，公侯失礼则幽，四方之国，有侈离之德则必灭；名声若日月，功绩如天地，天下之人应之如景向，是又人情之所同欲也，而王者兼而有是者也。故人之情，口好味而臭味莫美焉；耳好声而声乐莫大焉；目好色而文章致繁、妇女莫众焉；形体好佚而安重闲静莫愉焉；心好利而谷禄莫厚焉。合天下之所同愿兼而有之，皋牢天下而制之若制子孙，人苟不狂惑戆陋者，其谁能睹是而不乐也哉！”

意思就是说，贵为天子，富有天下，就是要穿最美的衣服，吃最好的佳肴，拥有最多的金钱，听最动听的音乐，住最好的房屋，娶最多最美的妻妾……一句话，天下最好的东西都归他享受。他统治天下所有的人，就如同指使子孙一样，而天下却没有一个人能够管他。他还享有最美好的声名，建立最辉煌的人生功业。

为什么要这样呢？荀子说，人的天性是“目好色，耳好声，口好味，心好利，骨体肤理好愉佚”。一句话，人的本性是恶的，欲望是无止境的。如果让每个人都自由释放自己的欲望，天下必然陷于纷争混乱之中。因此，必须用礼仪秩序来规范人们的行为，区分高下贵贱，规定出每人按自己的名分可以获得不同的享受。因为天子居于极端，所以他的欲望必须得到毫无限制的尽情的满足，而其他的社会成员都要根据自己的社会地位，不同程度地抑制自己的欲望。这样，才能把社会区分成不同的等级，才能保证社会的安定。

中国政治的信条是：不平等导致稳定。古希腊政治的信条是：平等才能创造和谐。

三

在很多人眼中，秦始皇是文化专制的发明者。他制造的焚书坑儒残暴割断了春秋战国时代的学术自由传统，开了两千年文化专制之先河。

然而，如果通读一遍诸子之书，我们就会发现，正如同列国相争必然导致天下一统一样，其实百家争鸣的必然结局正是思想专制。

对春秋战国时代思想光芒的顶礼膜拜，从近代开始，越来越庄重盛大。在网上阅读历史类的帖子时，我经常能看到这样的文字：“看关于春秋战国的书，总是禁不住心驰神往，热血沸腾，那真是一个需要英雄也英雄辈出的时代。”“我们国学大师陈寅恪一辈子苦苦追求的学者应有的独立精神、自由意志，不是在两千多年前早就在中国存在了吗？”“我们春秋战国时期的先哲的水平一点也不比希腊罗马差。以春秋战国时先哲的思想为基础，那样或许现在的中国就是另一个样子了。”

其实这也许是一种误解。虽然学术自由催生了诸子百家，但是几乎所有先秦学派都没有思想宽容的意识。他们一致认为，自由思考是政治不稳定的根源，巩固的政治统一必须建立在思想统一的基础之上。

墨子认为，“一人一义”即每个人一个思想必然导致天下大乱，使社会没有秩序，“若禽兽然”。因此，统一天下的秘诀就是“一同天下之义”，统一所有社会成员的价值标准和行为准则。

老子的主张更阴柔，也更毒辣。他不需要统一人民的思想，他需要的是让人民没有思想。他说：“民多智慧，而邪事滋起。”“是以圣人之治也，虚其心，实其腹，弱其志，强其骨。常使民无知无欲，使夫智者不敢为也，为无为，则无不治。”意思就是说，老百姓太聪明了，那么社会风气就会变坏。最高明的统治方法，是禁止人民思考。可以提高他们的生活水平，却要消灭他们的思考能力，让他们满足于吃饭睡觉和生殖，不想其他事情，这样天下就大治了。

老子提供了主张，却没有提供具体操作方法。这个缺陷，由法家弥补了。韩非子提出了文化专制的具体方案：“故明主之国，无书简之文，以法为教；无先王之语，以吏为师。”明智的统治者，应该取消文字书简，只保留法律；不许人民记忆古老的格言，只许他们向官员们学习现行国家政策。

那么提倡仁政的儒家是不是会有不同的主张呢？他们同样令人失望。孔子说，天下有道的标志就是“礼乐征伐自天子出”“君君臣臣父父子子”。汉武帝之所以独尊儒术，正是听了大儒董仲舒的进言：“春秋大一统者，天地之常经，古今之通谊也。今师异道，人异论，百家殊方，指意不同，是以上亡以持一统。法制数变，下不知所守。”就是说，从社会到思想都要统一，这是人类社会的发展规律。如今不同的思想同时流行，人们各持己见，意见不统一，不利于国家的大一统。他一脸媚相地对皇帝说：“君者，民之心也，民者，君之体也。心之所好，体必安之，君之所

好，民必从之。”（《春秋繁露》）

这些全中国最深刻、最有智慧的思想家的思想成果，实在令人恐惧和汗颜。我们发现，后世的专制君主不过践行了他们主张中的一小部分。如果他们的思想精华得到后世帝王更彻底的贯彻，那么中国人民的精神灾难恐怕要数倍于以后的真实历史。

如果比较一下同时代的希腊人，我们就会发现，我们这个民族在思想源头上，是多么先天不足。

希腊人崇尚个性，崇尚自由。他们也深刻认识到，只有尊重和容忍他人的自由和个性，才能保持自己的自由和个性。所以，他们具有高度自觉的宽容精神。公元前431年伯里克利所著的《论雅典之所以伟大》中说，“我们提倡的是我们所倾心的自由，涉及日常的生活，如果我们的邻居想走他自己的路，我们决不会对他产生怨言”。正是在这个基础上，希腊“城邦虽然不容忍它境内主权的分割，对它邻邦的独立却是容忍的”。希腊的每一个城邦都有自己的鲜明个性，并以此自豪。

中国的诸子百家往往都自以为是真理的化身，以为自己的理论已经解释了宇宙间的一切问题，他们唯我独对，唯我独革，唯我独尊，竭尽全力要吃掉对方，用自己的主张统一天下人的思想，建立一个思想专制的“党外无党”“党内无派”的清一色局面。在辩论的时候，他们都表现出强烈的专制倾向，相互攻击，并且只攻一点，不及其余。墨子在攻击儒家的“足以丧天下者四政”时，把儒家的厚葬、重乐也包括其中，未免过于夸大其词（见《墨子·公孟》），而对孔子重视人的教育、人的修养等思想精华，却“唯恐闻其美也”。杨朱贵我，墨程贵兼，双方也是相互攻讦，水火难容。至于孟子说的“杨氏为我，是无君也，墨氏兼爱，是无父也。无君无父，是禽兽也”，则更是从攻其一点发展到谩骂了，实在缺乏学术研究的宽容和客观的风度。

而希腊的哲学家大都保持着伟大的谦逊。当别人认为苏格拉底是雅典懂得最多的人的时候，他却说："我所知道的是我一无所知。"他进一步解释这句话说：很多人以为自己有知识，其实并没有知识，而我却知道自己没有知识，正是在这点上，可以说我比他们更有智慧。

认识到自己思维的局限性，认识到理性能够突破人的狭隘和愚昧，认识到反思能够促使人修正错误，不断向完美前进，这正是西方哲学不断向前发展的动力。

第四节　君主专制制度的分娩过程：战国改革运动

一

皇帝制度的另一个标志是建立在郡县制基础上的中央集权。这也不是秦始皇的发明，而是在秦始皇出生前大约一百年，就由商鞅变法奠定了。

在"重建权威""尊崇权威""思想一元化"这些"复古"的大方向上，诸家学派达成了统一。但是在达到这些目标的手段上，他们出现了分歧。

孔子的方案是全面复古，让一切都回到西周初年"礼乐征伐自天子出"的井井有条局面。这种逆向操作显然只能是一个天真的梦想，所以，虽然他跑遍各国，"干七十余君"，却仍然"莫能用"。

老子的方案更为荒诞。他希望"绝圣弃智"，放弃所有的文明成果，返归原始社会的"小国寡民"时代，使人们老死不相往来，重新过起蒙昧的生活。这个方案更缺乏可操作性。

更多的人想到用新的方式来解决社会问题。大动荡打破了人们对祖先、鬼神、传统的迷信。法家改革派应运而生。他们针对西周大一统专制的缺点，提出了最有可操作性的改革思路。

二

我对韩非子的好感可以追溯到中学时代。高三语文课本中那一篇《五蠹》，观念新颖、语言泼辣、逻辑严谨，一下子就征服了十七岁的我。韩非子的思想显得那样“现代”和“进步”：上古、中古、今世，世界不断变化，政治自然需要改革。“今欲以先王之政治当世之民，皆守株之类也。”“故事因于世，而备适于事。”从此，韩非子就以一个思想大胆、开阔、有力的思想家形象印入我的脑海。

而在此之前，初中历史课本就已经奠定了我对商鞅的敬仰之情。还记得教学辅导书中规定的学习商鞅变法的目的：“学习改革家坚忍不拔的意志和崇高的品格，增强对社会的历史责任感；认识我国改革开放的伟大意义。”在我的最初印象里，以商鞅为代表的战国时期的改革家，都是一群忧国忧民、为民请命、欲救民于水火之中的有强烈民族责任感和危机感的“民族脊梁”。正是他们的大胆举动，有力地推动了“历史的进步”。

是啊，即使是现在重翻战国改革的史料，一股排山倒海、横扫一切的气势仍然扑面而来。从公元前七世纪到公元前四世纪，改革成了中国社会的主旋律。管仲以富国强兵为目的，在齐国首先举起改革大旗，接着，李悝在魏国，赵烈侯在赵国，吴起在楚国，商鞅在秦国接连兴起改革大潮。各国争先恐后、大刀阔斧地改革自己的内政外交。每一次变法，都会催生一个引领风骚的强国，每一次变法，都会引起周围国家的连锁反应。一部战国史就是争与变的历史。“便国不必法古，利民不循其礼”“三代不同礼而王，五伯不同法而霸”这样痛快爽直的语言一破有史以来中国古人言必法先王、行必遵古训的迂腐沉闷之气，让人耳目一新。而这些改革者张扬自我的作风，打破一切条条框框的勇气，不避锋芒、敢为人先的魄力和摧陷廓清、翻天覆地的气势确实也为中国人的整体人格特征增添了许多亮色。应该说，战国时期的改革大潮催生出许多“现代因素”。

不过，随着阅读的深入全面，春秋战国时期改革家的“另一面”渐渐显露，让我对他们的“历史功绩”不得不重新判断。

三

虽然相隔遥远，声息不通，中国和希腊这两大文明的早期历史脉动却保持着某种微妙的同步性。正如公元前五世纪前后，中国和希腊几乎同时诞生了一大批思想家一样，公元前四世纪左右，希腊和中国不约而同地进入了改革时代。在管仲、李悝、赵烈侯、商鞅掀起一波比一波猛烈的改革大潮之时，在遥远的古希腊，梭伦、克里斯提尼、厄菲阿尔特、伯里克利也传递着改革的接力棒。这两大改革浪潮，都成功地应对了当时的社会危机，同时也促使两大早期文明完成了重大而深刻的转型，对两大文明的发展产生了极为深远的影响。不过，令人意外的是，这种影响却是完全相反的。

公元前594年的雅典处于内战的边缘。随着经济的迅速发展，希腊社会出现了严重的两极分化：由于政治权力被世袭贵族所把持，少数人越来越富有，而农民们不断沦为赤贫，成为奴隶。旧有道德规范失效，人欲横流，公平正义受到毫不留情的践踏。

那个时候，希腊社会实行债务奴隶制。一旦农民们还不起债，就会沦为“六一农”：他们必须把收成的六分之五还给债主，自己只能留有六分之一。如果收成不够缴纳利息，债主便有权在一年后把欠债的农民变卖为奴。一位夸张的历史记录者说：“所有的平民都欠了富人的债，富人和穷人之间的不平似乎已经达到了顶点。整个城邦陷入了十分危险的境地。”

就在这个背景之下，人们共同推举梭伦作为雅典的执政官，希望这个素称聪明能干的人能把雅典引出危机。

公元前594年的一个清晨，雅典的中心广场上聚集了成千上万的人。新上任的首席执政官梭伦在人们期待的目光中大步登上讲坛，高声宣读起一条影响后世至深至远的法令：“解负令”。梭伦宣布，由于欠债而卖身为奴的公民，一律释放，恢复公民身份；所有债契全部废除，“此法律的有效期为一百年”。

顷刻间，掌声雷动，欢声四起，那些无力还债的农民欣喜若狂，整个雅典城被一片喜气洋洋的气氛所笼罩。那些贵族地主和富商虽然面露不满，但是他们也明智地认识到，这是解决雅典国家所面临危机、防止国家分裂和陷入混乱的唯一办法。以后的历史表明，梭伦的这个果断、严厉的改革措施不但拯救了危机中的雅典，也为雅典今后的发展铺设了一条通向民主、稳定、繁荣的大道。在梭伦改革后，大批奴隶获得了解放，雅典公民不再担心自己会因为贫穷而失去人身权利，希腊政治文明获得了飞跃式成长。

梭伦改革也是人类史上对“人权”的首次确认。他认为，把一个公民降为奴隶，是野蛮的和不人道的。指导梭伦改革的原则是“公正”与“平等”。他说：“调整公理与强权，协和共处……我制定法律，无贵无贱，一视同仁。直道而行，人人各得其所。”历史学家评论说：“（梭伦改革）将不得奴役本国公民的理念上升为国家制度，对本国公民的人身权做出基本保障，在此基础上逐步建立起国家公民制度，从而使平民与贵族逐渐融合成平等的自由民阶级。此改革措施的卓越之处在于从野蛮的奴隶社会中开辟出‘文明’之路，开始将‘奴隶’与‘人’基本分开，而后罗马法‘人格权’这一概念便肇始于此，它不仅是民众对平等权利追求的初步胜利，且在世界法律史上具有划时代的进步意义。”

四

公元前361年，商鞅在秦国都城的城门前，立了一根高三丈的木柱，创造了一个“徙木立信”的成语，由此拉开了他的改革大幕。张贴在秦国各地的商鞅律法中，引人注目的有如下一条：“事末利及怠而贫者，举以为收孥。”意思就是说，做生意赔了本、欠了钱的商人，或者因不努力耕种土地而破产的农民，都要被罚做奴隶。在商鞅的爵位制改革中，也明确规定什么爵位可以役使多少名奴隶。

在统治手段上，儒家学派主张用西周的礼治，即血亲伦理原则来约束社会。法家学派却认为，在人欲横流的时代，礼治的力量已经不可依靠。他们从人的劣根性出发，提出严刑峻法的统治思路。他们认为人性本恶，百姓都是自私自利的愚蠢之徒，官吏则各谋私利。近者如夫妻、亲者如父子都不可相互信赖。因此，君王不能依靠“仁义、道德”进行统治，而必须采用奖罚，以法律进行统治。法家学说认为统治者为维护自己的专制统治，可以不择手段。法家崇尚“法、势、术”，即“以法刑人、以势压人、以术驭人”。

商鞅改革的基本思路是“轻罪重罚”，通过严刑峻法来恐吓控制人民。他所制定的法律异常严苛残酷，人们一举手一投足都可能犯“法”，越来越多的平民沦为奴隶，并且永世不得翻身。秦国的农田、工地上，到处布满了衣衫褴褛的奴隶的身影。从新出土的秦简所载的法律条文看，商鞅变法之后，秦国买卖奴隶情况十分普遍。甚至普通人家，有的也拥有一到两个奴隶。关于夏商周三代是否是马克思所定义的奴隶社会问题，史学界一直争论不休。越来越多的史学家认为，三代之时，奴隶劳动不过是个别现象。不过，受商鞅变法的影响，秦代和以后的汉代却成为中国历史上奴隶数量最多的时期。《战国策·秦策四》谓当时各国“百姓不聊生，族类离散，流亡为臣妾，满海内矣”。有的历史学家甚至在详尽论证了当时

奴隶数量很大，且在各类生产上普遍使用的情况后，提出了这段历史应定性为奴隶制社会的问题。（裘锡圭《古代文史研究新探》）

从这一事实我们可以清楚看出，梭伦和商鞅对待“平民”的态度是完全相反的。一个是解放，另一个是囚禁；一个是从野蛮上升为文明，另一个是从文明下降为野蛮；一个是通过让步来换得社会和解，另一个是通过血淋淋的专制来提高国家控制力。在战国时代的秦国，早期社会中人与人之间那层温情脉脉的血缘面纱完全被扯掉了，人们公然而且坦然地奴役着原本和自己平等的人。《商君书·错法》载：“同列而相臣妾者，贫富之谓也。”说得是那样理直气壮。

五

除了“公民权利”之外，两大改革的另外一些基本内容，也是背道而驰。

希腊改革贯穿着一个基本精神，就是“重商”。梭伦采取了一系列保护工商业的措施，他颁布法令：来雅典定居的外邦手工匠人可以获得公民权。他还特别鼓励手工业品的出口。这些经济改革措施有力地促进了雅典经济，特别是出口的迅速发展。

而商鞅变法的一个核心精神是“抑商”。本来，春秋战国之时，商业已经获得空前发展，出现了许多著名的大商人，如前越国大臣，后下海经商的范蠡，就是被后人称为商人的鼻祖的陶朱公。（《史记·越王勾践世家》）许多商人富甲海内，拥有很大的社会影响力，甚至令国君也不得不折节下之。比如孔子的徒弟子贡就是这样一个成就非凡的大商人：“子贡结驷连骑，束帛之币以聘享诸侯，所至，国君无不分庭与之抗礼。”

但是商鞅对商人却深恶痛绝。商鞅认为，农业才是生产财富的根本，商人只是社会的寄生虫。他制定了一系列歧视性规定，贬低商人的社会地位。他宣布“废逆旅”，即废除旅馆，使外出经商的人没有住处。他用重税限制农民弃农经商，指出“重关市之赋，则农恶商，商有疑惰之心”，加重关市税收，那么农民就会讨厌经商，商人也会有退缩之心。商鞅对那些弃农经商的人给予重罚：“不农之征必多，市利之租必重。”商鞅甚至还要求“壹山泽”，由国家垄断山泽之利，实行一定程度的计划经济。（《史记·商君列传》《商君书·垦令》）

六

任何一场改革的核心内容都是打击旧势力。商鞅和梭伦两大改革的唯一共同点在于都严厉地打击了旧贵族制度。不过，他们打击的手法迥然不同。

“解负令”只是一个救急的治标之策。希腊社会危机产生的根本原因在于贵族们垄断了政治权力，贵族会议拥有无上权威，议员的产生都以门第为准。贵族们因此得以肆无忌惮地侵犯平民的利益。因此，要从根本上消除危机，必须赋予平民以参政权。

梭伦根据年均收入，而不是出身，把人分成四个等级：第一等级，年收入五百麦斗；第二等级，年收入三百麦斗；第三等级，年收入二百麦斗；第四等级，年收入在二百麦斗以下。他规定，四个等级的人都有选举权，都可以参加公民大会和民众法庭。不过他们的政治权利是不平等的：第一、二等级的人，可担任高级官职；第三等级的人，可担任低级官职；第四等级的公民不能担任官职。

这一制度并未实现公民之间的真正平等，但它毕竟消灭了血缘和门第差别，打破了贵族依据世袭特权垄断官职的局面，为穷人参政铺平了道路，这一点非常重要。正是在梭伦改革奠定的基础上，克里斯提尼和伯里克利继续扩大平民的权利，最终废除了一切关于行政官职任选的财产限制，规定每个公民在法律上都享有平等的选举权与被选举权。

除此之外，梭伦还多方面保护平民的利益。他对于平民打井、挖渠、植树乃至放蜂的权利都做了规定，以防止贵族依仗权势欺压平民。他还建立了申诉法庭，使贵族欺压平民时，后者有处申诉，从而保护了平民的经济利益。

法家的改革思路同样是反对血缘和门第。

在商鞅开始改革的时候，秦国社会仍然笼罩在浓厚的宗法制氛围之中，贵族爵位世袭不变，血缘决定了一个人终生的穷富贵贱。这种制度使得上层社会骄奢淫逸，唯以榨取民脂民膏为务。

在法家学派看来，西周王朝赖以建立的血缘宗族制度，已经暴露出其致命缺陷，不适应列国征战的竞争时代。这是因为，第一，如前所述，血缘纽带必然随着时间的流逝而松弛，不利于中央对地方长期的有效控制。西周的灭亡已经最好地证明了这一点。

第二，以血缘为基础的统治制度，使统治者只能依靠血缘亲疏来决定权力任命，不利于选拔真正的人才，来增加国家的竞争力。生下来就可以获得爵位俸禄，也使贵族们不思进取。而底层社会进身无门，严重压抑了整个社会的活力。

因此，法家学派提出了两大强化君主集权的措施：

一个是变分封制为郡县制。他们主张，不再把国土分封给国君的直系血亲，作为他们世世代代不变的封地，而是由国君派出官员直接管理。这些官员由国君任命，可以随时更换。这就杜绝了“我附庸的附庸不是我的附庸”的尴尬局面，国君对地方的控制能力大大增强。

公元前356年，商鞅废除了世袭制，也就是“世卿世禄制”。他“集小乡邑聚为县，置令、丞，凡三十一县”。也就是说，把大部分领土分成三十一个县，由秦王直接任命县令，以此加强中央集权，削弱世袭贵族权力。由此“百县之治一形”，政治一元化基本奠定。

第二是废除世卿世禄的铁饭碗终身制。他们主张，要把爵位作为鼓励人们为国家出力卖命的手段，而不是成为自己的血亲寄生的资本。

商鞅规定，那些凭出身和血统获得的爵位一律作废，宗室贵族没有军功即取消其爵禄。商鞅把社会地位晋升的大门向所有人打开，宣布只要为国家立了军功的人，不论出身贵贱，都能受封为贵族。

商鞅的这一改革，一举摧破了有史以来一直支配中国社会的血缘原则，确定了“爵位面前人人平等”的新的晋升标准，对中国这样一个血亲社会来说，无疑是一项惊天动地的创举，具有划时代的意义。新的等级制度具有相当的流动性，那些世代生活在社会底层的平民首次有机会出将入相，与原来的贵族平起平坐，大面积地调动了社会活力。从这点上说，商鞅的社会思想与梭伦有着一致的一面。

不过，如果仔细推敲，我们发现，“梭伦式的平等”和“商鞅式的平等”有着本质上的不同。在梭伦的改革方案中，决定一个人社会地位的唯一标准是财产。而追逐财富，是每个经济人的本能。也就是说，梭伦改革是承认和解放人的自然属性的。而商鞅的标准，则是一个人对国家目标或者说对“集体”的贡献度。因此，梭伦的改革是从个人主义出发，是个人本位的。而商鞅的改革是从集体主义出发，是国家本位的。和重农抑商一样，他的出发点不是为了给人民提供平等的政治权利，而是为了把人们的谋生、晋升途径牢牢控制在国家手中，达到“利出一孔”。当严刑峻法阻塞了人们获得社会晋升甚至谋生的其他途径后，百姓可以“选择”的唯一路径就是走到国家为他们安排的道路，事事仰给于君主（国家）的恩赐，这就使民众变成国家的工具和玩物，君主就可以随心所欲地奴役支配。正如商鞅所表达的：“农耕，是人们视以为辛苦的活。战争，是人们害怕的事。要让人们从事辛苦的农耕，参加危险的战争，必须靠‘计算’。必须使老百姓只有种地，才能得到利益，其他的谋生手段一律禁止。使老百姓只有靠勇敢作战才得获得功名，其他晋升方式一律取消。”这样才会出现

“民之见战也，如饿狼之见肉”等等在“正常”情况下，对“正常”的人来说十分反常的现象。

七

经过商鞅变法，秦国在六国之中率先建立了高度中央集权的君主专制制度。而秦始皇又凭借他的雄才大略，成功地把这一制度推向全中国。中国的社会结构由此发生了根本性的变化。

与西周封建宗法制社会比起来，秦王朝具有以下特点：

一、君权突破一切限制，达到极峰。

在秦国君主专制出现以前，历代王权都受到多方面的制约。首先是神权的制约。直到春秋时代，祭祀和打仗仍然是并列的两件头等大事，所谓“国之大事，在祀与戎”。各国兴兵打仗等一切大事，仍然要在祖宗神位前占卜后才能进行。作为天子，“天”对国王的限制是通过各种方式实实在在表现出来的。其次，世袭贵族对王权有极大的影响力。周代的三公与卿士在政治中举足轻重，他们不仅可以向周王提出意见和建议，而且可以在周王一意孤行时废黜他另立新王。第三是族人对王权的制约与影响。周代有“朝国人”的制度，国有大事，可以向族人来广泛征求意见。《周礼》提到，“国家发生大事，应该聚集万民于王宫之前”，“一则在国家危难之时征求应对之策，二则在迁都之时征询国民意见，三则在国君继承人出现争端时由国民做出决定”。这一记载并不仅仅是官样文章，最明显的事例是，周厉王在位时，专横霸道，不听国人劝谏，于是国人“流王于彘”，毫不客气地对国王进行废黜。

而秦始皇手中的权力则突破了这一切限制。在他之前，那些天王虽然天不怕地不怕，但是对自己的祖先和尊长还是毕恭毕敬的，因为他的权力来源于血缘顺序。他在祭祖时，要自称“孝王某”；对先王的长辈，要自称“予小子”；对族人后辈，自称“寡人”，意即“寡德之人”。

而在尊君理论下建立起来的君主专制制度认为这些谦逊的字眼都不利于君主权威的树立，所以秦始皇把这些字眼一扫而光，以没有任何谦意的“朕”自称，并且除皇帝以外的任何人不得使用。皇帝的服饰、乘舆、居所，一切一切，都是独特的，远远超越于他人的，任何人不得仿效。甚至连皇帝行走的道路都是专用的，未经皇帝许可，任何人不得在上面行走或者穿越。

在皇帝制度下，神权对秦始皇失去了约束力。因为痛恨周室权威太弱，诸子百家不约而同地过度强调要尊崇天子的威势，从理论上把“天子”推到了云霄之中，推到了仅次于“皇天上帝”的地位，不但远高于凡人，甚至高于普通的神灵。“皇帝”本身就是一个神的称号。所以，秦始皇才敢于模仿天宫的形象来建造宫殿，敢于亲手射杀海中巨鱼。秦始皇渡湘江遇大风，他大发雷霆，将湘山之树一伐而光，并涂以囚衣之赭色，以示对水神的惩罚。在皇帝制度下，除了上天之外的一切神灵都是在皇帝之下的。秦始皇也祭祀皇天后土、山川鬼神，不过他祭祀的目的，只是要求它们按自己的意愿行事。秦始皇也占卜以预知凶吉，只是他的占卜只是参考，而不是决定。皇帝可以相信鬼神甚至宗教，但是鬼神宗教都必须是皇权的附庸，而不能凌而上之。

自从商鞅变法改革了“世卿世禄制”后，秦国的贵族就失去了对王权的影响力，他们完全仰仗皇帝的鼻息。至于百姓，早已不再是国君的族人，连他们的称呼都变成了“黔首”，他们已经变成了任皇帝摆布与驱使的牲口，不用谈任何政治权利了。（于琨奇《秦始皇评传》）

二、社会控制能力大大增强。

商鞅变法打击的主要对象是宗法制度。在秦以前，中国社会实行的是一定程度的宗族自治，宗族一般规模很大，自治程度很高，宗族内部的小事小情几乎都由族长说了算。这种社会结构显然不利于君权的扩张。专制主义不允许任何社会组织有能力与政府抗衡。所以，商鞅变法中采取了诸多措施来摧破旧的宗法组织，分化宗族势力，使专制皇权穿透家族直接控制个人。

除了废除“世卿世禄制”外，商鞅打击宗族势力的另一个重要内容是“强制分家”。宗法制鼓励大家族，鼓励用亲情原则处理一切社会事务。而商鞅却颁布了“分户令”，规定“民有二男以上不分异者，倍其赋”。就是说，老百姓家里有两个以上男人而不分家的，农业税加倍。商鞅还规定“令民父子兄弟同室内息者为禁”，即父子兄弟不得居于一室之内。

强制分家的主要目的，当然是为了破坏宗法组织，把社会变成一盘散沙的原子状，使个人面对专制政权时毫无反抗能力。为了彻底破坏以“亲亲”“孝亲”“子为父隐”为标志的宗法原则和宗法观念，秦国大力鼓励“告亲”，即亲戚间相互揭发。秦律还大力维护“私人财产权”，出现了关于“子盗父母”“父盗子”“假父（义父）盗假子”的条文，并公然称：奴婢偷盗主人的父母，不算偷了主人；丈夫犯法，妻子若告发他，妻子的财产可以不予没收；而若是妻有罪，丈夫告发，则妻子的财产可用于奖励丈夫。即一家之内父母子女妻可有各自独立的个人财产。于是乎便出现了这样的世风：“母取箕帚，立而谇语；抱哺其子，与公併倨；妇姑不相说，则反唇相稽。”这里亲情之淡漠，恐怕比据说父亲到儿子家吃饭要付钱的“西方风俗”犹有过之！（秦晖《传统中国社会的再认识》）

当然，变成一盘散沙并不是最终目的，最终目的是国家能有效地组织控制这些散沙。商鞅规定：“令民为什伍，而相牧司连坐。不告奸者腰斩，告奸者与斩敌首同赏，匿奸者与降敌同罚。”五家为一“伍”，十家为一“什”，相互纠察，保甲连坐制由此开始。商鞅通过“什伍”编户把老百姓组织起来，叫他们互相监视。这个组织不是以宗法为基础，而是以国家的编制为基础。如果某一组织中有违犯法令的事，这一组织的人就要不分亲疏，不管同族同宗的关系，互相告发；如不告发，全体治罪。

秦国改革把个人从宗法的束缚中解放出来，乍看上去，确实比较“现代”，商鞅新法施行十年，确实取得了非常“良好”的成果：秦国一片路不拾遗、山无盗贼的太平景象，百姓勇于为国作战，不敢再行私斗，乡野城镇都得到了治理。但这只是“伪现代”，“因为这里小共同体的解体并非是由公民个人权利的成长，而是相反地由大共同体（国家）的膨胀所致。而大共同体的膨胀既然连小共同体的存在都不容，就更无公民权利生长的余地了。所以这种‘反宗法’的意义与现代是相反的。宗族文化与族权意识在法家传统下自无从谈起，然而秦人并不因此拥有了公民个人权利。相反，‘暴秦苛政’对人性、人的尊严与权利的摧残，比宗族文化兴盛的近代东南地区更厉害”。（秦晖《传统中国社会的再认识》）

三、资源汲取能力大大增强。

在分封制下，社会的资源汲取是层层向上集中的，层层向上，就意味着层层截留。而秦国改革之后，实现了国家对个人的直接控制，也就意味着国家可以直接动员和汲取个人，从而使国家的汲取能力大大增强，从此以后，秦国的战车就驶上了征服列国、统一天下的快速通道。秦将王翦征楚，率众六十万，“空国中之甲士”。在当时交通、通讯条件下，能供给如此大规模的战争，动员这么多的兵员，可以想象秦国的国力和组织动员能力之强。在秦统一天下之后，专制国家集中力量办大事的作风更是大大发扬。“正是在这种‘爹亲娘亲不如皇上亲’的反宗法气氛下，大共同体的汲取能力可以膨胀得漫无边际。秦王朝动员资源的能力着实惊人，2000万人口的国家，北筑长城役使40万人，南戍五岭50万人，修建始皇陵和阿房宫各用（一说共用）70余万人，还有那工程浩大的驰道网、规模惊人的徐福船队……这当然不是‘国家权力只达到县一级’所能实现的。”

通过战国改革和秦始皇的实践，中国专制权力终于达到了垄断一切、决定一切的所有统治者梦寐以求的局面。然而，没有制约的权力必然带来恶果，专制权力诞生的第一天，就显示出了它巨大的副作用。

在统一天下后，在如此巨大的权力的腐蚀下，秦始皇身上的一系列优点都不可避免地转化成缺点：他的自信变成了自大。他的成功在于他敢于决断，气魄过人。他勇于进取，敢为人所未为，敢做历史第一人，厚今薄古，不惮变革。他留下的巨大工程，其规模之大，气势之壮，可以空前绝后，无人能比。然而，统一之后，他却“以为自古莫及己”，巡行各地，不断夸耀自己的“圣”与“功”。喜欢听颂歌，不再愿意听批评之词，失去了纳谏的“雅量”。他的性情刚烈变成了骄横跋扈，明察秋毫变成了疑忌苛察，处事果断变成了刚愎自用，重视法制变成了滥施淫威。他以为驱使天下甚易，使民无度，进取之心、功名之心过炽，连续兴大工，举大事，终于劳民无度，超过了百姓所能承受的范围，为秦帝国的灭亡埋下了伏笔。

如此巨大的专制权力，必须有身负异禀的人才会有效使用。如果放到一个无能之人手中，马上就会成为灾祸。就像一件威力极大的武器，只有熟悉它的人才能用来保护自己，交到不会用的小孩子手里，只会伤到自己。虽然秦始皇执政后期连续犯了几个大错，但是从总体上说，他是如此有力，以至于不论如何昏聩，仍能掌握如此巨大的权力。然而，一旦权力交到了花花公子胡亥之手，马上就变成了灾难。登上皇位之后，胡亥马上开始了一系列疯狂的胡作非为。他挥起屠刀，屠戮自己的兄弟姐妹：“公子十二人僇死咸阳市，十公主矺死于杜，财物入于县官，相连坐者不可胜数。”然后又杀掉了蒙恬、李斯等前朝重臣。除去了一切威胁之后，二世开始学习其父，大肆享乐，“复作阿房宫……尽征其材士五万人为屯卫咸阳，令教射狗马禽兽。当食者多，度不足，下调郡县转输菽粟刍藁，皆令自赍粮食，咸阳三百里内不得食其谷”。因为压迫过重，各地纷纷起义。大臣进谏说：“请停止阿房宫工程。”秦二世反驳说：“凡贵有天下之人，就是要肆意极欲。作为天下之主，我只要严刑峻法，使天下人不敢非为，就可以控制局势了。”于是将进谏之人全部治罪。

经过紧锣密鼓的一通瞎折腾，胡亥轻易地使统治集团分崩离析，使天下民不堪命，最终丢掉天下，毁家灭族，用自己的实际行动证明他父亲发明的这顶沉重的皇冠不是谁都可以随便戴得起的。

八

为什么时代相当的两大改革会出现如此迥然的差异？为什么在希腊解放人的同时，中国却在更深地奴役人？

这是因为，希腊的改革是由普通民众推动，而中国的改革，却是由君主主导的。

希腊的平民们是英勇不屈的。他们敢于反抗不公平的命运和不平等的制度。在陷入危机的时候，他们能团结起来，组成一个有力的集体，来捍卫自己的权利。亚里士多德在描述梭伦改革的背景时指出："多数人被少数人奴役，人民起来反抗贵族，党争十分激烈。"

在梭伦改革的前夜，整个雅典国家充斥着不安的气息，那些沦为和即将沦为奴隶的平民们在酝酿着起义。人们预感到一个流血和杀戮的时代就要到来。普鲁塔克说："贫富不均的程度已甚为严重，这个城市已真正到了危险的境地……似乎除了一个高压力量外，并无其他方式可以解除这种困扰……"

鲜血的味道吓倒了旧贵族，使他们忍气吞声地接受了梭伦的调节，交出了手中的世袭权力。因为他们十分清楚，内战的结果，必然是整个国家分崩离析，大部分家庭也要家破人亡。

梭伦改革之后的历次改革中，平民始终是主要的推动力量，正是在他们的不懈努力下，政治平等一步步扩大，民主权利一点点扩展，最终达到了所有公民政治权利一律平等的目标。希腊的平民不是乌合之众，他们善于自我组织，善于和掌权者讨价还价，善于运用威胁和妥协，迎来了自己的全面解放。希腊的平民也不是懦弱之徒，为了自由和自尊，他们甘愿流洒鲜血，他们不会被一两次暴力镇压吓破胆，从此只扫自己门前雪，不管他人瓦上霜。在希腊的改革运动中，确实有许多杰出人物为社会的进步献出了生命，他们的勇气和牺牲永远值得后人尊重。

而在同时期的中国改革中，我们完全听不到平民的声音，也见不到平民的身影。这些改革，都是那些千方百计讨好君主的文臣策士提出来的。所有的改革措施，都是从君主的一己利益出发，为了实现君主权力的最大扩张。因此，这些改革的最终结果都是加强了对人民的控制，粗暴侵犯了人民的基本自由。在这些改革的过程中，各国社会也出现过剧烈的动荡，平民百姓也有过大面积的反抗，不过他们的反抗方式只有奔走逃亡，没有任何一次有组织、有目标的反抗活动。相反，倒是那些利益受冲击的旧贵族的反抗更有力量、更有章法。

是希腊人天性勇敢，中国人天性懦弱吗？显然不是。两种不同的改革力量背后依赖的是不同的社会结构：从文明之初，希腊社会就是一个个人社会。在改革开始前，希腊早已经是一个私有化程度很深的社会。国家对个人的控制力非常弱，普通人的自我意识、个人意识、独立意识非常明确，他们认为，国家是个人的联合体，是为每一个公民服务的。而直到战国时代，中国社会仍然是一个集体主义的社会，人们仍然生活在宗族公有制之中，每个人都作为血缘链上一个不可解脱的环节而存在。“东方的专制制度是基于公有制”，“溥天之下，莫非王土”，全国的经济力量和政治权力集中于国王一人之手，每个人都是依靠天子的恩赐才有衣食来源，在普通平民的意识里，他们“吃国家的，喝国家的”，因此必须“听国家的”，个人的权利意识极为淡漠。可以说，到战国时代，中国人和希腊人已经“进化”成了完全不同的两种人。

九

只需要把历史的视界稍稍拉开一点，我们就可以很清楚地看到，秦始皇是春秋战国时代大一统专制思想的实践者，他担不起专制主义发明者的荣誉，顶多算是创造了一个“实用新型”。套用某些人爱用的句式，秦始皇是时代的产物。如果不出现秦始皇，也会出现赵始皇、齐始皇、韩始皇。秦始皇是由决定他、影响他、左右他的中国文化塑造成的。秦始皇是历史下的蛋，而不是历史是秦始皇下的蛋。秦始皇恰好站在了历史转折处，而不是他制造了历史的转折。

第三编

中国国民性改造史

在人类历史上，似乎还没有哪个民族，像中国人这样对自己的国民性深恶痛绝。也没有哪个国家，像中国这样掀起过轰轰烈烈的国民性改造运动。从晚清开始，中国人就坚信，只有彻底挖掉罪孽深重的劣根，中国人才能浴火重生。从鲁迅、柏杨到今天，一代代精英杜鹃啼血，反思、批判、痛骂甚至诅咒国人的劣根性；从梁启超、陈独秀到胡适，各派知识分子苦心孤诣，提出种种国民性改造方案；从孙中山、蒋介石到毛泽东，或者“训练民众”，或者强制人民“新生活”，或者“狠斗私心一闪念”，试图塑造一代全新的中国人。可惜，迄今为止，梁启超沉痛批判的那些国民性缺点，大部分还鲜活地扎根在社会深处。

我们有必要回顾一下百年国民性改造史，看看问题出在哪里。

第十五章

梁启超：国民性改造的奠基人

一

中国精英们痛切感受到国民性问题，是在戊戌变法之后。

被西方坚船利炮轰开大门以后，中国人一直在苦苦思考失败的原因。

人们的第一个反应，是武器不行。花巨资购买了最新式军舰，结果在甲午海战中仍然一败涂地。痛定思痛，精英们认为关键是政治制度，于是又发起戊戌变法，结果百日而败。精英们得出的第三个结论，是“国民性”不行：没有好的国民，无法建立新制度。就好比没有坚固的地基，建不起参天大厦。

梁启超回顾戊戌变法期间，他和其他政治精英竭力呼号于庙堂之上，举国却如梦如睡，鲜有应者。变法被慈禧太后镇压之后，数万万民众也仍然昏昏如睡，没多少人认识到这场变法与自己的命运息息相关——敢情整个变法不过是他们几个人唱了一出独角戏。这种情形，用麦孟华的话说，就是“中国民气散而不聚，民心默而不群，此其所以百事而不一效者也”。没有民众的配合，任何政治改革都无法进行；没有合适的土壤，再好的种子也无法生根发芽。因此，梁启超提出了新的救国理念：一个国家改良的前提，是先培养出新型的国民。这就是“新民说”的由来。1902年前后，梁启超以“新民说”为题，连篇累牍地写了大量文章，痛陈中国国民性的问题。这些文章如同野火燎原，在中国知识界引起强烈反响，国民性改造运动从此兴起。

当然，“国民性”这个词并不是梁启超创造，而是晚清以来闯入中国与沉睡千年的中国人迎面相撞的西方人首创。这些老外罗列了许多感性的词汇，比如“麻木”“迟钝”“欺瞒”“精明”“迷信”“不精确”……用来表达他们对中国的第一印象。这些描述失于杂乱感性，其中许多还自相矛盾。而梁启超的总结无疑比老外们系统得多。他认为，中国人的第一个缺点是“奴隶性”，甘于忍受暴君异族的统治，不敢起来反抗；第二个缺点是一盘散沙，不团结，只重私德，不重公德；第三个缺点是“民智低下”“智慧不开”，依赖成性，遇事退缩，缺乏尚武精神和进取气质。梁启超的思维焦点很清楚，他所总结的这些，都是长期专制统治在中国人身上留下的与现代政治文明不适应的烙印。梁启超说，中国要变成一个宪政国家，中国人就要从过去的“老百姓”变成“现代公民”，要培养起国家意识、公德意识和尚武精神。

走向现代过程中遇到国民素质问题，是“后发国家”的普遍现象。明治维新以后，日本知识分子也纷纷痛批传统日本人明哲保身、自私自利，那声调听起来和梁启超们如出一辙：“人民……一切只听从政府，不关心国事。结果，一百万人怀着一百万颗心，各人自扫门前雪，莫管他人瓦上霜。对一切公共事务漠不关心……终日惶惶唯恐沾染是非，哪有心情去考虑集会和议论！”在韩国等其他后发国家，对国民性的讨论一度也非常热烈，韩国人也曾经认为，自己是世界上最差劲、最没希望的民族，许多知识分子都提出了国民性改造方案。“改造国民性”，似乎是大部分后发国家需要面对的共同问题。

二

那么，怎么改造国民性呢？

梁启超的思路是，通过“自高而低”的“国民运动”，唤醒沉睡着的民众。只要每个中国人都“一朝悔悟”，培养起公德意识、国家意识、尚武精神，成为“新民”，自然就可以建立新制度：“苟有新民，何患无新制度？无新国家？”

他提出的具体方案，就是由像他这样的已经“醒过来”的精英们，通过办报纸、办学校、写小说、写剧本等方式，来对民众进行启蒙。梁启超尤其推崇小说等艺术作品震动人心的力量，他极力鼓动知识分子们去写小说写剧本，用老百姓最喜闻乐见的方式去进行启蒙：“欲新民，必自新小说始。”“欲新一国之民，不可不先新一国之小说。故欲新道德，必新小说；欲新宗教，必新小说；欲新政治，必新小说；欲新风俗，必新小说；欲新学艺，必新小说；乃至欲新人心，欲新人格，必新小说。”“有新小说乃有新世界”，“小说势力之伟大，几乎能造成世界矣”。

“先更新国民性，后更新制度”的这个次序，听起来很有道理：国家是由无数个人组成的。如果每个人都“自我更新”了，那么整个国家不也就脱胎换骨了吗？从整体上改变整个国家很难，但是从微观去改变一个人，就容易多了。梁启超认为这是改造中国的不二法门。他说：“今日之中国，实不宜轻言政治运动，须从文化运动、生计运动、社会改良运动上筑一基础，而次乃及于政治。”就是说，一定要通过文化运动提高了中国人的素质后，再来谈制度建设和政治改革。

其实这是典型的中国式思维，也就是儒家所谓的“欲治其国者，先齐其家。欲齐其家者，先修其身。欲修其身者，先正其心”。每个人心都“正”了，这个国也就“治”了。这是一种乍一看很正确，细一想很谬误的逻辑。很不幸，在国民性改造史中，这个富有特色的伪逻辑成了主线。

第十六章
鲁迅：国民性改造运动的旗手

一

梁启超虽然提出了“用小说更新国民性”的思路，他本人却没有太多的小说家天赋。他尝试着写过几篇政治小说，但都不太成功。梁启超的性格特点是不甘寂寞、兴趣多变，在提出“新民说”这个命题后不久，他的个人兴趣又转到一系列政治活动上。唤醒民众这件事，被他搁到了一边。

真正贯彻梁启超的“小说救国”思路的，是以鲁迅为代表的下一代知识分子。

从某些方面看，鲁迅是一个“抄袭者”，他对中国人劣根性的总结，几乎是完全“照抄”梁启超。鲁迅对“看客”的批判，显然袭自梁启超对“旁观者”的批评：“天下最可厌、可憎、可鄙之人，莫过于旁观者，旁观者，如立于东岸，观西岸之火灾，而望其红光以为乐……”鲁迅所写的“铁屋子”，也与梁启超描写的“暗室”异曲同工：“彼昔时之民贼……虑其子弟伙伴之盗其物也，于是一一桎梏之，拘挛之，或闭之于暗室焉……一旦有外盗焉，哄然坏其门，入其堂……虽欲救之，其奈桎梏拘挛而不能行。”至于鲁迅批评中国人一盘散沙、“想做奴隶而不得”、愚昧退缩等，更是早见于梁启超的言论当中。

这不是鲁迅的特例，而是梁启超之后历代国民性批判者的共同命运：梁启超对国民性的总结相当全面，在梁启超之后，孙中山、蒋介石、胡适、鲁迅、陈独秀等人关于国民性的评论很少能跳出梁氏的范围。甚至柏杨的酱缸论，也可以说是源于梁启超的这句话：“橘在江南为橘，过江北则为枳。夫孰意彼中最高尚醇美、利群进俗之学说，一入中国，遂被其伟大之同化力汩没而去也……举凡世界之善良制度，一到中国，无不百弊丛生，徒供私人之利用。”

二

不过，时间毕竟过去了一代，民国初年中国世界化的深度和广度都与晚清大大不同。鲁迅一代人的国民性改造思想，在梁启超的基础上有一个重大发展，那就是“文化决裂论”。

梁启超也注意到了国民性与文化的关系。他认为国民性改造，需要中国文化的更新换代。不过，因为成长背景的关系，梁启超对中国传统文化抱有浓厚的感情，他认为中国传统文化中有很多优秀成分，可以为新文化所用。因此他设计中的“变革文化”，是对传统文化的“批判性继承”，“淬厉其所本有而新之”，“采补其所本无而新之”。

然而“五四”一代知识分子大都是激烈的文化决裂论者。新一代知识分子大多有过海外留学经历，他们对西方文化的了解和掌握比梁启超一代更为深入，对中西文化的差异认识得也更为深刻。呼吸过外面新鲜空气之后，这些留学生普遍认为阴暗压抑的中国传统文化中有一种深刻的“原罪”。大部分人的共同结论是，中国所有问题的总病根，都是有毒的五千年传统文化。中国“固有之伦理、法律、学术、礼俗，无一非封建制度之遗”。中国传统文化比西方落后两千年，现在已经完全过时、腐败，无法继续利用。钱玄同这样表达他对中国传统文化的怨愤之情：“若玄同者，于新学问、新智识一点也没有；自从十二岁起到二十九岁，东撞西摸，以盘为日，以康瓠为周鼎，以瓦釜为黄钟，发昏做梦者整整十八年。自洪宪纪元，始如一个响霹雳震醒迷梦，始知国粹之万不可保存。”鲁迅则认为中国人“许多精神体质上的缺点”来自可怕的“遗传”。也就是说，我们国民性中有着祖先遗传下来的“过滤性病毒”：“昏乱的祖先，养出昏乱的子孙，正是遗传的定理。民族根性造成之后，无论好坏，改变都不容易的。”

“五四”一代人把中西文化完全对立起来，认为它们势不两立，你死我活。他们宣称，只有彻底毁灭这种文化，中国才能凤凰涅槃、浴火重生。陈独秀的话最为典型，他说，中西文化“其根本性质极端相反”，“新旧之间，绝无调和两存之余地”。只有西方的民主、科学这两剂药方，才能解决中国的一切问题。陈独秀说：“我们现在认定只有这两位（德、赛）先生，可以救治中国政治上道德上学术上思想上一切的黑暗。”这就是所谓的“文化决定论”。

因此，“五四”一代知识分子国民性改造方案的核心，就是毁灭中国文化。陈独秀说，要拯救中国，只有“置之死地而后生”，打倒孔家店，把旧文化一把火烧个精光。所以陈独秀“涕泣陈词”，寄希望于“活泼之青年……奋智能，力排陈腐朽败者以去”。鲁迅的主张更具体，那就是不看中国书，只看外国书。他说：“我以为要少——或者竟不——看中国书，多看外国书……我看中国书时，总觉得就沉静下去，与实人生离开；读外国书……时，往往就与人生接触，想做点事。中国书虽有劝人入世的话，也多是僵尸的乐观；外国书即使是颓唐和厌世的，但却是活人的颓唐和厌世。”钱玄同的主张比鲁迅更激进，除了“应烧毁中国书籍”之外，他还要取消中国旧戏。钱玄同说，“今之京戏，理论既无，文章又极恶劣不通”，因此提出“要中国有真戏，非把中国现在的戏馆全数封闭不可”。钱玄同甚至提出了“废除汉文”的主张：“欲废孔学，不得不先废汉文；欲驱除一般人之幼稚的野蛮的顽固思想，尤不可不先废汉文。”

由他们这一代人打破铁屋，放进外面世界的新鲜空气，排走屋内几千年的陈腐毒气，那么，在全新的西方文化基础上成长起来的新一代中国人，身上自然就不会有因为旧文化导致的劣根性，这就是“五四”一代人的国民性改造思路。

三

不过，除了文化选择这个方向上更进一步外，“五四”一代知识分子的国民性改造思路，并没有怎么突破梁启超的藩篱。与梁启超一样，他们也认为没有合格的新人，就建立不了新制度。这与中华民国初期制度建设的失败这一事实密切相关。

中华民国的成立，标志着中国两千年帝制的结束和亚洲第一个共和国的诞生。1912年1月1日，孙中山从上海赴南京参加临时大总统就职典礼的途中，成千上万的群众列队欢呼，“共和万岁”之声震动天地。鸦片战争以来经受了太多失败和屈辱的中国人相信，采用世界上最先进的政治制度，将很快使古老中国结束屈辱、光彩重生。在美国就读的年仅十九岁的宋庆龄听到民国成立的消息，立即写了《二十世纪最伟大的事件》的文章，她盛赞：“中国革命是滑铁卢以后最伟大的事件，是二十世纪最伟大的事件之一。这场革命取得了最辉煌的成就，它意味着四万万人民从君主专制政体的奴役下解放了出来。这个专制制度已经存在了四千多年；在它的统治下，生存、自由和对幸福的追求是被剥夺的。”这代表了大部分知识分子的心声。

然而，现实很快粉碎了人们的美梦。从外国引进的这种先进政治制度，与中国的固有社会传统似乎格格不入。虽然国号一直保留下来了，但是这个国号之下的政治运行与“共和”二字相去太远。经历了洪宪复辟危机、猪仔议员丑闻、连年军阀混战之后，几乎每个人都看到了“先进的政治制度”与中国人普遍素质之间的巨大不适应性。特别是曹锟贿选事件，更让人们认识到一种新制度在旧土壤上建立的艰难。梁启超的“只有先新民，才能建设新制度”的话，在此时似乎显出了先见之明。

鲁迅的心理变化非常具有代表性。在辛亥革命之初，鲁迅和绝大多数中国人一样，对“新中国”满怀憧憬。他说：“说起民元的事来，那时确是光明得多，当时我也在南京教育部，觉得中国将来很有希望。”

然而，不久之后他就彻底失望了。鲁迅说：“见过辛亥革命，见过二次革命，见过袁世凯称帝，张勋复辟，看来看去，就看得怀疑起来，于是失望，颓唐得很了。”

从此，鲁迅成了一个彻底的“国民性决定论”者。他说：“大约国民如此，是决不会有好的政府的。”“所以此后最要紧的是改革国民性，否则，无论是专制，是共和，是什么什么，招牌虽换，货色照旧，全不行的。”因此，“其首在立人，人立而后凡事举”。其他知识精英结论也与鲁迅大致相同。杨昌济说：“有不良之国民，斯有不良之政府。”陈独秀则说：“凡是一国的兴亡，都是随着国民性质的好歹转移，我们中国人天生的有几种不好的性质，便是亡国的原因了。”1916年初，胡适的这句话听起来更像是出自鲁迅之口：“造因之道，首在树人；树人之道，端赖教育。”

那么，怎么“立人”呢？鲁迅说，“我想，现在的办法，首先还得用那几年以前的《新青年》上已经说过的‘思想革命’。”也就是说，先进行人的现代化，而后才能谈到制度的现代化。

从梁启超到鲁迅，时间虽然过去了二十年，但国民性问题仍然被简化为一个社会成员人人洗心革面的问题。似乎只要人人痛下决心、悔悟自新、告别旧我，即可成为一代新人。个人与社会本来是一种双向影响的关系：个人的行为固然会影响社会，社会环境更有力地影响着每个人的选择。然而，从严复、梁启超直到鲁迅、陈独秀，始终只强调前者对后者的决定性影响，而且把它绝对化。这种“单向决定论”思路下的思想革命，其实是中国传统“心学”的另一个变种。当1916年到来之际，陈独秀仍然满腔热忱地向国人呼吁，人人“从头忏悔，改过自新”。“从前种种事，至一九一六年死；以后种种事，自一九一六年生。吾人当一新其心血，以新人格”，由此进而“以新国家，以新社会”，而使“民族更新”。几个月后，李大钊也向中国青年发出了自觉再造自我的呼吁：“悟儒家日新之旨，持佛门忏悔之功，遵耶教复活之义，以革我之面，洗我之心，而先再造其我，弃罪恶之我，迎光明之我；弃陈腐之我，迎活泼之我……”

四

只要人人迎来新我，就会迎来新的社会。在这个思路的指引下，“五四”一代人开始了轰轰烈烈的启蒙运动。他们办杂志，办学校，写小说，椎心泣血，宣传、呼号，以期唤醒铁屋子中沉睡的人。其中鲁迅的呼声最为锐利而洪亮。

鲁迅认为，用文艺唤醒人的灵魂，是挽救国家唯一之路。因此文艺创作是天地间最重要的事，其他一切与此相比都无足轻重。所以1922年得知胡适在创办《努力周报》打算论政时，鲁迅表示不以为然。胡适在日记中记载他们的谈话说：“豫才深感现在创作文学的人太少，劝我多作文学。”

整整二十年间，鲁迅心无旁骛，艰苦卓绝，一以贯之地进行着“国民性改造”这一伟大的人类灵魂改造工程。他写了大量的小说、散文、杂文，用投枪、匕首、大刀，冲锋战、壕堑战、迂回战，持之以恒地揭露、总结、批判中国人国民性中的“劣点”。一篇《阿Q正传》，对普通民众来说，其作用大于十篇《新民说》。鲁迅用他洋溢的才华和独特的文笔，将国民性问题赤裸裸地挑在笔尖，伸到每一位读者眼前，让每个人都无法回避。可以说，“国民性”这三个字，是经鲁迅的传播，才成为汉语中的一个常见词汇的。他将梁启超的“以小说塑造新人”思路贯彻到了最彻底的程度，其深与广无与伦比，影响也非常巨大。

然而，鲁迅等人的艰苦努力，效果并不明显。非但进步不大，从鲁迅的文字来看，国民性的某些方面还有越来越坏的趋势。最有力的证明，是二十年间鲁迅对国民性的批评责骂越来越激烈，越来越痛切，也越来越无奈。鲁迅原本信奉进化论，希望寄托于青年一代：“我一向是相信进化论的，总以为将来必胜于过去，青年必胜于老人……”他认为，虽然中国文化有原罪，但是随着他们这一代扛住黑暗的闸门，放进西方文化的新空气，那么接受了新文化的青年人成长起来，“血液里的昏乱”就会一代代迅速减少。然而，岁月无情流去，鲁迅眼中的青年却不但没有进步，反而不断沦陷。1925年，鲁迅就对他看到的普遍的青年“形象”表达过不满：“现在青年的精神未可知，在体质，却大半还是弯腰曲背，低眉顺眼，表示着老牌的老成的子弟，驯良的百姓。”1927年广东革命阵营分裂的血腥更令他震动。他说：“我在广东，就目睹了同是青年，而分成两大阵营，或则投书告密，或则助官捕人的事实！我的思路因此轰毁，后来便时常用了怀疑的眼光去看青年，不再无条件的敬畏了。”从此之后，他对青年一代的评价越来越低。1933年他说：“今之青年，似乎比我们青年时代的青年精明，而有些也更重目前之益，为了一点小利，而反噬构陷，真有大出于意料之外者。”1934年他又说：“但我觉得虽是青年，稚气和不安定的并不多，我所遇见的倒十之七八是少年老成的，城府也深，我大抵不和这种人来往。”

这一事实让鲁迅在努力二十年之后发现，先思想后制度的国民性改造之路走不通。“思路轰毁”之后，经过长时间的孤寂、彷徨和思想苦闷，鲁迅在晚年放弃了“国民性决定论”，接受了“阶级斗争论”。苏联建国的成功给了他新的启示。他说，看到“苏联的存在和成功……不但完全扫除了怀疑，而且增加许多勇气了”。在晚年鲁迅心中，苏联成了全世界无产者的“麦加”，那里存着全世界的光明和希望。他大量翻译苏俄文学，他开始相信只有阶级斗争才能救中国。

从居高临下地唤醒民众，到奉民众为推动历史的主力，依靠人民大众进行革命；从绝对排斥政治斗争，反对政治改良，到相信必须用“火与剑”进行激烈的政治变革，国民性改造运动的旗手鲁迅的一百八十度大转弯，向社会大声宣告了通过“思想革命”来改造国民性的失败。

第十七章
胡适的改良国民性思路

一

正如上一章所提到的，在“五四”以前，胡适对国民性问题的看法与鲁迅等人几乎完全一致。胡适早年在国民性问题上也深受梁启超影响。他后来回忆说：“我个人受了梁先生无穷的恩惠……第一是他的《新民说》。”所以青年时代他谈到国民性时，其语调与梁启超、鲁迅并无二致。他说：“无论帝制也罢，共和也罢，没有这个必须的先决条件，都不能救中国。”

然而，胡适很快意识到“国民性决定论”存在重大问题：先训练好国民性，再进行民治政治（胡适将起源于西方的近代政治制度称为民治制度）建设，就好比要求先拿到驾照，然后才允许触碰汽车。问题是，如果不先上车，怎么能学会开车呢？从晚清开始，执政者就一再以“没驾照”为由，拒绝民众登上民治政治这辆新式汽车：慈禧以民智未开为由拖延立宪，袁世凯以民心思旧为由恢复帝制，吴佩孚更说，因为民众“组织未备，锻炼未成”，所以中国只能沿用老路，继续独裁。随着对制度与国民性问题思考的深入，胡适的思路发生了转折。他开始由“国民性决定论”转向

“制度先行论”。也就是说，他认为国民性不再是民治政治的先决条件，相反，只有先建立民治政治的基本制度，才可能训练出合格的新国民。

胡适认为，民治制度具有制造良好公民的效力，因为民治政治运作，本身就是一个启蒙和教育的过程。这种启蒙和教育，比单纯的宣传更有效。就好比跳进水里学习，比坐在岸上读游泳手册有效得多；坐上汽车操作，也比背下整本《汽车结构与原理》有用得多。胡适说，“民治的制度是一种最普遍的教育制度”，“人民只有在民治制度之下才能得到政治上的训练，才能变成好公民。反转来说，人民如果没有执行政治的权利，永不能得到那种相当的政治训练，永没有做好公民的机会”。他还说：“民治制度最先进的国家也不是生来就有良好公民的；英国今日的民治也是制度慢慢地训练出来的。”

这一思路转变，显然与他长期的欧美生活经验这一基础是分不开的。胡适回忆他对美国政治运作的感受时说：“我在1912和1916两年，曾去参观美国的选举。我到了投票场，讨得了选举票的‘样张’，见了上面的许多姓名和种种党徽，我几乎看不懂了。我拿了样票去问在场的选民，请他们教我。”胡适故意选了几个看起来“素质不高”的人：“我故意拣了几个不像上等人的选民——嘴里嚼淡巴菰的，或说话还带外国腔调的——不料他们竟都能很详细地给我解释。”胡适说：“那些嚼淡巴菰带外国腔调的美国选民，他们何尝读过什么《政治学概论》或什么《公民须知》？他们只不过生在共和制度之下，长在民主的空气里，受了制度的训练，自然得着许多民治国家的公民应有的知识，比我们在大学里读纸上的政治学的人还高明的多。”

因此胡适称民治为一种“幼稚园政治”，说民治政治“没有多大玄妙”，不过是如同学下棋一样，教人们遵守民治规则：“就如同下棋的人必须遵守‘马走日字，象走田字，炮隔子打，卒走一步’的规矩一样。”因此，民治政治并不见得要把每个人都训练合格后开始：“宪政可以随时随地开始，但必须从幼稚园下手。”

针对那些倾向专制的独夫民贼拿“国民性”为借口拖延中国的民治进程，胡适说，如果以“人民程度不够”，拒绝实行民治，那么民治永远不会到来：“若因为‘组织未备，锻练未成’，就不敢实行民治，那就等于因为怕小孩子跌倒就不叫他学走了。学走是免跌的唯一法子，民治是‘锻练’民治的唯一法子！”“至于那些采用现成民治制度的国家，他们若等到‘人民的程度够得上’的时候方才采用民治制度，那么，他们就永远没有民治的希望了。”

那些坚持“国民性先行论”者的主要依据，是选举舞弊等民国政治乱象。他们认为，民国初年政治制度运作不良，是国民性造成的。对此胡适的解读大不相同。胡适认为，新型政治制度在这片陈旧的土地上一开始运转不顺利，几乎是必然的事：近代民治政治在西方有着两千年的成长史，它是一架复杂精细的政治机器，这架新机器与中国这片陌生的土地需要长时期的磨合与改造，才能正常运行。辛亥革命是中国几千年来第一次出现的选举时代，中国人手中从来没有握过选票，如果中国人一下子就掌握了民治政治的精髓，轻车熟路地运转起议会政治，反倒是不正常的。那就好比一个不会水的人，第一次跳进河里，就能游起自由泳，这完全是妄想。因此，问题不在于国民性，而在于时间不够，经验不够。

1923年，曹锟通过贿选当上了总统。这一丑闻令全国哗然，胡适也愤怒地称当时政治为“猪仔政治”。但与大部分知识分子不同的是，胡适并没有因此而否定选举制度。胡适说，在民治政治之初出现贿选之类的问题是正常的，许多国家都经历过这样的时期。出现问题并不可怕，可怕的是一遇挫折，马上就宣布此路不通，仓促另寻新路。胡适举日本民主进程的例子说：“四十二年前，日本第一次选举议会，有选举权者不过全国人口总数百分之一；但积四十年之经验，竟做到男子普遍选举了。我们的第一次国会比日本的议会不过迟二十一年，但是昙花一现之后，我们的聪明人就宣告议会政治是不值得再试的了。”他坚信制度框架存在总比没有好。

他说：“民治的本身就是一种公民教育。给他一票，他今天也许拿去做买卖，但将来总有不肯卖票的一日；但是你若不给他一票，他现在虽没有卖票的机会，将来也没有不卖票的本事了。”有人卖票，说明民选这一票还有用。比起这张票一文不值，毕竟还是进步。在胡适看来，中国的民治政治也许注定要从卖票甚至打架开始，关键是一定要迈开这一步，然后再一步步地进行改良：“选票制的改革，从公开的变为秘密的，从记名的变为无记名的，便可以除去许多关于选举的罪恶。今日中国的选举坏到极处了；将来我们若想改良选政，一定还得从制度上去寻下手的方法。”针对曹锟之类的贿选，胡适认为是复选制带出来的弊病，他因此主张有限制的直选。他又针对直选中选民册的伪造与虚报，以自己家乡为例，提出了相应的具体对策。

二

胡适的新思路显然与鲁迅完全相反。鲁迅一直把国民性的成因归结为“遗传的定理”，也就是说，有毒的传统文化熏染的结果。而胡适认为，国民性的形成，主要取决于政治制度而不是文化。人性有无限的可能，在不同的环境下，会趋向不同的发展。恶的制度塑造恶的国民性。用胡适研究者邵建的话来说：“很显然，一个说谎成性的体制肯定养成国民说谎至少是不说真话的习惯，这不是‘国民性’而是‘国体性’。因为在既定的游戏规则面前，人本能地会做出‘趋利避害’的选择。如果一个‘萨达姆’+‘萨哈夫’式的体制，反说自己是世界上言论、出版自由最充分的国家；那么，你怎么可以想象这个国家中的一般人会说真话呢？他不用计算，也知道自己将要付出的代价是什么。这时，‘卑怯’之类的国民性批判再尖锐再深刻也没用，要紧的就是要改变这个‘卑劣’的游戏规则。”胡适和鲁迅思路的根本差别，是制度决定论还是文化决定论的差别。

鲁迅认为，改革国民性，需要每个人道德上的自我更新，改掉自己身上的“卑怯”“瞒骗”和“诈伪”，因此鲁迅的国民性批判很大程度上也是一种激烈的道德批判。胡适则认为，只进行道德批判，不追究道德背后的东西，把所有的事情都混到“国民性改造”这个大锅里一锅煮，是达不到效果的。政治的归政治，道德的归道德，不能试图以道德解决政治问题。“什么‘人心丕变’，‘民德归厚’，都不过是门面话”，只有建立一个好的制度，才能塑造出好的国民性来。因为好的制度最大功用，就是能约束人性中的恶：“我们不能使人人向善，但制度的改革却能使人不敢轻易为恶。”“第一要给他一个实习做公民的机会，就是实行民治的制度；第二要减少他为恶的机会，使他不敢轻易犯法。”“民治主义是一种信仰”，“信仰制度法律的改密可以范围人心，而人心受了法制的训练，更可以维持法治”。胡适这一思想的源头显然来自西方。胡克尔说过：“除非假定人的劣根性比野兽好不了多少，并针对这种情况做出规定，以规范人的外部行动，使它们不致妨碍所以要组成社会的公共福利，除非法律做到这种地步，它们便不是完美的。”

从另一个角度看，胡适和鲁迅思路的分歧，是单向决定论和双向决定论的区别。与从梁启超到鲁迅的个人决定社会的单向决定论不同，胡适认为个人和社会是双向影响的，社会对个人的塑造和影响是主要的。他在那篇名为《不朽》的代表作中，对个人与社会、个人与历史的关系进行了深入分析：“从纵剖面看来，社会的历史是不断的；前人影响后人，后人又影响更后人……个人的生活，无论如何不同，都脱不了社会的影响。”在其他文章中胡适也提出，“个人是社会上种种势力的结果”，“‘我’是社会上无数势力所造成的”。因此胡适反对鲁迅“把个人看作一个可以提到社会外去改造的东西”，认为“把‘改造个人’与‘改造社会’分作两截”是错误的，不改造社会，单独改造国民性是不可能的。制度变化是前提：“改造社会即是改造个人。”社会“那些势力改良了，人也改良了”。

第十八章
胡适的渐进式改造路径

一

胡适和鲁迅的两种不同主张，决定了中国国民性改造的两条不同道路。

第一条道路，是通过制度“渐进改良”之路。另一条道路，则是“思想改造”之路。

1949年以前，胡适是中国思想界的主流人物。他引领一时之风云，不但在思想文化领域开风气之先，在政治运作中也发挥了重要作用。这一局面形成的基础，是胡适的政治思想与当时执政者的政治思路有不谋而合之处。

因为与胡适同样有着长期的西方社会生活经验，对西方的政治文明有着切身的体会，孙中山也得出了与胡适相同的结论，那就是要用制度来训练国民。胡适认为，宪政“必须从幼稚园下手”，一步步地加以学习实践。孙中山认为，中国人从臣民到国民，必须经过一个“训政”期，即对民众进行政治制度的训练培养时期。孙中山说：“我中国人民久处于专制之下，奴性已深，牢不可破，不有一度训政时期，以洗除其旧染之污，奚能享民国主人之权利？此袁氏帝制之时，而劝进者之所以多也。”民众学习民主，就如同幼儿学步一样，需要保姆的把持。他把革命党比喻成“新民”的保姆：“民国之主人者，实等于初生之婴儿耳！革命党者，即产此婴儿之母也。既产之矣，则当保养之，教育之，方尽革命之责也。此革命方略之所以有训政时期者，为保养、教育此主人成年而后还之政也。”

1917年至1920年间，孙中山总结革命经验与教训，在《建国方略》一书中提出了中国制度建设三步走的构想，也就是通过“军政”“训政”“宪政”三个时期，在中国逐步建立民主宪政制度。第一步是军政时期，要通过暴力革命从军阀手中取得政权。第二步是训政时期，在这个时期内，施行约法，建设地方自治，以促进民权发达。在此基础上才能开始第三时期，也就是宪政时期。

为培养国民参政能力，孙中山在《建国方略》中专门撰写了《民权初步》，举凡国民集会、选举、社团章程、议事日程及议政议事的具体要求、步骤、方法等都做了详细说明和规定。孙中山乐观地认为，只要有“良师益友”也就是革命党的耐心引导，程度幼稚的中国国民很快会成熟起来：“中国今日之当共和，犹幼童之当入塾读书也。然入塾必有良师益友以教之，而中国人民今日初进共和之治，亦当有先知先觉之革命政府以教之。此训政之时期，所以为专制入共和之过渡所必要也，非此则必流于乱也。”

孙中山的这一社会改造思路与胡适的“制度先行论”一定程度上相当合拍。这就决定了胡适其后成为国民党的“诤友”，成为推动国民党在渐进“宪政”之路上前行的主要文化力量，以至于死后，胡适被国民党奉为“文化圣人”。不过，在胡适与国民党相遇之初，双方却是“不打不相识”，爆发过一场激烈的遭遇战。

1926年，蒋介石挥师北伐，开始统一中国的步伐。1928年，张学良东北易帜，至少在表面上，蒋介石统一了中国，完成了孙中山规划的第一步：军政时期。1928年，蒋介石召开国民党中央执委会常务会议，宣布“军政时期”结束，“训政时期”开始，不久就制定了《中国国民党训政纲领》。

对国民党战胜北洋军阀，胡适等人是欢欣鼓舞的。但是，1929年国民党通过的这个《训政纲领》，却让他们大跌眼镜。《训政纲领》没有多少推进民主建设的实质内容，却开宗明义地强调了训政时期“以党治国”的原则。1931年，蒋介石更以《训政纲领》为核心，制定了《中华民国训政时期约法》，在约法中规定，国家大权统揽在国民党手中，而党权又集于蒋介石一人之手。这样一来，蒋介石所谓的“训政”，就沦为了一党专政、个人独裁。

胡适等民主派知识分子大失所望，他们发现，蒋介石这个只有日本短暂留学经历的中专生身上有着太过浓烈的传统专制气息。由他来主导的训政，很难走上“宪政”之路。因此，胡适在1928年创办《新月》月刊，与同人发起“人权运动”，抨击国民党专制统治，《新月》生存到1933年被国民党政府查封为止。1932年5月胡适又创办《独立评论》，继承《新月》之风，宣传民主宪政和自由人权。胡适在《独立评论》的发刊词中说：“我们叫这刊物做‘独立评论’，因为我们都希望永远保持一点独立的精神。不依傍任何党派，不迷信任何成见，用负责任的言论来发表我们个人思考的结果。”正如这篇发刊词所宣布的那样，通过发表政论，胡适和他的朋友们以独立知识分子的身份，对国民党展开了长期的、激烈的批评。

在国民党成为中国主人不久后的1929年，胡适就发表了《新文化运动与国民党》，直截了当地批评国民党身上的陈旧气味。他说，连北洋政府的教育部长都推行白话文教育，而国民党当国之后，发公文居然还用文言文。对于国民党的言论控制，胡适批评起来更是不客气：“上帝可以否认，而孙中山不许批评；礼拜可以不做，而总理遗嘱不可不读”，

“在思想言论这一点上，我们不能不说今日国民政府所代表的国民党是反动的”。

国民党宣布要在全国实行“一个主义”后不久，胡适就发表文章，不留情面地批判国民党的思想独裁。胡适尖锐地指出：“三民主义成为一党的经典，这种一时的议论很可以助长顽固思想，养成夸大狂理，而阻碍新思想的传播”，“今日的国民党到处念诵‘革命尚未成功’，却不想促进‘思想之变化’……妄想做到思想的统一。殊不知统一的思想只是思想的僵化，不是谋思想的变化。用一个人的言论思想来统一思想，只可以供给一些不思想的人的党义考试夹带品，只可以供给一些党八股的教材，决不能变化思想，决不能靠此‘收革命之功效’”。

除了批评国民党政权外，胡适还多次点名批评了蒋介石。在《人权与约法》一文中，胡适举蒋介石本人的例子说明国民党如何侵犯人权：“如安徽大学的一个学长，因为语言上挺撞了蒋主席，遂被拘禁了多少天。他的家人朋友只能到处奔走求情，决不能到任何法院去控告蒋主席。只能求情而不能控诉，这是人治，不是法治。”这是批评蒋介石把个人置于法律之上。在《我们什么时候才可有宪法？》中，胡适写道：“程度幼稚的民族，人民固然需要训练，政府也需要训练。人民需要‘入塾读书’，然而蒋介石先生，冯玉祥先生，以至于许多长衫同志和小同志，生平不曾梦见共和政体是什么样子的，也不可不早日‘入塾读书’罢？”也就是说，包括蒋介石在内的国民党领导者，其实都不懂什么叫民主共和，都需要老老实实地背起书包、坐进课堂，从ABC学起。

这些“雷人”言论之激烈，在近代以来某些历史时期，足以被抓进监狱。有人说鲁迅不敢直接批评蒋介石，而胡适敢，这些事实证明确实如此。这些言论自然也引起了大权在握的国民党的强烈反应。国民党内一时群情激愤，尤其一些中下层党员，更是激动地纷纷呈请“缉办”胡适。他们利用舆论优势，把“反革命”“反党”“反动”“帝国主义的走狗”

等种种帽子铺天盖地地扣到胡适头上，掀起一股围剿胡适的大潮。国民政府也饬令教育部出面“警告”胡适，并迫使胡适辞去中国公学校长一职，仓皇离开上海。曹聚仁认为“胡适的处境在那时期，并不比鲁迅更自由些”。

不过，国民党没有对胡适采取进一步的措施。毕竟国民党的终极政治目标和胡适的政治理想是在同一个大方向上。所以虽然心情沉重地离开了上海，但胡适发现，他的一些批评，对国民党的政策起到了推动作用。比如胡适在《人权与约法》中要求国民党“快快制定约法以保障人权”，这篇文章1929年5月发表，结果国民党6月间公布的《治权行使之规律案》即规定：“人民之生命财产与身体之自由，皆受法律之保障，非经合法程序，不得剥夺。”这等于在一定程度上接受了胡适的建议。所以胡适在6月19日的日记中说国民党此举“与我的《人权与约法》一文有关”。

胡适在《新文化运动与国民党》一文中要求国民党“废止一切‘鬼话文’的公文法令，改用国语”，“通令全国日报，新闻论说一律改用白话”。这篇文章1929年底发表，而1930年2月，教育部即奉国民党中执会指令，通令全国厉行国语教育，而且通令本身也改用了白话文。用沈寂的话说，“这个通令全国厉行国语教育的举动，无疑也是国民政府对《新文化运动与国民党》一文所作出的反应”。

国民党的“纳谏”令胡适感到了希望。虽然有着强烈的独裁倾向，但蒋介石毕竟明白世界大势。掌控了南京政府后，他吸纳翁文灏、钱昌照等一批知识分子“入阁”，还答应“尽快结束训政、实行宪政”。这些举动使胡适认为国民党有走上真正宪政的可能。因此，胡适也决定在承认国民党政权的前提下来谋求政治改良。在胡适看来，国民党政权虽是一件并不理想的工具，但在中国当时的情况下，没有更合手的工具。若以暴力摧毁这件“工具”，国家民族就要付出血流成河的惨重代价。他说：“暴力革命带来的，必然是暴力专制政府。”

二

国民党这个工具确实不太好用。中国社会转型过于剧烈这一背景使国民党迅速暴露出它身上的保守性。在国民党中，有一个明显的现象是：对西方文化了解越深的人，提出的现代化设计越合理。然而受中国传统文化熏染越重的人，越有机会掌握改造中国的权力。“半新半旧”型人物蒋介石身上有着深刻的矛盾性：一方面，他认为中国必须向西方学习，“民主宪政”是人类文明发展的大方向；另一方面，他身上又有着深厚的旧文化影响，经常本能地在各个细节中表现出强烈的独裁主义倾向。

蒋介石文化水平不高，仅相当于中专水平。他深受传统儒家思想影响，一生服膺王阳明心学，因此相信“精神第一论”。他认为，“精神可以创造物质，亦可以补充物质之不足，且掌握物质者精神，运用物质者亦精神，物质但附丽于精神之一偏耳”。

出于教育背景、成长环境的原因，蒋介石对民主、人权理念理解不深。孙中山能比较充分地理解西方的自由民主人权思想，蒋介石却将孙中山哲学思想解释成“是渊源于中国固有的政治与伦理哲学之正统思想”，“是续承尧、舜、禹、汤、文、武、周公、孔子以来中国的正统思想”。

在国民性改造问题上，蒋介石也表现出两面性。一方面，他认同孙中山通过军政、训政、宪政三步最终还政于民，将民众训练成现代公民的总体思路；另一方面，他却迷恋专制、集权手段，本能地喜欢统一思想、整齐划一、用政治力量控制一切。因此，在进行国民性改造时，他创造性地发明了“运动改造法”，即强制性地掀起政治运动来改造国民性。

和大转型时期每一个政治家一样，蒋介石对国民性问题也十分重视。蒋介石也对中国国民性进行过激烈的批判，他的批评集中在中国人“没有国家民族的观念”、一盘散沙、自私自利、苟且偷安、缺乏尚武精神等方面。他痛切地说：“百年以来中国在不平等条约重重压制之下，国民道德的堕落，民族自信的丧失，已到了极点。”他痛斥国民性中的落后部分：“外国人比我们中国人为冷血动物。唉，我们国家衰弱，民族凋敝，至此已极，可耻已极了。”中国人“不仅是学问道德差，就是言语行动态度上，也配不上给外人看”，“也可以说是不配做现在世界上的人，不能算一个现在世界上的人”。

和孙中山一样，蒋介石认为改造国民心理是国家建设至关重要的问题，要建立新国家，首先要训练出“新国民”：“现在我们的国家之所以衰弱危殆到这个地步”，“不是武力不够”，“是一般国民不能‘明礼义，知廉耻’，做成一个真正的‘人’。外国人欺侮中国，就是欺侮我们一般中国人不知努力做‘人’！如果我们能教好一般国民，个个都能做成功‘人’，外国人一定不敢再来欺侮，任何外来强大的敌人，我们都不必怕，都可以抵抗他！”

虽然具有两面性，但在具体的改造路径上，蒋介石却轻制度建设，重思想教育和政治运动，原因很简单：制度建设见效慢，道德教育、政治运动则可以立竿见影。所以，他首创以搞运动的方式，揠苗助长地改造国民性。具体地说，就是发起“新生活运动”，开创了近代以来自上而下的“运动群众”的先河。

蒋介石认为，一个国家国民性弱点具体表现在生活的方方面面：“一个国家的国民性，一个民族的民族精神，就是由一般人基本生活的样法可以很明白的表现！也只有从一般人的基本生活实况，才可以看透一个国家或一个民族的真精神！”他总结中国人生活习惯的第一个缺点是“污秽”，什么东西都肮脏不堪；第二是散漫，一切的行动都是随随便便，毫无纪律；第三是“懒惰”，尤其是不知道遵守时间；第四是“颓唐”，精神萎靡，体格羸弱。蒋介石说，这种生活是要不得的“鬼生活”。

蒋介石认为，中国革命之所以迄今尚未成功，“即在于全国国民之生活形态始终无所改进”。所以欲完成革命，非改革中国人的生活习惯不可。1934年，蒋介石在南昌发起了“新生活运动”，希望用从上到下的政治力量，来刷新中国人的生活习惯和精神面貌。蒋介石手订了《新生活运动纲要》与《新生活须知》，对国民生活的方方面面都进行了林林总总烦琐详细的规定，比如关于吃饭，蒋介石就提了这样具体的要求：“食贵定时，莫恣口服。食具须净，食物须洁；要用土产，利用外溢。遇酒勿酗，食量有节；饮嚼无声，坐比正席；饭屑骨刺，毋使狼藉。宴客聚餐，相让举筷。注意微菌，生冷宜戒。鸦片屏绝，纸烟勿吸。耻养于人，自食其力。”这仅仅是冗长的纲要的一小节。除此之外，规矩遍布一个人生活的方方面面，比如升降国旗要敬礼，唱党国歌要起立，要遵守时间、爱惜公物、尊老爱幼，不随地吐痰便溺，不骂人打人……用当时人的话说，是“不厌其详”。

“新生活运动”的发起，显示了蒋介石在改造中国问题上的急切心理。新生活运动“欲以最简单最急切之方法，涤除我国民不合时代不适环境之劣根性，以求适合于‘礼义廉耻’”，“培养从前所未有而近代国民所必须有之德性”。中国传统型政治领袖在政治操作中通常都有一种基于“精神决定物质”理论的浪漫主义气质。正如柯伟林教授所说：“蒋介石在现代中国政治思想里贯彻一种可以称之为浪漫的气质，其特点是主观的，道德力量被视为优越于客观的物质力量。”蒋介石“试图用兵刃和斧头塑造中国的新人”，他希望通过这场运动确立“兵营式秩序”，使人们的行为和思维整齐划一，成为符合他设计的“标准人”。

这种以“群众运动”来“运动群众”的方式注定要失败。从表面上看，新生活运动立竿见影，取得了一定成效。各地纷纷汇报，运动开始不久，人民生活习惯立见改变。比如绥远省汇报推行工作开始一周后，由指导员傅作义率同全体干事及推行股职员，于某周日乘马视察全市，“街市游人甚多，车马络绎不绝，但秩序极为整齐，街市亦颇清洁”。湖北省“武阳汉三处，以前放浪于通衢，以及服装怪异者，行将除尽”，住户以及公共场所“污秽之地，亦日见减少”。湖南“长沙市上如禁烟，禁牌赌，禁止行路吸烟，禁止空车在街上游行，取缔市招及不洁食物，整理墙壁广告，清洁街道，行路靠左等均已见相当成效”。

但事实上，新生活运动中形式主义十分严重，雨过地皮湿，效果十分有限。大部分政府人员对待运动敷衍了事，上面催一催，下面动一动。他们虚应故事，汇报文章写得十分漂亮，实际工作却没做多少。因此，运动收效甚微。正如时人指出：“用外力强迫一个人的行为改正，不但不能达到所期望的目的，而且往往会得到与原意相背的结果。”“即使收到相当的效果，那种效果也是暂时的。”这从冯玉祥的记述中就可见一斑。冯玉祥说：“其实，新生活运动是说着骗人的，比如新生活运动不准打牌，蒋介石左右的大小官员是打麻将，推牌九，押宝。新生活不准大吃大喝，普通人吃一桌饭只花八块钱，蒋介石左右的大官吃一桌饭约六十元，总是燕窝席，鱼翅席。不但大官是这样奢侈，大官的女人奴才也是这样。”这一点可以得到佐证。南昌新生活运动有“妇女不得袒胸露背、裸露大腿”等规定，但江西省主席熊式辉的太太把擦了粉的大腿和涂了蔻丹的足趾显露在外，坐在藤轿上招摇过市，经常为群众所见，宪兵警察只能视而不见。

三

对新生活运动，胡适自然持批评态度。他发表文章预测，官僚主义将使这场运动沦为一场演出，只能增长国民的虚伪性：“若靠一班生活习惯早已固定的官僚政客来开会提倡新生活，那只可以引起种种揣摩风气，虚应故事的恶习，只可以增加虚伪而已。”他说，生活习惯与经济发展水平相适应，没有一定的经济基础，良好的生活习惯只能是空中楼阁：“我们不要忘了生活的基础是经济的，物质的。许多坏习惯都是贫穷的陋巷里的产物。人民的一般经济生活太低了，决不会有良好的生活习惯。”因此，政府要干的正事，是先改善人民的生活，要搞什么新生活运动，先让人民衣食足了之后再说："提倡新生活的人不可忘记：政府的第一责任是要叫人民能生活，第二责任是要提高他们的生活力，最后一步才是教他们过新生活。"

"新生活运动"操作过程显示，在传统文化中成长起来的蒋介石思维深处有着强烈的专制倾向。体制的约束和胡适等在野力量持续不断地对他施加压力，使他的专制倾向无法发展到极端。胡适是一个非常具有政治智慧或者说政治实践感的人，他深知在中国这样一个老大国家推进新型民主政治的艰难和曲折，因此他非常注意抓住机会，和蒋介石进行"有打有拉"的斗争：每当蒋介石表现出专制集权、思想钳制的倾向时，他就不留情面地大力批判，毫不客气；而当蒋介石迫于国内外压力而进行一点民主建设时，胡适也会及时发表一系列政论，提供具体建议。这些政论很多都产生了切实的政治影响。除了公开发表政论外，胡适也常常直接致信包括蒋介石在内的国民党要人，对他们的言行或直言指责，或委婉劝谏，并总是正面提出应该如何的意见。他的意见也经常被不同程度地采纳。1934年4月，胡适托人带给蒋介石一封信，批评蒋介石规定全国刊物不能用西方年号一事，要求蒋介石"明定自己的职权，不得越权侵官，用全力专做自己权限以内的事"。并说："名为总揽万机，实则自居下流，天下之恶皆归之。"据沈寂先生研究，胡适的"这一直谏几天以后即起了效应"，五天之后，蒋介石通过媒体向社会解释，所谓要求"非必要不得用外国文字年号"事，是蒋以手令要求"行营政训工作人员"，只针对呈送的公文，不想"而政训处竟送中央全委通令全国，实属荒谬。我蒋介石非中央党部，非政府。我的手令如何能给中央宣委会，且通令全国，岂非笑话。望职员以后办事，务须认清系统，明白手续，方能为在上者分劳，不致将事办错云！"胡适在日记中对此事评论是："各报所载文字相同，可见是他有意发表的，此事可见他知错能改过。"沈寂说："这细小的纳谏，增强了胡适的信心。所以胡适处处维护这个政权。”

胡适虽然积极介入政治运动，但是绝不“入阁”当官。他一直坚持知识分子的在野态度，多次拒绝当局的从政邀请。他说：“我所以想保存这一点独立的地位，决不是图一点虚名，也决不是爱惜羽毛，实在是想要养成一个无偏无党之身，有时当紧要的关头上，或可为国家说几句有力的公道话。一个国家不应该没有这种人；这种人越多，社会的基础越健全，政府也直接间接蒙其利益。我深信此理，故虽不能至，心实向往之。以此之故，我很盼望……为国家做一个诤臣，为政府做一个诤友。”在民国知识分子中，他是坚守“民主宪政”理念最持之以恒的一个。丁文江、蒋廷黻等知识分子一度大力鼓吹“新式独裁”，认为中国还需要相当长时间的“开明专制”，胡适则从来没有过这种动摇，他坚信民主政治是中国通往未来的唯一大道。1947年，胡适仍然坚定地说：“我是学历史的人，从历史上来看世界文化的趋向，那民主自由的趋向，是三四百年来的一个最大目标，一个最明白的方向。”

在各方面力量的推动压力下，中国艰难地、一点一滴地朝着胡适等人设想的方向前进。然而，人算不如天算，宣布进入“宪政时期”的声音刚刚落地，日本开始全面侵华，“还政于民”胎死腹中。抗战胜利后，大规模的内战就全面爆发，国民党败走台湾，胡适的几十年努力告一段落。

不过，离开大陆后，胡适还是坚持他在大陆时期的一贯做法，继续对国民党的批评。1956年9月，蒋介石在自己七十岁生日之前，希望社会各界给自己“各种缺点，作具体的指点与指正”。胡适借美国总统艾森豪威尔的故事，告诫蒋介石要信任下属，凡事不要管得太多太死，要做一个“无智而能御众智，无能无为而能乘众势的元首”。

胡适在1958年4月8日回到台湾，就任“中央研究院”院长。他回来的一个重要原因，是在台湾可以更有效地批评国民党。

第十九章
“思想革命”式的国民性改造之路

一

在“五四”时代短暂地并肩战斗之后，鲁迅与胡适迅速成为陌路。在二十世纪二十年代后期到三十年代，鲁迅与胡适在政治上表现出完全不同的做法和风格。

胡适总是坚持用真名，以示对自己的言论负责：“《新月》在今日舆论界所贡献者，唯在以真姓名发表负责任的文字。我们对于发表言论，完全负法律上的责任。”胡适一直坚持以学理为依据，理性地谈论中国政治问题。他发表了一篇篇标准的“政论”，从正面对国民党的政治提出批评，提出种种建议。

鲁迅则向来反对“赤膊上阵”，主张“壕堑战”，他不断地变换笔名，从反面出击，抨击国民党统治。他的批评总是以嘲讽为基调，抓住要害，一针见血，但从不提出正面建议。有人认为，这是因为鲁迅不对国民党抱什么希望，也有人据此认为，鲁迅缺乏对政治问题进行深入分析的理论修养，无法从正面发表系统的政治意见。

胡适认为改造国民性需要多管齐下，并不反对鲁迅的思想启蒙。因此，胡适高度评价鲁迅的文艺启蒙工作。但鲁迅却认为，胡适的思路是“治标不治本”，对国民党小骂大帮忙。因此鲁迅对胡适的政治活动开始是嗤之以鼻，接着进行冷嘲，后来则是痛加批判。

前文提到，胡适点名批评蒋介石时，提到了安徽大学校长，这个校长，就是著名的刘文典。所谓语言上的挺撞，是刘文典在会议上不称蒋介石为主席，并当面指着蒋的鼻子说：“你就是军阀！”

胡适冒着巨大的风险，为一位有风骨的知识分子说话，今天看来，实在是令人肃然起敬。而鲁迅却抓住胡文中“挺撞了蒋主席”一句，在《二心集》中轻巧而犀利地刺了胡适一句：“刘文典因为不称主席而关了好多天……博士当然是知道的，所以，‘我称他主席。’”这显然是指胡适曾称溥仪为皇上，暗示胡适骨头软。

胡适一生致力于制度改良，要从内部推动，逐步落实宪法。最悲观时，他借鹦鹉救火的故事说：“今天正是大火的时候，我们骨头烧成灰终究是中国人，实在不忍袖手旁观，我们明知小小的翅膀上滴下的水未必能救火，我们不过尽我们一点微弱的力量，减少良心上的一点谴责而已。”对胡适的这番话，鲁迅的反应是写了两句旧诗：“能言鹦鹉毒于蛇，滴水微功漫自夸。”

二

胡适数十年思路明确，持之以恒，渐进努力。而鲁迅的思路却经历了巨大变化。鲁迅在以笔为刀批判国民性二十年后，突然改弦易辙，希望用“火与剑”来解决中国社会的一切问题。他说：“所以我想无论如何，总要改革才好。但改革最快的还是火与剑，孙中山奔波一世，而中国还是如此者，最大原因还在他没有党军，因此不能不迁就有武力的别人。”

鲁迅的变化看起来突然，其实内在的理路一贯，那就是“彻底解决”的思维倾向。

在中国国民性改造史上，一个不可忽视的心态是“急切”。鸦片战争中，中国这个人类世界中最高傲的民族，被以如此难堪的方式打翻在地，每一个中国精英都不服气。他们寻找着种种“速成”的复兴方法，他们相信这个伟大的民族一定能以鲤鱼打挺的方式，打一个漂亮的翻身仗，仍然站在世界舞台的中心，成为人类历史的引领者——只有这样，才能彻底雪耻。

戊戌变法中，康有为最能打动光绪的一句话是，只需要三年，他就可以使大清“自强”“自立”起来。康有为说：“日本改革三十年而强，而以我中国国土之大，人民之众，变法三年而宏规成，五年而条理备，八年而成效举，十年而霸图定矣。”

这样一个乐观的构想，是何等地满足了光绪皇帝建功立业的雄心，光绪欣然听从，与康有为共同开始了一场鲁莽的激进改革。

戊戌变法的失败，并没有打消中国人的“速成论”。1906年9月16日，清朝宣布立宪，期盼立宪多年的中国人以为，这一下所有问题都可以彻底解决了。宣布立宪的上谕公布之后，当日的《申报》这样记述了中国人的喜悦：“奔走相庆，破涕为笑，莫不额手相庆曰：中国立宪矣，转弱为强，萌芽于此。”

全国各地不约而同召开各式庆祝会。举国上下的欢腾似乎告诉人们，只要一纸上谕，立宪即告完成。但是，接下来的事实表明，这种近乎狂热的激动，并没有任何理由。

在建立中华民国后，孙中山也一度以为，有了这个先进的政治制度，中国再回到世界第一的位置易如反掌：“中国，由于它的人民性格勤劳和驯良，是全世界最适宜建立共和政体的国家。在短期间内，它将跻身于世界上文明和爱好自由国家的行列。”

孙中山的接班人蒋介石则一直把中国的所有问题都归因为西方侵略和

异族统治，认为只要终结这两种原因，中国人恢复固有美德，则很短时间内，中国就会恢复成世界上最文明、最高尚的民族。

总而言之，鸦片战争后的中国人一直希望能找到某种最便捷的方式，“毕其功于一役”地解救中国的危机。

与此同时，中国人历来有一种一元论思维倾向，喜欢把复杂的世相归结为“小葱拌豆腐”式的某种“终极真理”之下，认为找到“大本大元”之后，则一切复杂的问题都会“彻底解决”，迎刃而解。“五四”之后，种种西方思潮一股脑地涌入中国。绝大多数知识分子都试图在其中找到一种“终极真理”。李大钊的话很有代表性：“恐怕必须有一个根本解决，才有把一个一个的具体问题都解决了的希望。”

鲁迅告别了“国民性决定论”，但并没有改变一元化“彻底解决”的思想倾向。然而胡适并不认同这种“根本解决”的思路。胡适的思想来源于杜威的实验主义，他认为人类永远不能掌握终极真理，任何一种“主义”都不可能绝对正确，“包医百病，根本解决”。一个民族，一个文化共同体，它的问题是漫长的历史中积累起来的，也是多方面的、综合性的。希望引进一个什么主义，一下子全部解决，是不现实的。他说：高谈主义而不研究问题是“懒汉”现象，是“避难就易。研究问题是极困难的事，高谈主义是极容易的事”。要改良社会，只能从具体问题入手，从文化和政治等多方向多管齐下，“一点一滴做到的进步”，“随时随地解决具体问题”，“具体的问题多解决了一个，便是社会的改造进了那么多一步”。

胡适强调暴力革命不能真正解决问题：“世界上两个大革命，一个法国革命，一个俄国革命，表面上可算是根本解决了，然而骨子里总逃不了那枝枝节节的具体问题；虽然快意一时，震动百世，而法国与俄国终不能不应付那一点一滴的问题。”因此“我们应该把平常对政治的大奢望暂时收起，只存一个‘得尺进尺，得寸进寸’的希望，然后可以冷静地估量那现实的政治上的变迁”。

然而，在重重民族危机之下，“自由主义式的渐进解决问题的方式，不能够适合当时许多人的心态。”胡适的思路后来被排斥于主流思潮之外，也自是情理之中。

后记

我的父母并没有许多藏书。二十世纪八十年代初的学生也没有那么多的课外读物。因此，当智力发育强烈需要营养的时候，我所能选择的，只能是父亲小书架上的“青年自学丛书”之《鲁迅杂文选》以及《鲁迅小说诗歌散文选》。这几本土红色封面的小册子是“按照毛主席关于‘要关怀青年一代的成长’的教导，为了适应广大下乡上山知识青年自学的需要”而于1973年5月编辑出版的。初中一年级的时候，这两本书我已经读得滚瓜烂熟。作为初一学生，我不但从注解中知道了顾颉刚患有口吃，知道了陈西滢是鲁迅的死敌，甚至还知道了李四光也曾与鲁迅势不两立，曾经想把鲁迅“投畀豺虎”。当然，这些并不是重要的，重要的是，我的初一年级作文里，已经明显出现了“鲁迅腔”。到现在，我还保留着一本初一时的作文本。里面充斥着“确乎”“然而”“大抵”“而已”，甚至有的篇末，还模仿鲁迅，对某种现象来一首仿太白的绝句“以讽之”。而更重要的是，因为阅读鲁迅，我建立起了对“国民性”这一话题的持久不衰的兴趣。

成年之后的我常常会陷入自省。当然，一般是在我和这个世界发生摩擦之后。说“摩擦”也许不太合适，因为“我”和“世界”太不对等了。我再坚硬、再尖刻，在浑然巨大的“这个世界”身上也“摩擦”不下什么痕迹。而“这个世界”一旦不经意地“摩擦”我一下，就有可能让我伤筋动骨，至少也要龇牙咧嘴。

按理说，七十年代出生的我应该有足够的机敏、智慧和无所谓，去绕开那些坚硬的、不可改变的巨石，顺流而下奔向藏污纳垢万物丛生的大海。可我却一遍遍地径直扑向那些山崖，在黑色的岩石上摔碎自己的话语。这几乎是一种条件反射，或者说一种本能。它在一定程度上妨碍了我的现世幸福。这种低效行为的背后，不仅仅有父母遗传给我的拙直，还有环境提供给我的文化基因，让我在某些时候总是“如蝇在食，不吐不快”。事实上，有一段时间我曾经抱怨历史使我读了那么多鲁迅，因为我发现鲁迅身上那些负面的东西，比如他的峻烈褊急、完美主义倾向、唯意志论倾向，给青春期的我都留下了深刻的印记，至今难以彻底修正。欢迎鲁迅的坚贞“粉丝”对我的这一段话大加挞伐，因为很可能是我把自己的问题转化成了鲁迅的问题。然而，鲁迅开启了我对国民性的持续关注，这显然无人可以代替。

很多时候，一个人一生的思考，都是为了解开少年时代埋下的疑问。这些年来，我的兴趣和精力越来越多地转向历史，国民性是我阅读历史时的一个重要切入点，这本书从某种意义上来说也是一本关于中国历史的读书笔记。但我必须说明的是：第一，这本书不是一本学术著作，而只是我的野狐禅式的自圆其说。相对于严肃的学术著作，里面也许有太多的感性，太多的个人化感受，太多的大而化之，也许有很多不严谨、不准确、泥沙俱下之处。甚至相对于我的另一类历史作品，关于国民性的言说显然更粗糙一些。第二，这本书在写作过程中，参考了大量的资料，从专著到论文。但是因为体裁的关系，没有加以注解。我只能在这里大致罗列一下一些主要的参考资料并表示感谢：邵建的《20世纪的两个知识分子——胡适与鲁迅》，这也是我不懈地向读者推荐的一本书；秦晖关于“制度与文化”的一系列影响深远的论述，比如《从大共同体本位到公民社会》；徐良高的《中国民族文化源新探》，这本书是我阅读的关于中国上古文化的入门著作；王毅关于“明代流氓文化”这个话题的部分论著，如《明代流氓文化的恶性膨胀与专制政体的关系及其对国民心理的影响》；周宁关于“西方的中国形象史研究”的一系列内容丰富而又好读的著作。此外还有周金华的论文《论春秋战国时期知识分子的独立人格及其成因》，孙云的《春秋战国至秦汉间任侠风气的文化考察》，蔡礼彬的《个体意识的逐渐觉醒：春秋战国时期社会变迁的另一种解读》，景红艳的《论春秋战国时期士文化人格之变迁》，张艳萍的《试论春秋尚武之风》，刘厚琴的《儒学与汉代社会风气的嬗变》，葛承雍的《唐代服装与长安气象》，唐丽娟的《从唐宋文学看士大夫心理结构的差异》，黄凯愉的《唐宋文人精神世界的嬗变与文人画的兴起》，江冰的《重文轻武与精神衰微：论宋代文人的社会地位及其精神状态》，邹治慧的《元代文人的心路历程》，高树林的《元朝时期的河北人口初探》，王恩全的《论〈金瓶梅〉中西门庆的发迹所反映的明代社会现实》，牛建强的《明代中后期士风异动与士人社会责任的缺失》，林家有的《论孙中山改造国民性的思想》，栗建新的《蒋介石国民性思想述评》，周建超的《建国后毛泽东国民性改造思想研究述评》……在写作的过程中，读过的资料不下百种，在这里无法一一列出，对未能提到的作者谨致歉意。